求丧斯文

◎ 潘星辉 著

现代古文的运命

上海古籍出版社

图书在版编目（CIP）数据

未丧斯文：现代古文的运命 / 潘星辉著. —上海：上海古籍出版社，2023.9
　ISBN 978-7-5732-0846-0

　Ⅰ.①未… Ⅱ.①潘… Ⅲ.①古汉语–研究 Ⅳ.①H109.2

　中国国家版本馆CIP数据核字（2023）第168763号

未丧斯文——现代古文的运命

潘星辉 著

上海古籍出版社出版发行

（上海市闵行区号景路 159 弄 1-5 号 A 座 5F　邮政编码 201101）

（1）网址：www.guji.com.cn
（2）E-mail：guji1 @ guji.com.cn
（3）易文网网址：www.ewen.co

浙江临安曙光印务有限公司印刷

开本 890×1240　1/32　印张 7.75　插页 2　字数 174,000
2023 年 9 月第 1 版　2023 年 9 月第 1 次印刷

ISBN 978-7-5732-0846-0

Ⅰ·3762　定价：48.00 元

如有质量问题，请与承印公司联系

题　　辞

　　十年前，我出版了《存傅诗话》，诚不免抢救古诗的呼吁，但多少因"出世"心态，并借口"诗歌属艺术创作，无须强求普及"，自安于落寞。而随着时间——既是个体性的，也是社会性的——推移，全方位的紧迫感让我觉得，有些话再不说，有些事再不做，或许就来不及了。于是有了这本呼吁抢救古文的《未丧斯文》——原拟名《存傅文话》。很显然，我除了说话，还能做什么事呢？

　　本书曾打算全用文言来写，但把阅读困难的人拒之门外，不利于扩大受众。倘全部改用白话，又必贻"光说不练"之讥。折中的办法是，分成上、下两卷，卷上五篇为白话，探讨古文衰落的状况及复兴的意义；卷下为五组文言札记，依次对卷上五篇作考订、补苴和引申，相当于"附说"。我想这真实地反映了，在今天，古文不得不寻求白话的卵翼，而白话已是时候向古文伸出援手。

　　孔子说："天之未丧斯文也，匡人其如予何？"恐怕预见到了礼崩乐坏的前景。古文大约晚四百年成熟，直待两千年后，与古典文化的诸多方面一样，濒临灭绝。"天道远，人道迩"，有些努力，即便仅仅作为尝试，仍值得付出。我们毕竟还没到一生死、齐得丧的境地吧？

目　录

卷　下

卷上

第一篇　文必秦汉

一、亚语种

　　胡适（1891—1962）本人并未说过："历史是任人打扮的小姑娘。"但他却多次亲手打扮它。他对中国古代文学史、哲学史、宗教史等的"大胆假设"，足以让历史面目全非。诚然，这在那时的学者很常见，甚至当代学者也未必有本质区别。他论文言历史，便有个吓人的提法——"汉武帝时古文已死"，[①]证据是《史记·儒林列传序》公孙弘的上奏：

　　　　臣谨案：诏书律令下者，明天人分际，通古今之义，文章尔雅，训辞深厚，恩施甚美。小吏浅闻，不能究宣，无以明布谕下。[②]

他兴奋地解释说："这可见当时不但小百姓看不懂那'文章尔雅'的诏书律令，就是那班小官也不懂得。这可见古文在那个时候已

---

① 《白话文学史（上卷）》目录，《胡适全集》第11卷，合肥：安徽教育出版社，2003年，第3页，正文中未作为标题出现。
② 司马迁《史记》卷一二一《儒林列传》，上海：上海书店，1992年，第1953页。

成了一种死文字了。"①他毕生恃此为说，颠顿到底。其实"究宣"
相当于今天的"深刻领会、充分阐发"，而非对字面的"看""懂"。
不过，他从公孙弘随后的建议迅速跳转到"科举"，认为"真是保存
古文的绝妙方法。皇帝只消下一个命令，定一种科举的标准，四方
的人自然会开学堂，自然会把子弟送去读古书，做科举的文章。政
府可以不费一个钱的学校经费，就可以使全国少年人的心思精力
都归到这一条路上去。汉武帝到现在，足足的二千年，古体文的势
力也就保存了足足的二千年"，却大体不差，只是应当拿来说明
"古文早熟"而非"古文已死"罢了。说他"跳转"，是指他把汉代
"察举"混到后世"科举"里边了。据阎步克先生总结："汉代察举
发展到（东汉）顺帝阳嘉年间（132—135），并存于其内的'以德取
人'、'以能取人'和'以文取人'这三种因素，都获得了制度化的
发展。就支配帝国政府选官的'四科'而言……明经与明法科则
一取儒生，一取文吏，依赖于'诸生试家法、文吏课笺奏'的'试
文'考试。""士人在仕郡仕州之时，德行、经术、文法和政略都可能
构成候选资格；举至中央后则以'试文'为主。"阳嘉制可"视为
察举制到科举制之间的过渡形态"。②

　　胡适征及的《史记·儒林列传序》，对我们认识古文在武帝朝
得以继往开来，乃有莫大的帮助。儒学复兴，儒者联翩登朝，掌握
了文献传承的话语权。先秦典籍尽管丰富多彩，但最为后人熟解
的不外五经、四书，这直接规训、塑形了古文传统（包括语汇、语法、

①　《白话文学史（上卷）》第一章《古文是何时死的？》，第224页。
②　阎步克《察举制度变迁史稿》第三章《阳嘉新制》，沈阳：辽宁大学出版社，
　　1991年，第78—79、78页，括号内的字系笔者所补。

修辞乃至义理），在它面前，《庄》《荀》、名、法、《国语》《战国策》等皆成"旁门左道"，化为后人追求新异的资源。此外，《司马相如传》所载也很重要："相如既学"，"客游梁，梁孝王令与（邹阳、枚乘、庄忌）诸生同舍"，"数岁，乃著《子虚》之赋"，"上读《子虚赋》而善之"，"乃召问相如"，更奏《上林赋》《大人赋》等，"天子大说"。① 铺张扬厉的汉赋使古文的文学属性得到强化。武帝尊儒好文，奠定了古文作为汉民族雅言的基础。②《镜花缘》第六十六回调侃应试者"一时想起自己文字内中怎样练句之妙、如何摘藻之奇，不独种种超脱，并且处处精神，越思越好，愈想愈妙、这宗文字，莫讲秦、汉以后，就是孔门七十二贤也做我不过"，③ 可见大家于"文字"的标准是有共识的。

我们的先人发明了一套并不容易掌握的符号系统——汉字，在古代社会条件下，这天然地将识字率限制在很低的水平。同样，他们让沿自先秦的书面语"凝固"在汉代，这天然地将文言写作率限制在更低的水平。浦江清（1904—1957）的总结简明可取："中国人所创造的文字是意象文字而不用拼音符号"，"所以老早有脱离语言的倾向"。"古代的方言非常复杂，到了秦汉的时代，政治上是统一了，语言不曾统一，当时并没有个国语运动作为辅导，只以先秦的古籍教育优秀子弟，于是即以先秦典籍的语言作为文人笔

---

① 《史记》卷一一七《司马相如列传》，第1889、1890、1891、1918页。
② 《国语文学史》第一编第二章《汉朝的平民文学》所谓"中国的古体文学到汉武帝时方才可以说是规模大定"，是包括韵文在内的，《胡适全集》第11卷，第31页。而这一表述显与"汉武帝时古文已死"相抵牾，所以在《白话文学史》中被改掉了。
③ 李汝珍《镜花缘》第六十六回，北京：中国书店，1985年，据1888年上海点石斋版影印，页3a—b。

下所通用的语言,虽然再大量吸收同时代的语言的质点以造成更丰富的词汇(如汉代赋家的多采楚地的方言),但文言文学的局面已经形成,口语文学以及方言文学不再兴起。"①"质点"指要素或成分。可以说,文言是古代中国人的一大发明创造,是政治精英与文化精英"共谋"的产物。精英和草根由此拉开了等级距离。一个人只有想方设法学会汉字、精通汉字、练就一手规范而优秀的古文(及书法)——这通常要花十年以上的时间,才可能改变自己的身份与地位,不仅提升文化等级,而且提升政治等级。尤其在科举时代,"万般皆下品,惟有读书高",所读即文言,读文言就为了写文言;"学而优则仕",所学即文言,学会文言就可以做官。

在传统的等级社会中,无疑是贵族的、官方的、上层的、精英的——怎么说都行——阶层始终维系着文言的地位,如果中国历史不被西方打断,这种情况不会改变。在放弃文言写作要求的今天,绝大多数受过高等教育的中国人甚至都做不到顺畅地阅读文言,足以反证古人逆势而上、为"鲤鱼跃龙门"付出了何等的努力。这同时意味着,以能否掌握文言阅读和写作为晋身门槛,埋没了无数具备其他才干者。②如果说现代社会是多元等级社会,古代社会则是单元等级社会,这使得它只能设定单一标准,既开放社会流

---

① 《浦江清文录·词的讲解》(原载《国文月刊》1944—1945年),北京:人民文学出版社,1989年,第110页。汉字并非完全是"意象文字",但这不影响有关文言与白话关系的讨论。

② 如张溥《七录斋诗文合集·馆课》卷一《选择将帅之术议》:"凡今之学为武者,始未有不先习文者也。习文不成,则退而循下,大约皆跰跰骀荡之流尔。"明崇祯九年(1636)刻本,页47b。陆人龙《型世言》第十六回的萧腾(字仲升)、萧露(字季泽)兄弟,"两个少年都读书,后边不能成就,萧仲升改纳了吏,萧季泽农庄为活"。《中国话本大系》,南京:江苏古籍出版社,1993(转下页)

动,又维系等级稳定。^①

浦江清接着写道:

> 文言的词汇因为是各时代各地方的语言的质点所归纳,所以较之任何一个时代、一个地方的语言要丰富。历代的文人即用文言来表情达意,同时,真实的语言或方言,从秦汉到唐代一千多年,始终没有文人去陶冶琢磨,不曾正式采用作为文学的工具,所以停留在低劣和粗糙的状态里,不足作为高度的表情达意的工具的。宋元以后方始有小说家和戏曲家取来作一部分的应用。

> 文言的性质不大好懂,是意象文字的神妙的运用。中国人所单独发展的文言一体,对于真实的语言,始终抱着若即若离的态度。意象文字的排列最早就有脱离语言的倾向,但所谓文学也者,要达到高度的表情达意的作用,自然不只是文字的死板的无情的排列,如图案画或符号逻辑一样;其积字成句,积句成文,无论在古文,在诗词,都有它们的声调和气势,这种声调和气势是从语言里摹仿得来的,提炼出来的。所以文言也不单接于目,同时也是接于耳的一种语言。不过不是真正的语言,而是人为的语言,不是任何一个时代或一个地方

(接上页)年,第270页。戴莲芬《鹂砭轩质言》卷一《绣鸾传》的"侯氏子","以贱业起家,读书十年,迄不能操管,终日握筹计子母,其精明乃过于人",婚后,"鸾劝其读书明大义,侯不听,营营如故"。北京:文物出版社,2020年,第4—5页。与此相应的是对书法的要求,特别是清廷厉行"馆阁体",以致黄濬《花随人圣庵摭忆·龚定庵、李莼客均不工小楷》慨叹:"盖有清三百年,名士以不能作楷书湮没终身者,不可胜道也。"上海:上海书店出版社,1998年,第113页。

> 的语言，而是超越时空的语言，我们也可以称为理想的语言。从前的文人都在这种理想的语言里思想。至于一般不识字的民众不懂，那他们是不管的。[①]

已逼近将文言之于白话拟为"人工语言"之于"自然语言"。"超越时空"，到张中行（1909—2006）笔下成了"超时空"，[②]他费了挺大劲儿探讨文言的界定及形成，结论仍不外是："文言长成，定形，主要靠三个条件：一是有相当严格的统一的词汇句法系统，二是这系统基本上不随时间的移动而变化，三是这系统基本上不随地域的不同而变化。""战国两汉作品可以充当标本……文言是以秦汉书面语为标本，脱离口语而写成的文字。"[③]在我看来，一言蔽之，随着口语的不断衍变，在汉语内部，文言逐渐固化成一个"亚语种"，成为华夏共同体的重要文化载体。

古代中国人对文言、白话关系的认识，基本止于写与说、雅与俗。近代以来，随着外语不再被当作蛮夷之语，文言、白话得以在新的参照系中重新定位。新文化派割裂两者，以达到白话取代文言的目的，诚然是矫枉过正，但它们的差异也显而易见，以至于我们将它们之间的转换和中文、外语之间的转换都名为"翻译"。蔡元培（1868—1940）1906年撰《〈国文学讲义〉叙言》称："外国语之为译学也，以此译彼，域以地者也，谓之横译。国文之为译学也，

---

① 《浦江清文录·词的讲解》，第110—111页。

② 如张中行《文言的历史》："这种死抱着旧系统不放的写法（就是用文言写）使文言成为一种超时空的表情达意工具。"见其主编《文言常识》，北京：生活·读书·新知三联书店，2014年，第22页。

③ 张中行《文言和白话》，北京：中华书局，2012年，第23、18、262页。

以今译古，域以时者也，谓之纵译。"①后来梁启超（1873—1929）提出："翻译有二，一、以今翻古；二、以内翻外。以今翻古者，在言文一致时代，最感其必要。盖语言易世而必变；既变，则古书非翻不能读也。求诸先籍，则有《史记》之译《尚书》。""然自汉以后，言文分离。属文者皆摹仿古言，译古之业遂绝。以内译外者，即狭义之翻译也。"②关联、比较两类翻译，有助于我们确认文言的特点及属性。

　　把近代以来"中、外互译"（用"中↔外"表示）的"中"区分"文""白"，可细化出以下三型：甲、"白↔外"；乙、"文←外"；丙、"文↔白↔外"。③甲型是现代翻译的唯一型，"出发语言"和"归宿语言"的对应性最强。乙型如严译名著，径自外语译作文言，存在改编、加工的情况。而文言译作外语及林译小说式的外语译作文言，通常皆须白话居间，是为丙型，即"中↔外""文↔白"混合型。钱锺书先生（1910—1998）说："偶尔翻开一本林译小说，出于意外，它居然还有些吸引力。我不但把它看完，并且接二连三，重温了大部分的林译，发现许多都值得重读，尽管漏译误译触处皆是。我试找同一作品的后出的——无疑也是比较'忠实'的——译本来读，譬如孟德斯鸠和迭更司的小说，就觉得宁可读原

①　蔡元培《石头记索隐·附编·〈国文学讲义〉叙言》，上海：上海书店出版社，2008年，第69页。
②　梁启超《中国佛教研究史·翻译文学与佛典》，上海：上海三联书店，1988年，第81、82页。
③　这当中的外语通常被默认为"外语白话"，如蔡元培《致〈公言报〉函并答林琴南函》所说："《天演论》《法意》《原富》等，原文皆白话也，而严幼陵君译为文言。少仲马、迭更司、哈德等所著小说，皆白话也，而公译为文言。"《石头记索隐·附编》，第80页。

文。这是一个颇耐玩味的事实。""林译除迭更司、欧文以外，前期那几种哈葛德的小说也未可抹杀。我这一次发现自己宁可读林纾的译文，不乐意读哈葛德的原文。""林纾的文笔说不上工致，而大体上比哈葛德的明爽轻快。译者运用'归宿语言'超过作者运用'出发语言'的本领，或译本在文笔上优于原作，都有可能性。"①这里建立的"林译＞（外语）原文＞后出（白话）译本"的"鄙视链"，放大了文言、白话的差异。林纾的文言翻译对早期的读者来说是"归宿语言"，而随着文言衰歇，对白话译本的读者来说，林译近乎"归宿"到了"他处"。同是"归宿语言"，文言和白话之间又形成了一层"出发"和"归宿"的关系。文言，在它与白话语素相近的意义上，与白话的距离小于外语；在它与白话艺术特质相远的意义上，与白话的距离甚至大于外语。

　　文言和白话，理论上亦可互译，即"文↔白"，如胡适曾认为中学生"应该多做翻译，翻白话作古文，翻古文作白话文。翻译的用处最大：（一）练习文法的应用。……（二）译长篇可使学生练习有材料的文字。作文最忌没有话说。翻译现成的长篇，先有材料作底子，再讲究怎样说法，便容易了"。②谭正璧（1901—1991）所编国文教材，就把白话文译成文言，文言文译成白话。③不过，由于文

---

① 钱锺书《七缀集·林纾的翻译》，北京：生活·读书·新知三联书店，2019年，第76、98页。案在《旧文四篇》本中，"不乐意读哈葛德的原文"后还有一句："理由很简单：林纾的中文文笔比哈葛德的英文文笔高明得多。"上海：上海古籍出版社，1979年，第88页。

② 《胡适文集》第二册《胡适文存》卷一《中学国文的教授》（原载1920年9月1日《新青年》第8卷第1号），北京：北京大学出版社，2013年，第147—148页。

③ 参晋阳学刊编辑部编《中国现代社会科学家传略》第五辑《谭正璧自传》，太原：山西人民出版社，1985年，第476、477页。这些教材都是三四十年代出版的。

言难解而白话易懂,"文→白"要多于"白→文"。杜同力从新文化派的立场出发谈到:"近来有几个学校的国文入学试验,有'文白互译'——文言翻白话,白话翻文言——一项,这是'五四'以后才发明出来的考试法。翻译,我们认为是应该的,不过我们只主张'古文今译'——将文言翻为白话,却不赞成用文言去翻译白话。"①曾锦漳接着梁启超的话说:"'五四'以后,白话取代了文言,成为表达思想感情和记事的主要工具,经、子等古书的白话译本逐渐出现,中断了二千年的'译古之业'于是重见于世。"②不过,"以今翻古"一直有其文化传承意义上的存续,未尝"中断",仍可借蔡元培的话为补充:讲授古书,"必有赖于白话之讲演","吾辈少时读《四书集注》《十三经注疏》,使塾师不以白话讲演之而编为类似《集注》、类似《注疏》之文言以相授,吾辈岂能解乎?"③

鲁迅(1881—1936)说:"白话并非文言的直译。"④针对的是白

---

① 《钱玄同文集》第三卷《杜同力〈国文科入学试验谈〉的附言》(原载1925年7月12日《国语周刊》第5期)所附杜文,因为"我们认为中学生只有能'读'文言的必要,没有能'作'文言的必要","只要他能把一篇文言译成一篇很正确的通顺的白话,那就可以证明他有了读文言的能力了"。北京:中国人民大学出版社,1999年,第172页。

② 曾锦漳《林译的原本》注一,原载香港《新亚学报》第7卷第2期、第8卷第1期《林译小说研究》,1966年8月、1967年2月,薛绥之等编《林纾研究资料》,福州:福建人民出版社,1983年,第341页。

③ 蔡元培《致〈公言报〉函并答林琴南函》,《石头记索隐·附编》,第79页。参晋阳学刊编辑部编《中国现代社会科学家传略》第一辑《李霁野自传》:由私塾入明强小学,"塾师也去作国文教师,为我们讲《孟子》。他把书逐句翻成白话,有声有色,引人入胜。'王曰,叟'——他高声说,'国王说,你这个老头子呀!'现在他的声音容貌还历历如在眼前"。太原:山西人民出版社,1982年,第100页。

④ 《鲁迅全集》编年版第8卷"大雪纷飞"(原载《中华日报·动向》1934年8月24日),北京:人民文学出版社,2014年,第225页。

话文创作。周作人(1885—1967)论晚清白话文运动,也区别二者说:"现在的白话文,是'话怎样说便怎样写',那时候却是由八股翻白话。"①朱自清(1898—1948)则自觉结合了"外→白",指出"文→白"的积极意义:

> 就文学而论,古今中外越多能欣赏越好。这其间古文和外国文学都有一道难关,语言文字。外国文学可用语体翻译,古文学的难关该也不难打通的。
>
> 我们得承认古文确是"死文字",死语言,跟现在的语体或白话不是一种语言。这样看,打通这一关也可以用语体翻译。这办法早就有人用过,现代也还有人用着。记得清末有一部《古文析义》,每篇古文后边有一篇白话的解释,其实就是逐句的翻译。那些翻译够清楚的,虽然罗唆些。但是那只是一部不登大雅之堂的启蒙书,不曾引起人们注意。"五四"运动以后,整理国故引起了古书今译。②

---

① 《周作人散文全集》第六卷《文学革命运动》(1932年3月31日),即《中国新文学的源流(五)》,举《白话丛书》之一的《女诫注释》白话序为例:"梅侣做成了《女诫》的注释,请吴芙做序,吴芙就提起笔来写道,从古以来,女人有名气的极多,要算曹大家第一,曹大家是女人当中的孔夫子,《女诫》是女人最要紧念的书。""华留芳女史看完了裴梅侣做的曹大家《女诫》注释,叹一口气说道,唉,我如今想起中国的女子,真没有再比他可怜的了。"指出:"仍然是古文里的格调,可见那时的白话,是作者用古文想之后,又翻作白话写出来的。"桂林:广西师范大学出版社,2009年,第95页。至于俞敏说"作《儒林外史》的吴敬梓,就好象是用文言构思,用白话表达的。他那引得人议论起来没个完的句子'王冕七岁上死了父亲',我看简直就是用'王冕七岁丧父'作草稿儿的",就过分了,一部三十万字的白话小说怎么可能"用文言构思,用白话表达"呢?《俞敏语言学论文集·白话文的兴起、过去和将来》,哈尔滨:黑龙江人民出版社,1989年,第246页。
② 朱自清《文艺常谈·古文学的欣赏》,北京:中华书局,2012年,第8—9页。

"死文字""死语言"当然延续了新文化派的口径。

我曾将一段文言改写为白话,不计标点,白话共226字,文言共150字,相差76字,文转白,扩51%;白转文,缩34%。这个比例关系固然不是什么铁律,但大致是存在的。^①文、白字数差异与古文体裁有关,韵文偏大,散文偏小。韵文为了迁就格律和韵脚,往往高度压缩,改成白话,想表达清楚、完整,要补很多字。散文,特别是生活化较强的散文,文、白差距会较小,有的古代散文甚至都不用怎么翻译,几乎是1比1点零几的对应性。骈文则较难翻白话。从艺术风格上说,文言与白话迥异,某些语句只有在各自的文体当中才成立,转为另一种文体,就差不多得重写,不能保持原来的语法关系或结构。白话转文言,比较简洁、隽永,但有时需做大的调整;文言转白话,往往冗沓不辞,失去神采,甚至说白了,一点意思也没有,像多余说的废话。

语种作为人类的文化产物,其演化与物种相似。如果说不同物种不能交配(或产生有繁殖力的后代),那么,不同语种则不能直接交流(或交流起来非常困难)。同一语种下的不同亚语种之间,情况通常不那么绝对。就像文言、白话,同属一个语言、文字系统(符号系统),唯就各自达到的极致而言相差甚远。它们仿佛两条平行且不对等的轨道,一旦形成路径依赖,便不能简单切换。章士钊(1881—1973)自记:"吾友高一涵尝告愚曰:'吾人久不为文言,欲以文言说明己意,转觉大难。'一涵如此,其他可知。"^②实则反之亦

---

① 参《钱玄同文集》第一卷《文学革新杂谈》(原载1919年5月20日《北京高等师范学校周刊》第70期):白话文"比到旧日的古文,他俩的字数,必至成五比三的比例,——或者竟至加了一倍"。第158页。

② 丁仕原编校《章士钊辑·国学·评新文化运动》(原载《新闻报》1923年8月21、22日),北京:民主与建设出版社,2014年,第146页。

然。不过,既写文言又写白话的仍不乏其人,"大难"并非"不能",而半文半白的文字——无论出于迁就、蹩脚或开玩笑——也毕竟是存在的。

二、雅俗

胡适在《白话文学史(上卷)》里自问自答道:"我为什么要讲白话文学史呢?""我要大家知道白话文学是有历史的,是有很长又很光荣的历史的","我要大家都知道白话文学史就是中国文学史的中心部分,中国文学史若去掉了白话文学的进化史,就不成中国文学史了,只可叫做'古文传统史'罢了","这一千多年中国文学史是古文文学的末路史,是白话文学的发达史"。[1]把民间的、底层的,总体上盲目、被动的文化事象,拔高、张大为文学史的主流和伟业,从《自序》所署1928年追溯"一千多年",还真不清楚到底上限在哪儿。比起这套戏法来,让明朝出现"资本主义萌芽",让宋代发生"早期近代化",都不免瞠乎其后了。[2]

《白话文学史》前身为《国语文学史》,是黎锦熙(1890—1978)

---

[1] 《白话文学史(上卷)·引子》,《胡适全集》第11卷,第215、216、218页。

[2] 学界确有沿此方向推进的,如徐时仪《略论汉语文白转型与平民意识》倡言:"汉语以白话取代文言,最终确立白话作为书面语和文学语言的权威主导地位,客观上也是唐宋以来直至'五四'时期,工商平民阶层力量日益壮大的时代特征在语言领域的折射,反映了关注引车卖浆者流的平民意识的日益觉醒。平民百姓的意识中有种人类普遍认同的基本的东西,体现了历史发展的客观规律,而正是这种意识推动了社会的发展和语言的演变。"更进一步称"平民意识的萌发和平民审美趣味的引导","正是文学史和语言史甚至于思想史由古到今演变的主导趋势"。上海市社会科学界联合会编《生命、知识与文明:上海市社会科学界第七届学术年会文集(2009年度)哲学·历史·文学学科卷》,上海:上海人民出版社,2009年,第175页,参本页注②。

未经胡氏同意而印作讲义的,并在《代序》中做了一番"唯物史观"的补充:"第一,书契初兴,只是一种极简单的符号,其备忘表意的作用,比以前'结绳'的办法不过略胜一筹,岂能把整套的语言曲曲传出?""第二,上古时的'文房四宝'又是何等艰贵而笨拙啊!""试想在这种情况之下,那〔哪〕还能委婉曲折的写出语文合一的东西来?'文房四宝'进化了,才够得上有写出语体文的资格;后来印刷术也发明了,所以唐、宋以后,文愈繁,书愈多;元、明以来,可以产生那么博大的长篇白话小说;近来铅印、石印的机器输入了,所以每天能出四五大张几万份的报。……然而这几年语体文虽通行,却还没有打白话电报的(不费钱的骈文官电不在此例),可见语言和文学上的唯物史观是不会错的。"①黎氏的本意是说,随着物质和技术条件改进,白话取代文言成为必然。但在20世纪以前,这绝非事实,影响"语言和文学"演化的还有别的重要因素。

对中国古代书面语跟口语的关系,新文化运动的"闯将"傅斯年(1896—1950)早有一番概括——正因为早,所以还用的是文言,略谓:

> 太古文、言,固合而不离也。周诰殷盘,诘屈聱牙,正由以语入文,古今语异,乃不可解耳……古人竹简繁重,流传端赖

---

① 《国语文学史·代序》,《胡适全集》第11卷,第6、7、8页。胡适对"唯物史观"去之若浼,但骨子里认可这是其"白话文学史"很好的佐证,如在1921年的日记里,他从"唐朝的诗一变而为宋词,再变而为元明的曲,都是进步",继而论到:"我们试想孔夫子的时代,没有纸,没有笔,没有墨,只有竹简,用刀刻划字迹;然后想到帛书的时代,漆书的时代,纸墨的时代,石经的时代,后来到刻板的时代,最后始到活字的时代,与金属活字的时代:——这个进步就可惊叹了。"《胡适的日记》1921年第三册"十,七,三",香港:中华书局,1985年,第125页。

口耳。欲口耳之易传，必巧饰其词，杂以骈句，润以声节。浸成修整之文，渐远天然之语。……斯文、言分离第一步也。周承二代之后，郁乎其文。……士夫之言日美，遂为文章之宗；农牧之言仍质，乃成市语之体。斯文、言分离第二步也。秦汉以还，动多师古，不敢如晚周之世，以当时语言为文章。……而文、言分离之象大定。斯其第三步也。①

"分离"意味着差异，也意味着文、言并行而共生。从言到文，傅氏后来将其划为："一、方言；二、阶级语；三、标准语；四、文言；五、古文。"前四项都是言，"标准话还纯然是口中流露的话，再进一层，成为一种加了些人工的话（即是已经不是自然话），乃有所谓文言者。……即是文饰之言，亦即和《易翼》中所谓'文言'一个名词的意思差不多，并非古文"。②在郭象升（1881—1941）看来：

语言之在人也，固有别矣：有缙绅之言，（疑脱"有学人之言，"）有农牧之言，有市井之言。缙绅之言不可以达之农牧，一文而一质也；学人之言不可以达之市井，一雅而一俗也。其在一人之语言，亦有别矣：与缙绅言则以文，与农牧言

---

① 《傅斯年文集》第一卷《文学革新申义》（原载1918年1月15日《新青年》第4卷第1号），北京：中华书局，2017年，第9页。鲁迅1934年在《门外谈文》五《古时候言文一致么？》里说："我的臆测，是以为中国的言文，一向就并不一致的，大原因便是字难写，只好节省些。当时的口语的摘要，是古人的文；古代的口语的摘要，是后人的古文。所以我们的做古文，是在用了已经并不象形的象形字，未必一定谐声的谐声字，在纸上描出今人谁也不说，懂的也不多的，古人的口语的摘要来。"这是侧重强调汉字的繁难。《鲁迅全集》1938年版，第六卷《且介亭杂文》，上海：上海科学技术文献出版社，2016年，第96页。
② 《傅斯年文集》第二卷《中国古代文学史讲义》，第23、26页。此为1928年任教中山大学期间的讲稿。

则以质，与学人言则以雅，与市井言则以俗，非乐为变迁以徇人也，势固有所不得不然也。[①]

在固定的等级与身份外，兼顾了语境变化的动态性。

为讨论方便起见，我觉得自俗而雅区分四个层次就行：通俗口语、白话文、典雅口语、文言文。它们常态下是并行共生的，但偶有交染。下边举几个例子。

一是金人刘祁记赵秉文拒绝给人写字，称："如求字者，是吾儿。"原话恐怕是："谁求我写字，谁是我儿子。"[②]这是士大夫讲俗语，变成书面语时做了雅化处理，虽说也很难处理好。

二是纪晓岚《阅微草堂笔记》的清代故事：

> 吕道士，不知何许人，善幻术，尝客田山薑（雯）司农家。值朱藤盛开，宾客会赏。一俗士言词猥鄙，喋蝶不休，殊败人意。一少年性轻脱，厌薄尤甚，斥勿多言。二人几攘臂。一老儒和解之，俱不听，亦愠形于色。满坐为之不乐。道士耳语小童，取纸笔，画三符焚之。三人忽皆起，在院中旋折数四。俗客趋东南隅坐，喃喃自语。听之，乃与妻妾谈家事。俄左右回顾若和解，俄怡色自辩，俄作引罪状，俄屈一膝，俄两膝并屈，

---

① 郭象升《文学研究法·白话文平议》，民国二十一年（1932）太原中山图书社铅印本，收入余祖坤编《历代文话续编》，南京：凤凰出版社，2013年，第2043页。参《章太炎全集（三）·检论》卷五《订文·附：正名杂义》："有通俗之言，有学术之言，此学说与常语不能不分之由。""有农牧之言，有士大夫之言，此文言与鄙语不能不分之由。天下之士大夫少而农牧多，故农牧所言，言之粉地也。"上海：上海人民出版社，1984年，第496页。

② 刘祁《归潜志》卷九"赵闲闲本好书"条，北京：中华书局，1997年，第101页。参晚明陆人龙拟话本小说《型世言》第九回："崔科道：'你首，不首的是咱儿子。'""首"指出首，第160页。

俄叩首不已。视少年，则坐西南隅花栏上，流目送盼，妮妮软语。俄嬉笑，俄谦谢，俄低唱《浣纱记》，呦呦不已，手自按拍，备诸冶荡之态。老儒则端坐石磴上，讲《孟子》"齐桓、晋文之事"一章。字剖句析，指挥顾盼，如与四五人对语。忽摇首曰"不是"，忽瞋目曰"尚不解耶"，咯咯旁嗽，仍不止。众骇笑，道士摇手止之。比酒阑，道士又焚三符。三人乃惘惘痴坐，少选始醒，自称不觉醉眠，谢无礼。众匿笑散。[①]

"俗士言词猥鄙"，想必就是市井谈吐，"少年"之"斥"、"老儒"之"和解"会雅些，等吕道士作法，让这三人回到各自的"语境"中去，就呈现出三种口语状态——对应着三种神情及身段。老儒说的"不是"为通俗口语，"尚不解耶"为典雅口语，错杂于一口，惟妙惟肖。

三是李汝珍《镜花缘》写唐敖、多九公在君子国路遇吴之和、吴之祥兄弟，攀谈起来：

唐敖道："不意二位老丈都是泰伯之后，失敬！失敬！"吴之和道："请教二位贵乡何处？来此有何贵干？"多九公将乡贯、来意说了。吴之祥躬身道："原来贵邦天朝！小子向闻天朝乃圣人之国，二位大贤荣列胶庠，为天朝清贵，今得幸遇，尤其难得。第不知驾到，有失迎迓，尚求海涵！"唐、多二人连道："岂敢！"吴之和道："二位大贤由天朝至此，小子谊属地主，意欲略展杯茗之敬，少叙片时，不知可肯枉驾？如蒙赏光，

① 纪昀《阅微草堂笔记》卷一《滦阳消夏录（一）》，天津：天津古籍出版社，1995年，第13页。

寒舍就在咫尺,敢劳玉趾一行。"[①]

小说假托在唐代,对话则完全是清人的客套语,可直接书面化。林砺儒(1889—1977)回忆说:"记得敝省广东老辈读书人,每逢要说一段有条理的话,便满口之乎者也,有点像《镜花缘》的淑士国。这是因为粤语不足发表思想,而又乏国语练习,所以只好借文言发表意思。近年回来听学生们说话仍未脱淑士国习气。"[②]以"淑士国"为喻,不免过甚其辞,意在贬斥方言。

佛教传入中国,不晚于东汉,至隋、唐而趋鼎盛,促生了中国古典的宗教民粹主义,刺激了白话文的发展。对大乘佛教来说,传教是一种特殊的文化传播活动,为达到信徒最大化的目的,无所不用其极,如朱熹所谓:"佛氏乃为逋逃渊薮,今看何等人,不问大人、小儿、官员、村人、商贾、男子、妇人,皆得入其门,最无状是见妇人便与之对谈。"[③]既打破等级、身份、性别之类的界隔,更开发出让大众喜闻乐见的接引工具,其中包含着强烈的口语化倾向,影响所及,一是禅宗语录井喷,经儒家提炼后沿用;一是从变文到话本,白话小说由此滥觞,终成江河,并同样被文人染指。[④]

---

① 《镜花缘》第十一回,页2b。

② 龚鹏程主编《读经有什么用:现代七十二位名家论学生读经之是与非·林砺儒先生的意见》(1935年3月21日),上海:上海人民出版社,2008年,第370页。林系广东信宜人,原任教国立北平师范大学,1931年返穗。

③ 黎靖德编《朱子语类》卷一二六《释氏》,北京:中华书局,2020年,第3277页。

④ 参郑振铎《中国文学研究》下册第五卷《中国文学杂论·研究中国文学的新途径》六《文学的外来影响》,北京:人民文学出版社,2000年,第287—289页,无署期。用张中行的话说是:"从唐朝起出现了变文,那是和尚俗讲的产物,就是说,是进口货,本土的文人大概不会重视,可是人民群众喜欢,就有了市场。又一种是语录,是记录禅宗和尚的机锋的,也应该算进口货。总之,都是由人民群众作内应,由外面攻进来的。"《文言和白话》,第59页。

　　林纾（1852—1924）提出：“《论语》一书，出言为经，宋儒语录即权舆于此。”①《论语》当然是语录体文献，保留了最多的雅化了的孔子口语，但何以直到宋代语录体才大行其道，且干脆用大白话呢？他不得不承认：语录“实肇自南〔两〕宋之谈禅”，“宋儒讲学，但以口论，弟子录而记之”，“亦袭其称曰语录”。②禅宗化的儒者都成了话痨，一个人不留下本语录，简直算不得儒者。钱大昕责怪说：“释子之语录始于唐，儒家之语录始于宋。儒其行而释其言，非所以垂教也。君子之‘出辞气，必远鄙倍’，语录行，而儒家有鄙倍之词矣；有德者必有言，语录行，则有有德而不必有言矣。”③李慈铭建议选择语录“精语”，“剪裁以归简文，润色以存雅诂”，④即改白话为文言。北宋二程弟子早这么干过，收入《二程集》的《河南程氏粹言》就是二程语录的精华文言版。颜元痛斥理学，但他所著《四存编》，论文字，也不过去语录一间，《存人编》的《唤迷途》诸篇“劝僧、道归人伦”⑤——不妨理解成儒教跟佛教、道教争信

---

① 林纾《春觉斋论文·流别论》，北京：人民文学出版社，1998年，第60页。

② 《林纾集》第一册《畏庐文辑佚·与本社社长论讲义书》（原载《学生周刊》1917年第1期），福州：福建人民出版社，2020年，第351页。参第四册《劝孝白话道情·曾子养志》（原载《大公报》1919年4月28日）：“今天大家都抢着说白话，那〔哪〕知白话不是新学家独创的，汝看《指月录》《五灯会元》不是白话么？就是清朝世宗皇帝《圆明居士语录》也是白话。所以宋儒语录的白话，好些人说是学和尚说法，我不管他是不是，横竖宋儒白话都有道理，不是胡说八道的白话。”第74页。

③ 钱大昕《十驾斋养新录》卷一八《语录》，南京：江苏古籍出版社，1997年，第488页。“出辞气，斯远鄙倍矣”见《论语·泰伯》，为曾子语。

④ 朱铸禹《全祖望集汇校集注·李慈铭越缦堂日记十四则》“光绪乙酉（1885）六月初二日”，上海：上海古籍出版社，2000年，第2757页。

⑤ 颜元《习斋四存编·存人编·唤迷途序》，上海：上海古籍出版社，2020年，第182页。

众,苦心婆口,基本改成白话了。

语录还衍生了"口义""口说"之类新的学术表达形式,比如胡瑗《周易口义》、林希逸《庄子、列子鬳斋口义》、朱骏声《经史答问》、康有为(1858—1927)《桂学答问》《万木草堂口说》等,有不同程度的文言化。民初章炳麟(1869—1936)的《菿汉微言》《菿汉昌言》《菿汉雅言札记》《菿汉闲话》四种均属口义,"即学生对先生的谈话式讲课的笔录疏记",①文言化程度偏高("菿"字就没几个人认得),不如章氏《国学讲演录》来得平实。

白话文的另一个渊源是民族征服下的语言错位与杂交。五胡乱华为佛教流行创造了条件,主持译经活动的胡僧平均汉语水平不高,翻过来的经文又希望扩大受众面,特别是那些故事性较强的部分,演化为一种简质、琐屑的文体,广泛传播。胡适写《国语文学史》,对此只字未道,写《白话文学史》却后反劲儿,足足花了两章表彰其事。辽、金、元、清迭兴,在华北地区,虽有汉人改习征服者的语言,总的趋势仍是外来民族汉化,他们方便说的自然是汉语口语,方便写的自然是汉语白话。就像北中国汉语语音变异而扩散一样,汉语白话也在变异中更为普及。鲁迅就讲过:"中国的文法""有添造,例如唐译佛经,元译上谕,当时很有些'文法句法词法'是生造的,一经习用……就懂得了"。②明朝开国皇帝朱元璋的蒙古化白话文今天还能见到不少。更有学者提出:"以《红楼梦》为代表的旗人京腔汉语,左右了汉语白话文学的发展方向,强

---

① 虞云国《〈菿汉微言〉〈菿汉昌言〉〈菿汉雅言札记〉整理说明》,《章太炎全集(七)》,上海:上海人民出版社,2015年,第199页。

② 《二心集·"硬译"与"文学的阶级性"》(1930年),《鲁迅全集》1938年版,第四卷,第209页。

化了汉语正统文言向通俗口语转化的态势。"[1]

我重读胡适作品,才意识到他为了突出古代白话文,不惜给元朝带上桂冠。早在《文学改良刍议》里他就大谈:"及至元时,中国北部已在异族之下,三百余年矣(辽、金、元)。此三百年中,中国乃发生一种通俗行远之文学。文则有《水浒》《西游》《三国》……之类,戏曲则尤不可胜计(关汉卿诸人,人各著剧数十种之多。吾国文人著作之富,未有过于此时者也)。以今世眼光观之,则中国文学当以元代为最盛;可传世不朽之作,当以元代为最多:此可无疑也。……不意此趋势骤为明代所阻,政府既以八股取士,而当时文人如何、李七子之徒,又争以复古为高,于是此千年难遇言、文合一之机会,遂中道夭折矣。"[2]陈独秀(1879—1942)随声附和:"元明剧本,明清小说,乃近代文学之粲然可观者。惜为妖魔所厄,未及出胎,竟尔流产","此妖魔为何? 即明之前后七子及八家文派之归、方、刘、姚是也。此十八妖魔辈,尊古蔑今,咬文嚼字,称霸文坛,反使盖代文豪若马东篱,若施耐庵,若曹雪芹诸人之姓名,几不为国人所识"。[3]胡适再接再厉:"白话之文体既兴,语录用于讲

---

① 赵杰《满族话与北京话》,沈阳:辽宁民族出版社,1996年,第94页。此外,在戏曲、曲艺方面,花雅之争、子弟书等的流行,都是近代白话运动的资源和补充。
② 《胡适文集》第二册《胡适文存》卷一《文学改良刍议·八曰不避俗语俗字》(原载1917年1月1日《新青年》第2卷第5号),第13—14页。
③ 《陈独秀文集》第一卷《文学革命论》(原载1917年2月1日《新青年》第2卷第6号),北京:人民出版社,2013年,第204页。案就在这《新青年》同一号的《通信》中,钱玄同提出了"选学妖孽,桐城谬种"的恶谥,即《钱玄同文集》第一卷《赞文艺改良附论中国文学之分期》,第1页,后来胡适还说过:"诗到唐末,有李商隐一派的妖孽诗出现。"《胡适文集》第三册《胡适文存二集》卷二《五十年来中国之文学》(原载1923年2月《申报》五十周年纪念刊《最近之五十年》),第225页。动以"妖魔"恶谥加诸异己,必至"文化大革命"的"横扫一切牛鬼蛇神"而后已。

坛,而小说传于穷巷。当此之时,'今文'之趋势已成,而明七子之徒乃必欲反之于汉、魏以上,则罪不容辞矣。归、方、刘、姚之志与七子同,特不敢远攀周、秦,但欲近规韩、柳、欧、曾而已,此其异也。"①《新青年》作者前邪后许、鼓吹文学革命的情状可见一斑。胡氏稍晚撰成《国语文学史》,对此观点又加铺陈:"民族的迁移和混合,把北中国的语言打通了,使北中国的语言渐渐成为一种大同小异的语言,使中国的国语有一个很伟大的基础。""旧文学跟着旧文化跑到南方去了,旧文学在北方的权威渐渐减少;对于那些新来的、胜利的、统治的民族,旧文学更没有权威了。""北方民间的文学渐渐的伸出头来,渐渐的扬眉吐气了,渐渐的长大成人了。小说、小曲、戏剧,都是这个时代的北方出产品。"元、明易代,"在文学史上看起来,文学的南方化是一件不幸的事""结果是贵族文人的文学又占胜利。元朝的白话文学几乎成为正统的文学了。明初以后,白话文学又被推翻,又退居'旁门小道'的地位。于是有文学复古的运动,激烈的要回到秦周,让一步的要回到汉魏,最平和的也要回到唐宋八家。直到清朝,这个趋势还在:一方面是唐宋八家的古文派战胜了,产生了桐城、阳湖的古文宗派;一方面是文学复古的余波,产生了清朝的许多骈文大家。"②以白话文消长

① 《胡适文集》第二册《胡适文存》卷一《历史的文学观念论》(原载1917年5月1日《新青年》第3卷第3号),第26—27页。
② 《国语文学史》第三编第七章《南宋以后国语文学的概论》,第196、197、198页。案胡氏一度对元代白话文学水平有所怀疑,参《胡适文集》第二册《胡适文存》卷三《〈水浒传〉考证》,但在《胡适文集》第四册《胡适文存三集》卷六《〈宋人话本八种〉序》里,又表示"不能不承认南宋晚年(十三世纪)的说话人已能用很发达的白话来做小说","活文学的基础已打好了,伟大的小说快产生了",第425、426页。另参《胡适文集》第一册《胡适口述自(转下页)

论文学史的"幸""不幸",已属片面,何况还关乎民族史、政治史与社会史的"幸""不幸"呢?胡氏所言"不幸",实乃汉人的自我矫治:以八股文为基础训练,恢复文言(包括散文和骈文)的正统地位。这反过来再次提示我们,文言已成了华夏共同体的文化象征与示范。

此外,文化精英原不乏进取的一面,通过加工、改造通俗文艺扩容自己的文艺世界,表现在结合音乐的韵语领域,从《诗经》《楚辞》、唐诗、宋词、元曲、明清时调到传奇,莫不如此。这既可看成是俗之雅化,亦可看成是雅之俗化,总之,是由文人主导的一个居间层次。随着中古以还白话文学坐大,他们又有了新的"收编"对象。结果是,明、清白话小说多经过文人之手,为文言所规训,回目及回末("有分教")对仗颇见骈体工夫,内容上穿插诗词文赋不用说了,正文每似文言的白话化,还是程度不甚高的那种,另有以文言作序跋,以八股法作评点。记得少时读《红楼梦》第一回头半部分,感觉很吃力,第七十八回的《芙蓉女儿诔》直接跳过去了。徐景铨(1898—1934)指出,《红楼梦》写大观园一段,且不论文言十而八九,像黛玉"一进院门,只见满地下竹影参差,苔痕浓淡"一句,后八字即非纯粹的白话所能。[①]就连戏曲中的宾白也被文人大

（接上页）传》（原为五十年代英文口述稿）第七章《文学革命的结胎时期》:"我指出在蒙古人入主中原的时候,一个活文学便已在中国的地平线上出现了。"第280页。

① 徐景铨《桐城古文学说与白话文学之比较》,《文哲学报》1922年第1期,转引自郑师渠《在欧化与国粹之间:学衡派文化思想研究》,北京:商务印书馆,2019年,第156页。像魏秀仁《花月痕》显仿《红楼梦》,更在行文中随意穿插骈句,第十五回"锦瑟犀奁,概同班扇;胭脂螺黛,一例昙花"一节、第十八回"芳树多阴,雨帘未卷,行郎有伴,接叶当秋"一节等,简直成了《燕山外史》片断,北京:人民文学出版社,1987年,第108、138页。

大雅化了。傅斯年抱怨说:"元明以来的戏曲,有一半用白话。……单就曲外的说白而论,真真要不得了,非特半白半文,竟是半散半骈。"[①] 今人给明清杂剧、传奇作注,往往注白多于注曲,可以为证。

三、男女

　　论语言、文字的雅、俗,还有个耐人寻味的侧面。钱锺书论《太平广记·刘讽》(出《玄怪录》)说:"按此篇写女郎谈谑,颇曲传口吻而不为文语,如'须与蔡家娘子赏口','何不与他五道主使,怕六姨姨不欢'之类,与卷四八七《霍小玉传》之'苏姑子作好梦也未'等足相颉颃。雅中搀俗,笔致尖新,然惟记妇女谈吐为尔。《聊斋志异》屡仿此法,如卷二《聂小倩》嫣笑曰:'背地不言人,我两个正谈道'云云;卷五《阎王》嫂怒曰:'小郎若个好男儿,到不得代哥子降伏老媪'云云;盖唐人遗意也。"[②] 古代男尊女卑,形成"士农工商"以外的又一等级关系,两性在小说内外的用语状况如下表所示。当然,小说作者都是男性。若是女性提笔写作,理当别论。

　　当初我跟两位女同学讨论古诗,还没预见到后来会办古文读写社,所以顺口讲了些关于古代女性写古文的情况,大都保留在《存傅诗话》里。而随着古文社内的男生一个个退出,又陷我于同样的境地:对今天有兴致学古文的女生说古代女性不擅长古文。

　　女性擅不擅长文言文,竟酷肖这样一个问题:某项竞赛进行时不许女性参加,允许女性参加时取消了比赛,请问女性是否适合

---

① 《傅斯年文集》第一卷《怎样做白话文?》(原载 1919 年 2 月 1 日《新潮》第 1 卷第 2 号),第 135 页。

② 钱锺书《管锥编》第二册《太平广记》一四五《卷三二九·记言肖口吻》,北京:中华书局,1996 年,第 784 页。

小说体裁	人物性别	小说用语	生活用语
文言	男	文	典雅口语
			通俗口语
	女	文	通俗口语
		白	
白话	男	文	典雅口语
		白	通俗口语
	女	白	通俗口语

参赛？要知道，从科举考试到文坛竞争，古时写文言文确实无异于参加竞赛。问题之后的问题是：即使女性参赛，是像高考那样男、女同卷，还是像高级棋赛那样男、女分组呢？

　　总体上看，古代女性既没有受教育的权利，更没有科举进身的机会，只是在极个别的、特殊的条件下，惊鸿一瞥。然而，晚明江南风气丕变。岐山左臣《女开科传》影射时事不少，在谈及结社活动时称："更可怪的还有一起女流，一般也学订社，一般也讲声气，一般也趁花朝月夕吟诗弄柬，一般也同骚人墨客标榜应酬。"①此书撰成在顺治、康熙之际。②清代闺秀文学大盛，但能文者仍是少数，传世作品如高景芳《红雪轩稿》六卷［康熙五十八年（1719）刻本］，卷一收赋36篇、文1篇；吴瑛《芳荪书屋存稿》四卷［乾隆十八年（1753）刻本］，卷三收赋4篇，别有《制艺》一卷；张纨英《餐枫馆

---

① 岐山左臣《女开科传》第一回，沈阳：春风文艺出版社，1983年，第3页。
② 参文革红《〈女开科传〉本事、成书时间及版本考》，《江西财经大学学报》2006年第5期，第87—90页。

文集》二卷［道光三十年（1850）刻本］，收文66篇；王贞仪《德风亭初集》十三卷［民国三年（1914）《金陵丛书》本］，卷一至九收各体文69篇，尚有其他著述存目多种。与之相应，清代小说女性构文的情节也多了起来。《女开科传》本旨是赞颂妓女倚妆、文娟、弱芳三人才艺出众，尤其倚妆"会得做几句诗词歌赋，又会得临几笔米、蔡、苏、黄"。①《儒林外史》鲁小姐练八股一段令人眼界大开。②擅写女子文采的《红楼梦》倒很克制，仅有一篇探春致宝玉笺，前散后骈。③易"红楼"为"青楼"的《花月痕》就炫示了杜采秋《并门孟冬大阅》一序一赋、致韩荷生笺、刘秋痕《鸦片叹》乐府序、奉佛黄疏和游畹兰《恭祝痴珠夫子暨师母郭夫人四秩寿序》。④《镜花缘》则虚构武后"创立新科""特开女试"之举，"试题，自郡县以至殿试，俱照士子之例，试以诗赋，以归体制"。⑤书中全文展示的有女儿国国王阴奇奏表及唐闺臣《天女散花赋》。⑥文言小说《萤窗异草》亦有梅氏、吴氏《爱月夜眠迟赋》序及摘句，篇末评语称"得此犹堪补入赋科"。⑦

① 《女开科传》第二回，第15页。
② 吴敬梓《儒林外史》第十一回，北京：人民文学出版社，1981年，第112页。
③ 曹雪芹《红楼梦》卷三七，北京：中华书局，2012年，第425—426页。高鹗续书卷八七有宝钗诗序一小节，辞气并不熨帖，第1037页。
④ 《花月痕》第二十六回，第214—216页；第三十六回，第299页；第三十一回，第259页；第三十六回，第297页；第三十五回，第288—289页。估计多是就作者文改成，特别是《并门孟冬大阅》谈兵讲武，虽以韩荷生"僭易数字"来斡旋，其实很难出自女性手笔，第213页。
⑤ 《镜花缘》第四十二回，页1a—b。
⑥ 《镜花缘》第六十七回，页4b—5a；第六十八回数女略加评骘，页3a；第八十八回，页1a—2b。
⑦ 长白浩歌子《萤窗异草》三编卷二《梅异》，北京：人民文学出版社，1999年，第386、387页。

　　清季周寿昌（1814—1884）编了《宫闺文选》二十六卷，前十卷为各体文，近人赵温甫（1907—1993）有《中国历代名媛作品选辑》，最末的文占总篇幅1/6弱。二十年来，女性史一度成为显学，女性别集得到钩沉索隐，陆续出版。不过，假如采取"男、女同卷"的方式评"卷"，就必须把水分挤掉。《女开科传》讥讽女诗人章台说："及看他的诗稿，只不过是东掇西撺凑集来的套头脂粉，又有那不出头的山人措大替他捉刀。犹之走名秀才，拼着两数银子，刻几篇倩人改削的窗稿、有年没月的考卷，将来圈圈点点，冒名某观风，某月课，某老师批评，某同盟僭笔。"①这话题找女性来谈或显得公允些吧。冼玉清（1895—1965）撰《广东女子艺文考》，《后序》坦言：

　　　　作者成名，大抵有赖于三者：其一，名父之女，少禀庭训，有父兄为之提倡，则成就自易；其二，才士之妻，闺房唱和，有夫婿为之点缀，则声气易通；其三，令子之母，侪辈所尊，有后嗣为之表扬，则流誉自广。……以上三者，气类相引，因果自然，较诸无根之芝、无源之醴，其难易殆不可以道里计，则人有幸、有不幸也。……学艺在乎功力。吾国女子素尚早婚，十七八龄即为人妇。婚前尚为童稚，学业无成功之可言。既婚之后，则心力耗于事奉舅姑、周旋戚党者半，耗于料理米盐、操作井臼者又半，耗于相助丈夫、抚育子女者又半。质言之，尽妇道者，鞠躬尽瘁于家事且日不暇给，何暇钻研学艺哉？故

---

① 《女开科传》第一回，第3页。参第三回："女人略会吟诗，便是樊素后身，略会写字，即说蔡琰转世。即如古女博士、女才子等类，强半都是后头的人标榜出名。"第29页。

编中遗集流传者，多青年孀守之人，若陈贤……皆孀居数十载者，陈霞浣……皆未嫁而亡夫者。此辈大抵儿女累少，事简意专，故常得从容暇豫以从事笔墨也。至于弱年谢世者，遗集煌煌，又大都受乃父、乃夫、乃子之藻饰，此亦无可讳言者。[①]

有了这种预判，我们才更重视徐叶昭《职思斋学文稿》，尤其是自序：

予幼时日承父兄绪论，私以其意妄为古文，父兄窃笑之，然或以为可造。稍长，颇好二氏之书，间有所作，庄、列之唾余，乾竺之机锋，时时阑入。年过二十，始知其非，非程、朱不观，以为文以载道，文字徒工无益也。所为文径直少情，如直口布袋。家先生规之曰："文之有八家，规矩绳墨也，矧八家卫道甚勇，是可师也，舍是奚以为文？"乃取茅氏《文钞》，朝吟夕哦，流连讽诵，自是觉稍稍有进。爰考古稽今，多所论著，如官制、兵制、赋役、催科、礼仪、丧服、贡举、刑书，偏私臆见，率意妄言，虽其中或间有可采者，而以草野议朝章，以妇人谈国典，律以"为下不倍"之义，窃惴惴焉。自后家贫多事，又时时善病，以迄于今，即结习未忘，时复成章，而强弩之末，亦自伤自郐无讥矣。今者综而甄之，涉于二氏者、类于语录者、近于自用自专者，悉为删去；其辨驳金溪（陆九渊）、余姚（王守仁）未能平允者，亦尽去之。于是所存者仅仅庶几无疵而已，以云

① 冼玉清《广东女子艺文考》，桂林：广西师范大学出版社，2014年，第115—117页。《后序》署期"民国二十七年（1938）冬"。案赵温甫《中国历代名媛作品选辑》收入此文，仅节选"则人有幸、有不幸也"以上一小段，难道还要为女子讳不成？成都：巴蜀书社，2021年，第372页。

工，未也。呜呼！予老矣，恐此事便已，如之何！甲寅（乾隆
五十九年，1794）之秋听松主人自序。①

徐氏以一女子，除制艺外，几乎完全复制了男子的学文路径，由佛、
道而归程、朱，再以唐、宋八家为根柢，"议朝章""谈国典"，只因
"家贫多事"且"善病"，才自伤驽末。《文稿》删剩了一卷35篇，
的确是"无疵而已，以云工，未也"。看她最后数语，真有无限的
不甘心。

　　文言文是中国古代男权社会的文化产物，既涉及两性不平等，
也涉及两性差异。陈去病（1874—1933）赋诗"论女学"，要非过
苛："女学萌芽魄量低，要须俚俗导其迷。梁园词采邹枚笔，一例推
崇待异时。"②"梁园词采邹枚笔"即见上文所引《史记·司马相如
列传》。然而，近代文化领域中的女权主义者却做出了悖反的姿
态。冼玉清自言："我年青时候决定献身学术，像我这样的人，一结
婚了，必定是个贤妻良母，这就很难专心治学了。左思右想之后，
就决定终生不结婚了。"③略先于她的才女吕碧城（1883—1943）也

---

① 杨焄主编《江南女性别集》五编，合肥：黄山书社，2018年，第487页。此本附
　录徐氏序文4篇。案徐氏父为徐绳甲，兄为徐斐然，夫为许尧咨。可参周作人
　的评论，见《周作人散文全集》第六卷《郝氏说〈诗〉》（原载1935年11月21
　日《益世报》），第850—852页；第九卷《女人的文章》（原载1944年10月1
　日《古今》第57期），第284—285页。
② 陈去病《与竹庄（蒋维乔）、宪鬯（钟观光）论女学》（原载《警钟日报》1904年
　6月30日），转引自杨天石等编著《南社史长编》，北京：中国人民大学出版
　社，1995年，第28页。
③ 秦牧《序言　关于岭南女诗人冼玉清》，《冼玉清论著汇编》，桂林：广西师范
　大学出版社，2016年，第2页。她在《检讨我的封建保守思想》（1952年9月6
　日）中直言："以事业为丈夫，以学校为家庭，以学生为儿女。"转引自陆键东
　《陈寅恪的最后二十年》，北京：生活·读书·新知三联书店，1996年，（转下页）

终生不婚,晚年皈依佛门。靠独身赢得自由,赢得与男性文化地位的平等,换个角度看,仍是屈从于不自由和不平等。清末民初的知识女性尽可能地坚持文言写作,同样是文明转型造成的性别错位:她们刚刚争取到传统男权文化的部分话语权,不肯迎合宣称将它扬弃的新文化运动。吕氏旅欧期间撰文谈女界近况,特辟《女子著作》一节:

　　传经续史,久成陈迹。四库之书浩如渊海,其分曹夺席、与于著作之林者殆夐焉绝响,此由吾国教育之不均,而非女子天才之偏弱也。海通以来,女学尚矣,又以各种专科及蟹行文字瘰其精力,兼谋经济独立,何暇专心著述、为名山事业哉!其结习难忘、余勇可贾者,亦仅发为诗词歌咏而已。兹就词章论,世多訾女子之作,大抵裁红刻翠,写怨言情,千篇一律,不脱闺人口吻者。予以为抒写性情,本应各如其份……女子写其本色,亦复何妨?……女子爱美而富情感,性秉坤灵,亦何羡乎阳德?若深自讳匿,是自卑抑而耻辱〔为〕女性也。……至于手笔浅弱,则因中馈劳形,无枕葄经史、涉历山川之工,然亦选辑者寡识而滥取之咎,不足以综概女界也。①

<hr>

(接上页)第44页。这是一时风气,如倪波等《曾昭燏传略》所说:"曾昭燏(1909—1964)青年时期所处的时代,正是社会上的妇女谋求个性解放、民主自由的时期","一些具有一定文化水平的妇女,还认为结婚就是女子的坟墓,结婚就是葬送了一生。曾昭燏因考虑到不少女子结婚后因整天忙于家务,埋没了她们的聪明才智,故她为了自己向往的事业,决心不结婚,与二妹曾昭懿一起过着独身生活"。晋阳学刊编辑部编《中国现代社会科学家传略》第二辑,太原:山西人民出版社,1982年,第337页。
① 《吕碧城集·吕碧城文》卷一《欧美漫游录·女界近况杂谈·女子著作》,上海:上海古籍出版社,2015年,第438页。

"传经续史"即《镜花缘》第四十二回《恩诏》"昔《帝典》将坠,伏生之女传经;《汉书》未成,世叔之妻续史"。[①]吕氏先声讨了古代男、女教育不平等,"海通以来"云云不啻夫女自道,她本以词著称,顺势把男、女差异转化为特色与优势,"手笔浅弱"说的不是她,她既无"中馈劳形",且有"枕葄经史、涉历山川之工"。她复信铁禅说:"文章本乎学识,学识有资于境遇。昔太史公游名山大川,所为文轶宕有奇气,然迹其所至,不过五岳四渎之间,初未越国门一步也。左右印五洲之鸿雪,读万国之宝书,星斗罗胸,骊珠在握,所为文,必有以破一世之浮靡而自标高格者,奚必踽踽于古人门户乎?"[②]亦是假赞人而赞己,她的《欧美漫游录》就别名《鸿雪因缘》。近代女子终于可以像古代男子一样四出游历,甚至有条件比他们走得更远,古文写作当能和他们分庭抗礼了。

　　1949年后,大陆女学者很快放弃了文言表达方式,海外虽滞后些,如叶嘉莹(1924—)《杜甫秋兴八首集说》始作于60年代,按语尚用文言,但文言的成分不断减少、白话的成分不断增加,是总的趋势。进入白话文时代,特别是近二十年,有几点值得留意:一是女学者研究古文远比古诗为少,我在《存傅诗话》里已提到;二是女性对一般意义的"复古风"兴致不浅,对"古文复兴"却大都无动于衷;三即我的古文社"试验",女生比男生更多,坚持得更久,——当然,到底也没那么多和那么久。

---

① 《镜花缘》第四十二回,页1a。
② 《吕碧城集·吕碧城文》卷二《答铁禅》,第517页。李保民《笺》以"本文约作于一九一六年间",指"铁禅"为铁禅和尚(1865—1946),俗名刘秀梅,第518页。初不论信文全与释子无涉,即"印五洲之鸿雪,读万国之宝书"也用不到铁禅和尚身上,此"铁禅"当别为一文士之字号、笔名。

第二篇　林纾：古文家的回光返照

一、"翻译"

毛泽东在中华人民共和国成立后曾笑谈胡适：21世纪替他恢复名誉。[①]这话实际意味着他很清楚政治和文化的逻辑、节奏不一样，政治急于建立合法性，尤其在政权交替之后，须以线性的标准明确是、非、敌、友，文化的变迁周期长得多，也更多元，我们一百年后又提倡古文，就是个例子。大陆恢复胡适名誉，不是21世纪，而是提早了十几年。胡适1891年生人，论年龄，晚林纾两代，论产生的文化影响，晚林纾一代，作为新文化运动开创者，正是把林纾踩在脚下的。如今轮到林纾恢复名誉没有？答案是，从2012年出版的张俊才、王勇《顽固非尽守旧也：晚年林纾的困惑与坚守》一书[②]来看，在新世纪的头十年，林纾已"咸鱼翻生"。其实，林纾在70年代末就重回大众的视野，拜"改革开放"之赐，主要是林译小

---

① 《龚育之回忆："阎王殿"旧事·胡绳晚年论胡适》，实为唐弢回忆，事在1956或1957年，南昌：江西人民出版社，2008年，第181页。

② 张俊才、王勇《顽固非尽守旧也：晚年林纾的困惑与坚守》，太原：山西人民出版社，2012年。

说起了作用,顺应了引进西方文化的要求,文化界又把他想起来——重新"激活"了。

　　林纾生于1852年,卒于1924年,他所经历的东西、取得的成就、受到的局限,都由此时段划定。以所谓的"进步"观来论,他思想的最高峰出现在戊戌维新时期、1898年前后,之前都是向上爬坡,1900年后就趋向保守,认为直到北洋政府的政治变化"一蟹不如一蟹",自居清遗民,在北京总要去拜德宗陵,在"历史车轮滚滚向前"的20世纪前期,很快就被扫入"历史垃圾堆"里。"历史垃圾"也是"分类"的,林纾属于"老顽固"一类,难以彻底"回收",在今天福州的林姓"名人堂"里排不到特别靠前的位置——一边歌颂反清烈士林觉民,一边又表彰清朝遗老林琴南,没法自圆其说。但从文化上论,林纾的重要性决不在其他人之下。他生性执拗、木强,小时家境贫困,攒一点儿钱,就去书铺买残书来看。从福州先到杭州,再到北京,赶上了甲午战争,虽说比较积极地参与维新变法活动,仍属外围分子。此后政治上日渐消沉,但林译小说颇受欢迎,文名大噪,被请到北京高校讲古文,于是以古文的鼓吹者和捍卫者的姿态定格在20世纪初的历史中。综合来看,古文也的确成了他生命的支柱、他的信仰。

　　钱锺书中肯地说:"在评述到林纾翻译的书籍和文章里,寒光《林琴南》和郑振铎先生《中国文学研究》下册《林琴南先生》都很有参考价值。"[①]寒光即陈寒光,他也中肯地说:"自来论林氏的,除了郑振铎和胡适之而外,就要算东亚病夫为最深刻的,无论林氏

---

① 《七缀集·林纾的翻译》,第74页注〈3〉。

的长处和短处,都是一针见血的道了出来!"①指郑振铎(1898—
1958)《林琴南先生》、胡适《五十年来中国之文学》及曾朴的相
关记述。②以文言译外文,在现代人看来,不啻古、今、中、外的碰
撞,但在一百多年前,还真不好说。胡适引吴汝纶《〈天演论〉序》
论"严复译书的文体","当时自然不便用白话;若用白话,便没
有人读了。八股式的文章更不适用"。"严复用古文译书,正如前
清官僚戴着红顶子演说,很能抬高译书的身价,故能使当日的古
文大家认为'骎骎与晚周诸子相上下'。"③寒光本之论林译小
说:"林氏译小说的时候,恰当中国人贱视小说习性还未铲除的时
期,一班士大夫们方且以帖括和时文为经世的文章,至于小说这
一物,不过视为茶余酒后一种排遣的谈助品。加以那时咬文嚼字
的风气很盛,白话体的旧小说虽尽有描写风俗人情的妙文,流利
忠实的文笔,无奈他们总认为下级社会的流品,而贱视为土腔白

①　寒光《林琴南》三《文学界的论评(并附加己见)》,上海:中华书局,1935年,
　　第62页。
②　见张若谷《异国情调·初次见东亚病夫》,上海:汉语大词典出版社,1996年,
　　第156—157页;《胡适文存三集》卷八《论翻译(与曾孟朴先生书)》所附
　　《曾先生答书》,第564—565页。
③　《胡适文集》第三册《胡适文存二集》卷二《五十年来中国之文学》(原载1923
　　年2月《申报》五十周年纪念刊《最近之五十年》),第191页。参《鲁迅全
　　集》编年版第6卷《关于翻译的通信》(原载1932年6月《文学日报》第1卷第
　　1号):"最好懂的自然是《天演论》,桐城气息十足,连字的平仄也都留心,摇
　　头晃脑的读起来,真是音调铿锵,使人不自觉其头晕。这一点竟感动了桐城
　　派老头子吴汝纶,不禁说是'足与周秦诸子相上下'了。""那么,他为什么要
　　干这一手把戏呢?答案是:那时的留学生没有现在这么阔气,社会上大抵以
　　为西洋人只会做机器——尤其是自鸣钟——留学生只会讲鬼子话,所以算不
　　了'士'人的。因此他便来铿锵一下子,铿锵得吴汝纶也肯给他作序,这一
　　序,别的生意也就源源而来了,于是有《名学》,有《法意》,有《原富》,等等。
　　但他后来的译本,看得'信'比'达雅'都重一些。"第620—621页。

话的下流读物。林氏以古文名家而倾动公卿的资格，运用他的《史》《汉》妙笔来做翻译文章，所以才大受欢迎，所以才引起上中级社会读外洋小说的兴趣，并且因此而抬高小说的价值和小说家的身价。很明显的，倘使那时不是林氏而是别人用白话文来译《茶花女》等书，无论如何决不会收到如此的好结果，这道理不待识者当会明白的。"[①]

钱锺书《林纾的翻译》可分四大段：关于"翻译"本身的讨论，相当于"引言"；林译的利弊得失及林译史；作为古文家的林纾其翻译与古文写作的关系；围绕翻译的林纾轶事。它最早发表于1964年，经过1979年、1985年的修订，今天仍是研究林译小说的最重要的成果。它有什么得天独厚之处成为权威性的杰作呢？首先，钱氏小时深受林译小说影响，比同龄人都更受用；其次，当他外语学成后，几乎所有林译小说的原版——英文、法文、德文等——都可以研读了；再次，他文言水平高超，不但能准确理解林译，而且能把外文翻成文言。这三种条件都具备的大概没谁了。现代学外语的人古文不行，让他看林译，还不如直接看外文。此外，林纾这一辈，比较高寿的，像陈衍（1856—1937）等，钱氏有机会接触到，他所卡住的代际位置后人也无法复制。

钱文的一大发现是："据我这次不很完全的浏览"，林纾"接近三十年的翻译生涯显明地分为两个时期。'癸丑三月'（民国二年）译完的《离恨天》算得前后两期间的界标。在它以前，林译十之七八都很醒目；在它以后，译笔逐渐退步，色彩枯暗，劲头松懈，读

---

① 寒光《林琴南》三《文学界的论评（并附加己见）》，第35—36页。

来使人厌倦"。①不假外求，仅凭"译笔"本身，做出这样的判断，实在了不起。据我更"不很完全的"阅读，若兼重原作与译作的水平和影响，综合各方面考量，林译小说的前五名（按出版时序）当推：

《巴黎茶花女遗事》（1899年 / 48岁）

《黑奴吁天录》（1901年 / 50岁）

《撒克逊劫后英雄略》（1905年 / 54岁）

《拊掌录》（1907年 / 56岁）

《块肉余生述》（1908年 / 57岁）

《巴黎茶花女遗事》是林氏首次用古文翻译的西洋小说，要把古文的典雅、精炼体现出来，力争司马迁、班固灵魂附体，决不能给古文丢脸，战兢戒惧，绷着个劲儿，以致略失拘谨。这一炮打响后，不觉释然，于是《黑奴吁天录》可自如发挥了，笔致较前为松弛。到《撒克逊劫后英雄略》，已是炉火纯青，游刃有余。《拊掌录》系短篇小说集，便于回归中国文言小说传统。《块肉余生述》则篇幅最长，译文平实、琐屑，多白描。

以1913年为林译分水岭，为研究林纾文学活动提供了重要"坐标"。不过，钱文并未解释林译前后"两截"之故，也许以为不

---

① 《七缀集·林纾的翻译》，第86—87页。商务印书馆1981年重印林译小说十部，九部都在1913年以前（包括《离恨天》），其后仅收列夫·托尔斯泰的《现身说法》（1918年）——大概想兼顾国别的多样及作者的名气，应即参考了钱锺书的观点。案杨玲《林译小说及其影响研究》"受此启发"而将分界线微调至1912年，认为"民国二年癸丑（一九一三），林纾此年仅出版一种小说，即《离恨天》，但经考察，此作先年已经译出"，广州：世界图书出版广东有限公司，2013年，第55页，却未给出"考察"的具体情况，钱氏所标"癸丑三月"则本于林纾《译余剩语》的署期。

言而喻：一是政治原因，清朝灭亡，林纾的精神支柱垮塌，他对革命党不满，对北洋军阀更不满，觉得民国一无是处，效忠帝制、维护纲常的改良思想已无所附丽；二是文化原因，新文化运动蓄势待发，旧传统面临危机，在日新月异的外来思潮冲击下，他引进西方文化的媒介作用式微，逐渐边缘化，古文的没落可预见了。本年还有个并非不起眼的变化，即林氏被迫辞去京师大学堂教席，翻译所得更成了重要进项。

在林纾身上有种他自己都没发现的悖反性：一面鼓吹复古，觅死寻活；一面又与时俱进，破旧立新。林译小说作为典型，表现在内容和形式方面的悖反性，都被钱锺书敏锐地把握、生动地阐明了：

"林纾的翻译所起'媒'的作用，已经是文学史公认的事实。他对若干读者，也一定有过歌德所说的'媒'的影响，引导他们去跟原作发生直接关系。我自己就是读了林译而增加学习外国语文的兴趣的。商务印书馆发行的那两小箱《林译小说丛书》是我十一二岁时的大发现，带领我进了一个新天地，一个在《水浒》《西游记》《聊斋志异》以外另辟的世界。我事先也看过梁启超译的《十五小豪杰》、周桂笙译的侦探小说等，都觉得沉闷乏味。接触了林译，我才知道西洋小说会那么迷人。我把林译里哈葛德、欧文、司各特、斯威佛特的作品反复不厌地阅览。假如我当时学习英文有什么自己意识到的动机，其中之一就是有一天能够痛痛快快地读遍哈葛德以及旁人的探险小说。"后与陈衍长谈，"陈先生知道我懂外文，但不知道我学的专科是外国文学，以为准是理工或法政、经济之类有实用的科目"，"他查问明白了，就慨叹说：'文学又何必向外国去学呢！咱们中国文学不就很好么！'我不敢和他理论，只抬出他的朋友来挡一下，就说读了林纾的翻译小说，因此对外国文学发生兴趣。陈先生说：'这事做颠倒了！琴南如果知道，未必高兴。你读了他的翻译，应该进而学他的古文，怎么反而向往外国了？琴南岂不是"为渊驱鱼"么？'""我开始能读原文，总先找林纾译过的小说来读。我渐渐听到和看到学者名流对林译的轻蔑和嗤笑，未免世态逐炎凉，就不再而也不屑再去看它，毫无恋惜地过河拔桥了！"①这是内容的拓展，"为渊驱鱼"导致了"过河拔桥"。

　　"林纾是'古文家'，他的朋友们恭维他能用'古文'来译外国小说"，"后来的评论者也照例那样说，大可不必，只流露出他们对文学传统不甚了了。……'古文'是中国文学史上的术语，自唐以来，尤其在明清两代，有特殊而狭隘的涵义。并非文言就算得'古文'，同时，在某种条件下，'古文'也不一定和白话文对立。'古文'有两方面"。一是"叙述和描写的技巧。从这一点说，白话作品完全可能具备'古文家义法'"；二是"语言"，"它不但排除了白话，也勾销了大部分的文言"，"从这方面看，林纾译书的文体不是'古文'，至少就不是他自己所谓'古文'。他的译笔违背和破坏了他亲手制定的'古文'规律""林纾认为翻译小说和'古文'是截然两回事，'古文'的清规戒律对译书没有任何裁判效力或约束作用。""林纾并没有用'古文'译小说，而且也不可能用'古文'译小说。林纾译书所用文体是他心目中认为较通俗、较随便、富于弹性的文言。它虽然保留若干'古文'成分，但比'古文'自由得

① 《七缀集·林纾的翻译》，第74、100、75—76页。《胡适文集》第二册《胡适文存》卷一《中学国文的教授》（原载1920年9月1日《新青年》第8卷第1号）谈到他设想的中学第一学年古文教材，包括"林琴南早年译的小说，如《茶花女遗事》《战血余腥录〔记〕》《撒克逊劫后英雄略》《十字军英雄记》"，第144页；"与其读林琴南的一部《古文读本》，不如看他译的一本《茶花女》"，第145页。正与钱锺书"发现"林译小说的时间（及学龄）相当。

多；在词汇和句法上，规矩不严密，收容量很宽大。"①这是形式的突破，他的文言译文并非他誓死捍卫的"古文"。

　　内容拓展与形式突破共同消解着传统古文。当然，内容、形式不能截然分开。对林译小说，钱玄同（1887—1939）极表否定，说林氏"与人对译欧西小说，专用《聊斋志异》文笔，一面又欲引韩、柳以自重，此其价值又在桐城派之下"。②胡先骕（1894—1968）极表肯定："以古文译长篇小说，实林氏为之创，是在中国文学界中创一新体（genre）。其功之伟，远非时下操觚者所能翘企。……一种名著，一经翻译，未有不减损风味者，然翻译之佳者，不殊创造。"③

――――――――――

① 《七缀集·林纾的翻译》，第88、90、91—92页，前后举例可参。前人非无所见，但都逊钱文鞭辟入里，如《姚鹓雏剩墨·小说杂谈·稗乘谭隽》（原载《春声》杂志1916年第1集）："欧学东渐，铅椠日新，移译新体，遂更旧俗，则林畏庐为之长。我闻人有推吴趼人、李伯元、林畏庐为小说界之杰者，然吴、李皆绍述旧闻，独林创新基耳。"北京：社会科学文献出版社，1994年，第132页；《陈独秀文集》第一卷《关于北京大学的谣言》（原载1919年3月16日《每周评论》第13号）："其实林琴南所作的笔记和所译的小说，在真正旧文学家看起来，也就不旧不雅了。"第423页。另参《胡适文集》第三册《胡适文存二集》卷二《五十年来中国之文学》有关林译小说的部分。

② 《钱玄同文集》第一卷《反对用典及其他》（原载1917年3月1日《新青年》第3卷第1号），第10页。参《〈新青年〉改用左行横式的提议》（原载1917年8月1日《新青年》第3卷第6号）："某大文豪用《聊斋志异》文笔和别人对译的外国小说，多失原意，并且自己搀进一种迂谬批评，这种译本，还是不读的好。"第39页。寒光在《林琴南》中质问："不知道那〔哪〕一篇是用《聊斋志异》的文笔？那〔哪〕一篇是蹈着《聊斋志异》的蹊径？钱先生既然不曾拿出证据来，仅仅用着这样笼统的武断，我们当然不能赞同的。"《林纾研究资料》，第207—208页。

③ 《胡先骕诗文集·忏庵文稿·评胡适〈五十年来中国之文学〉》（原载《学衡》第18期，1923年），合肥：黄山书社，2013年，第437—438页。参郑振铎《中国文学研究》下册第五卷《中国文学杂论·论文字的繁简》（原载1933年《文学·中国文学研究号》）："林琴南先生虽是一位服膺桐城义法的古文家，他却有胆识，敢于用古文去译长篇小说"，"算是古文家第一次的打破义法，为'外人'张目"。第309页。

这些正、反面的评价都比不上林氏甘苦自道，尤于狄更斯的作品再三致意:"迭更司……盖出身贫贱，故能于下流社会之人品刻划无复遗漏。笔舌所及，情罪皆真；爱书既成，声影莫遁。""左、马、班、韩能写庄容，不能描蠢状，迭更司盖于此四子外别开生面矣。"①"史、班叙妇人琐事，已绵细可味矣，顾无长篇可以寻绎。""迭更司乃能化腐为奇，撮散为整，收五虫万怪，融汇之以精神，真特笔也。"②论《孝女耐儿传》，发挥最详尽:

> 中国说部，登峰造极者，无若《石头记》。叙人间富贵，感人情盛衰，用笔缜密，著色繁丽，制局精严，观止矣。其间点染以清客，间杂以村妪，牵缀以小人，收束以败子，亦可谓善于体物。终竟雅多俗寡，人意不专属于是。若迭更司者，则扫荡名士美人之局，专为下等社会写照，奸狯驵酷，至于人意所未尝置想之局，幻为空中楼阁，使观者或笑或怒，一时颠倒，至于不能自已，则文心之邃曲，宁可及耶? 余尝谓古文中序事，惟序家常平淡之事为最难著笔。《史记·外戚传》述窦长君之自陈，谓姊与我别逆旅中，丐沐沐我，饭我乃去。其足生人惋怆者，亦只此数语。若《北史》所谓隋之苦桃姑者，亦正仿此，乃百摹不能遽至，正坐无史公笔才，遂不能曲绘家常之恒状。究竟史公于此等笔墨亦不多见，以史公之书亦不专为家常之事发也。今迭更司则专意为家常之言，而又专写下等社会家常之事，用意著笔为尤难。③

① 《林纾集》第八册《滑稽外史·短评数则》，第49、50页。
② 《林纾集》第九册《〈块肉余生述〉前编序》，第3页。
③ 《林纾集》第八册《孝女耐儿传·序》，第377—378页。

必以马、班等牵连白话小说，罔顾其各具源流，盖强行"归宗"以便"跨界"。对照傅斯年的"文言和西文太隔阂，白话比较稍近些。要想直译，非用白话不可，要想和原来的切合，非不用文言不可"，[①]不是反而可见林译克服古文局限性的努力吗？

以文言文译介西方著作，仿佛用某种多棱镜把户外光反射进昏暗的室内，初步产生效果后，却被废弃了，因为有的人直接走出户外寻觅光源，没出去的人也要求改换平面镜。相较文言译文，白话译文是更清晰——达不到绝对清晰——的镜片。文言文是有拣择、有提炼的文字，好比一个拿身份的人，某些事是不会沾手的，白话文没那么华贵，所以至少很实干。林译文字已相当地纡尊降贵，可还不及白话文有亲和力。而文言文也几乎"撑"到了极致，再过一点儿，就要"撑"破了。

大家都知道，"林译"是一个笼统的说法，搁在讲究著作权、版权的今天，简直不能成立。近年的研究向林纾的合作者——口译者们倾斜，哪怕只有几步，总算走出了钱锺书大作的范围。[②]口译者与林纾的关系可由下表呈现。

	出发文本	归宿文本
口译者	外文书面文学作品	中文口头（白话）文学作品
林纾	中文口头（白话）文学作品	中文文言文学作品

---

① 《傅斯年文集》第一卷《译书感言》（原载1919年3月1日《新潮》第1卷第3号），第211页。刘声木《苌楚斋五笔》卷八《论翻译小说》妄言"中文（即指古文）本为上智而设，西文则专为中人以下者示之准的"，却也反证了古文不适于翻译西洋小说，北京：中华书局，1998年，第1038页。

② 例如杨丽华《林纾翻译研究——基于费尔克拉夫话语分析框架的视角》第四章《合译的是与非——林纾翻译的过程论》，北京：中国社会科学出版社，2015年。

不过,仍有个重要环节亟待揭橥。说某人精通一种语言,意味着他能以这种语言思维。[①]拿严复为例,他英语水平很高,阅读、表达肯定不需汉语居间;同样,他文言水平也很高,阅读、表达也不需白话居间。[②]他把英文翻译成古文的过程如下面甲图所示:由大脑的外语接收区接收外语,由文言反应区做出反应,直至生成文言译文。林译则如乙图所示:先由口译者接收外语,做出白话反应,林纾由母语接收区接收,再由文言反应区反应,然后生成文言译文。

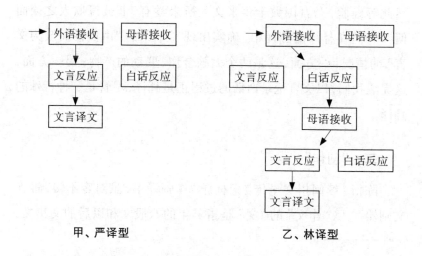

甲、严译型　　　　　　乙、林译型

① 卡尔·马克思(Karl Marx)所言即此意:"就像一个刚学会外国语的人总是要在心里把外国语言译成本国语言一样;只有当他能够不必在心里把外国语言译成本国语言,当他能够忘掉本国语来运用新语言的时候,他才算领会了新语言的精神,才算是运用自如。"《马克思恩格斯选集》第一卷《路易·波拿巴的雾月十八日》,北京:人民出版社,1976年,第603—604页。
② 《朱光潜全集》第6册《谈文学(抗战后期写作,1946年5月出版)·文学与语文(下):文言、白话与欧化》称:"你不能用先秦诸子的语文去'想'康德或怀特海的思想,自然也就不能用那种语文去'表现'他们的思想。"北京:中华书局,2012年,第247页。而严复相反,正是能用古文"想"和"表现"西方哲学思想的。

　　认为文言从白话转译而来的观点，是新文化派加于古文的严重不实之词。如蔡元培在《国文之将来》中说："白话是用今人的话来传达今人的意思，是直接的。文言是用古人的话来传达今人的意思，是间接的。间接的传达，写的人与读的人都要费一番翻译的工夫，这是何苦来？"①梅光迪（1890—1945）《评提倡新文化者》就曾嗤之以鼻："彼等又谓，思想之在脑也，本为白话，当落纸成文时，乃由白话而改为文言，犹翻译然，诚虚伪与不经济之甚者也。然此等经验，乃吾国数千年来文人所未尝有，非彼等欺人之谈而何？"②但在林纾的翻译中，确实出现了罕见的"由白话而改为文言"的情况，一方面，这是两个大脑合作、联动的产物；另一方面，这提醒我们，以文言记录白话的过程正是翻译，尽管是一种特殊的翻译。

二、"创作"

　　陈衍《续闽川文士传》记林纾"作画译书，虽对客不辍，惟作文则辍"。③"作文"的"文"是指早年的八股文和以后的文集文，

----

① 《蔡元培讲演集·国文之将来》（原载《北京大学日刊》1919年11月19日），石家庄：河北人民出版社，2004年，第137页。下文又言："有人说：文言比白话有一种长处，就是简短，可以省写读的时间。但是脑子里翻译的时间，可以不算么？"第138页。参《石头记索隐·附编·〈国文学讲义〉叙言》："由意识而为语言，一译也，此中外之所同也。由语言而为文字，再译也，此我国之所独也。"第69页。

② 《梅光迪文存》上卷《评提倡新文化者》（原载1922年1月《学衡》第1期），武汉：华中师范大学出版社，2011年，第133页。此后周作人仍坚持这种说法："思想自思想，文字自文字，写出来的时候中间须经过一道转译的手续，因此不能把想要说的话直捷的恰好的达出，这是文言的一个致命伤。"《周作人散文全集》第二卷《国语改造的意见》（原载1922年9月10日《东方杂志》第19卷第17号），第754页。

③ 转引自《七缀集·林纾的翻译》，第87页注〈2〉。

有人在文集内收入少量制艺，但林纾没有。[①]就一位本分的文士而言，这些就是他的全部"创作"了。"创作"原属西方文艺概念，这里只用来跟"翻译"相区别。去掉评论、诗词、传奇及绘画等，林纾的文言"创作"略分三类：甲、文集（含佚文）；乙、笔记；丙、小说。很为林氏回护的郑振铎无奈地承认："林琴南先生自己的作品，实不能使他在中国近代文坛上站得住一个很稳固的地位；他的重要乃在他的翻译的工作而不在他的作品。"[②]周作人就不那么客气了："林琴南的作品我总以为没有价值，无论它如何的风行一时，在现今尊重国粹的青年心目中有如何要紧的位置。译本里有原作的精魂一部分存在，所以披带了古衣冠也还有点神气。他的著作却没有性格，都是门房传话似的表现古人的思想文章，——如若我们来讲它里面的思想和文章。"[③]表面上，他的创作被翻译比了下去，实际上，创作以不同方式都受益于翻译。

林纾48岁（1899年）发表《巴黎茶花女遗事》之前，只印行过《闽中新乐府》，整整十年、出版了60余种林译小说后，才有了和严复合璧的《林严文钞》，大部分还是小说序、评等，次年（1910年）

---

① 今人所编《林纾集》第一册《畏庐文辑佚》收入《正谊书院课艺》数首，殆非林氏本意。

② 郑振铎《中国文学研究》下册第五卷《中国文学杂论·林琴南先生》（原载《小说月报》第15卷第11号），第352页，署期"一九二四年十一月十一日"，所论"作品"包括传奇和诗歌。林纾逝世于10月9日，郑作是最早的纪念性评价文章。

③ 《周作人散文全集》第四卷《再说林琴南》（原载1925年3月30日《语丝》第20期），第110—111页。参《我学国文的经验》（原载1926年10月《孔德月刊》第1期）：林译小说"一方面引我到西洋文学里去，一方面又使我渐渐觉到文言的趣味，虽林琴南的礼教气与反动的态度终是很可嫌恶，他的拟古的文章也时时成为恶札，容易教坏青年"，第770页。

才由商务印书馆推出正儿八经的《畏庐文集》，"一时购读者六千人；盖并世作者所罕觏焉！"①1912年11月到1913年9月，林纾在《平报》连载笔记，1916年以《铁笛亭琐记》之名出版。始于1913年《平报》的另一个系列，相继以《践卓翁短篇小说》第一、二、三辑出版，直至1922年合为《畏庐漫录》。同样在1913年，《剑腥录》（后易名为《京华碧血录》）出版，长篇小说创作就此发轫。1916年，出版《畏庐续集》。1919年2月到1920年3月，《新申报》辟《蠡叟丛谈》专栏。1924年，林氏去世前出版《畏庐三集》。②通观下来，假如不是翻译小说闯出名堂，在古文家林立的清末民初，林纾很难崭露头角，他也有意识地利用了这一点，特别在1913年后，小说翻译毋宁已变成他个人创作的广告宣传。

林纾是古文家，属"唐宋八大家"的嫡传，由此向前追溯《左》《庄》《史》《汉》，而"八大家"的古文是相对通俗的，所以，林纾的古文并不很艰深。如果看时人对他的肯定以及他自己的高自位置、当仁不让，仿佛非"大家"莫属，但我觉得还比不上清代的名家，缺乏他们作品带来的触动。特别时至20世纪前期，他再怎么坚持，再怎么讲究，也不能不考虑到对话的对象已日渐远离古文的训练了，不得不放下身段，趋向平浅一路。这个变化哪怕在王文濡编的《续古文观止》里都体会得到。比如曾国藩比林纾大四十岁，气象、格调就老派了很多，正宗了很多，那时候作文，就在传统精英

---

① 钱基博《现代中国文学史》上编《古文学·一　文·林纾》，北京：商务印书馆，2017年，第231页。盖本之姚永概《畏庐续集序》"文集已印行者，售至六千部之多"，《林纾集》第一册，第101页。高梦旦序《畏庐三集》称："畏庐之文，每一集出，行销以万计。"不免是"生意口"了，同上，第183页。

② 以上内容参考了张俊才《林纾著译系年》《林纾研究资料》。

圈子里竞争，没什么可迁就的。晚年的林纾已际后科举、后帝制时代，他想争取读者，就得降低标准。另外，林纾后期论文的文章，又多少有了一点儿"教书匠"的"匠气"，跟他在学校内外教古文有关，某些辞气像是老师对学生发的。这也不正常，不是一个传统古文家该怎样就怎样的应有之"气"，仍是时代环境变迁造成的——西式的师生关系不是旧式的师生关系了。至于钱基博（1887—1957）论其古文因"晚年名高，好为矜张，或伤于蹇涩；不复如初集之清劲婉媚矣"，①并不难用"心理补偿"做解释。

清人的著述体裁，本不包括小说在内，实在降格以求，也是文言优先于白话。文言小说，在清人心目中，第一等是说教类，如纪昀《阅微草堂笔记》，然后是猎奇类，如袁枚《新齐谐》（原名《子不语》），或寄意抒情类，如蒲松龄《聊斋志异》，②尽管《聊斋志异》的读者会更多。林纾的短篇小说不唯糅杂了它们，且不囿于它们。其言情者情节已骎骎突破传统藩篱，但仍勉力恪守"发乎情，止乎礼义"的原则，并以"大团圆"收场。立意较有特色的可举三例：《秋悟生》对应林氏自传《冷红生》，以个人经历为蓝本，情真意切，篇末"畏庐曰"云云，自己与自己对话，"翁"即自林纾晚年自号"卓践翁"来；《娥绿》末尾挑明了是模仿《罗密欧与周立（后译为朱丽）叶》的，受他所译西洋小说的影响——兰姆《吟边燕语》（《莎士比亚戏剧故事集》），是中国清朝版的"罗密欧与朱丽叶"，但移植过来，水土不服；《谢兰言》写一男一女两人结伴留学英国，这是文言小说前所未有的新鲜事，归程历险的情节可能跟他翻译

---

① 《现代中国文学史》上编《古文学·一　文·林纾》，第239页。
② 纪昀对《聊斋志异》的质疑详见《阅微草堂笔记》卷一八《姑妄听之（四）》末其门生盛时彦跋语，第468—469页。

过《鲁滨孙漂流记》有关。

林纾翻译小说以民初1913年为界，之前兴高采烈，之后基本就是为挣钱了。也在这一年，他在《平报》连载了《春觉生论文》（后以《春觉斋论文》为题出版），同时开始了长篇文言小说的创作，由"幕后"的译者变身成了"台前"的作者，给人以精心谋划之感。第一部《京华碧血录》（原名《剑腥录》）最长，5万多字，以后越来越短，可见已不能维持翻译的规模了。但我们还得承认，依托自己的翻译小说，林纾创造出"新文言小说"这一文艺品种，即不同于传统古文及文言小说：内容方面，在"才子佳人"套路中，增加政治、军事、社会成分，尽管整合失败；形式方面，放弃了章回体，更加自由，规模、字数亦有所突破。第六部《巾帼阳秋》发表于1917年，2万字，可能是中国最后的较长篇幅的文言小说了。

弟子姚鹓雏（1892—1954）题诗称："贞元词客老林逋，野史亭荒夕照余。一卷《剑腥》燕市泪，齐名四杰定何如？"自注："林畏庐师译著等身，自撰小说近亦数见。《金陵秋》《剑腥录》皆寓生死朋交之感，非出虚构。或谓师自撰说部不及转译之佳。不知中、西情事，闻见有新旧之殊，恒情厌故好新，故译作易于动目，又若记述写事，不同向壁构造之易为点缀，非必译著者胜创作也。李伯元以《官场现形记》，吴趼人以《二十年目睹之怪现状》，东亚病夫曾孟朴以《孽海花》，各各著称于时，并林畏庐师，被推为小说界四杰；若言念乱伤时、缱绻平生之感，则师为独多矣。"[1]李、吴、曾皆白话

---

[1] 《姚鹓雏剩墨·小说杂谈》四《小说杂咏十六首》（原载1921年《小说大观》第十五集），第141页。另据《林纾集》第一册《畏庐文辑佚·〈留芳记〉弁言》："去年康南海至天津，与余相见康楼，再三嘱余取辛亥（1911年）以后事编为说部，余以笃老谢。"第405页，署期"甲子（1924年）三月"，10月林纾即去世了。

作家，似乎比拟失伦，其他评论则不尽为回护。叶楚伧（1887—1946）1918年在《民国日报》上写道：

> 冷红生文治桐城，诗则北宋，故其为小说也，峻峭高古，拔地千仞，有时峰回谷转，亦有奇花异卉映带上下之妙。以古文辞为小说者，此老允为健者矣。余不假（？）英文，译笔非所敢论，至于所作，其最近所成，每见有矜持过甚之憾。然惟见其有矜持过甚处，乃见老辈为文持法至严，宁刻苦艰涩以守法，不愿弃法以成流丽活溜、称心适意之文。故即有所憾，亦非易及矣。①

应该是包括长、短篇小说在内的，而"流丽活溜、称心适意之文"疑指"鸳鸯蝴蝶派"文言小说。谭正璧（1901—1991）径谓林氏"曾著笔记小说数种——如《畏庐漫录》《技击余闻》……，文体一如其译文；所著小说——如《京华碧血录》《冤海灵光》《劫外昙花》……等，亦可一望而知为出于他的手笔"。②"他的文体实和所谓古文不同，他必自认为古文，所以易于招骂了。"③

　　林纾别有《蠡叟丛谈》，1919—1920年连载于《新申报》专栏，算是系列文言短篇小说，恶名昭著的《荆生》《妖梦》就在其中。而西洋小说白话翻译及本土白话小说创作的时代已经开始，新文言小说就此式微。

---

① 《小说杂论》（《民国日报》1918年11月12—17日），转引自《南社史长编》，第533页。
② 《中国文学史大纲》第十一章《现代文学与将来的趋势》，上海：光明书局，1933年，第149页。
③ 寒光《林琴南》所引谭正璧《中国文学史大纲》，《林纾研究资料》，第203页，但并不见于谭著光明书局1933年版，当别有所本。

三、古文遗民

清朝刚灭亡时,林纾本是面向民国而行的,写信给友人说:"仆生平弗仕,不算为满洲遗民,将来仍自食其力,扶杖为共和国老民,足矣。"[①]但走着走着,渐渐转过身来,成了民国的"倒行"者。对政治的失望,使他变成"政治遗民";对新文化的不满,使他变成"文化遗民";对政治和文化的共同载体——古文——的坚守,则使他最终变成"古文遗民"。

林纾对古文的态度,1916年发表的《送大学文科毕业诸学士序》已宣示殆尽:

> 欧风既东渐,然尚不为吾文之累,敝在俗士以古文为朽败,后生争袭其说,遂轻蔑左、马、韩、欧之作,谓之陈秽。文始辗转日趣于敝,遂使中华数千年文字光气一旦暗然而熸,斯则事之至可悲者也。……世变方滋,文字固无济于实用,苟天心厌乱,终有清平之一日,则诸君力延古文之一线,使不至于颠坠,未始非吾华之幸也。[②]

以外千言万语,都属冗余。今人从林氏弃置不录的文字中拾回《论古文之不宜废》《论古文白话之相消长》两篇,既于事无补,林氏地下有知,将徒增其恨恨。林大文称前者"可以说是林纾最早

---

① 《林纾集》第一册《畏庐尺牍辑佚·与吴睿芬书·二》(作于1911年11月),第490页。

② 《林纾集》第一册《畏庐续集·送大学文科毕业诸学士序》,第124页,原载1916年4月15日《民权素》第十七集。

发表的提出异议的文章,因此,历来为论者所重视"。[①]但两篇均未收入《畏庐三集》。古文中有"×论"的论体,"论×"则是新体,无法收入,而其所"论"并不为林氏满意,可能才是主因。

据《林纾集》第一册《畏庐文辑佚》,《论古文之不宜废》录自天津《大公报》1917年2月1日《特别记载》栏,亦见于《学生周刊》1917年第2期;《论古文白话之相消长》录自《文艺丛报》1919年第1期。它们发表的时代、场合、特定的对象读者,都具备了相当的近(现)代性,不能不影响到其内容及形式,这是不以人的意志为转移的。

在报纸上发文章,最直接的功利性目的是赚稿费。晚清以来得到发展的报纸是新、旧文家一个不错的营生。早在1912年,林纾就曾自诩:"此间人士知弟流寓在津,争来请弟为报馆主笔,可三四处。弟择其两家较妥帖者就之,一为《民约报》,月作论十二篇,薪一百五十元;一为《进化杂志》义务员,月作文三千字,夫马费五十元。"[②]那时的报纸开本都不大,一些栏目的版面也不大,"豆腐块文章",难免凑字数,文字多不怎么检点。《畏庐文辑佚》第288页展示了《论古文之不宜废》的书影,栏目名叫《特别记载》,莫名其妙,无标点,满算15行、行39字,但中间上部有一张林纾头像,少了4行、行9字,后边又有两句话仿佛强调似的放大了字号,不仅减少了所在行的字数10字、9字,还把3个大号字甩到了第16行,大概这样才塞满了版面,不致出现较大的空白。

---

① 夏晓虹等编注《林纾家书》附录二《后人心目中的林纾》,北京:商务印书馆,2016年,第250页。案林氏系林纾孙、林璐子。
② 《林纾集》第一册《畏庐尺牍辑佚·与吴睿芬书·四》,第492页。

有了这个认识，再看这篇短文，从"文无所谓古也，唯其是"到"而方、姚卒不之蹈，或其文固有其是者存耶"为首段，用一"是"字贯穿，主旨则在林氏为常谈，安在哪儿都行。下面陡然一转，把古文比作西方"腊丁"即拉丁文，也是他常用的比拟，却来一句"知腊丁之不可废，则马、班、韩、柳亦自有其不宜废者，吾识其理，乃不能道其所以然。此则嗜古者之痼也"，就糊弄完了，等于没说。"民国新立"以下为末段，危言"吾恐国未亡而文字已先之，几何不为东人之所笑也？"① 通篇给人以扯凑之感，但字数还不够，排版编辑只好出以放大字号的下策了。它几乎没用一处典故，就算今天读起来也很容易，而其内在理路存疑。此文刊出后，反授人以柄，有两点被新文化派抓住不放：一是胡适得意地说："'吾识其理，乃不能道其所以然'，此正是古文家之大病。古文家作文，全由熟读他人之文，得其声调口吻，读之烂熟，久之亦能仿效，却实不明其'所以然'。此如留声机器，何尝不能全像留声之人之口吻声调？然终是一副机器，终不能'道其所以然'也。"② 二即以"方、姚卒不之蹈"为文法不通，周作人直到50年代还不忘讥嘲。

---

① 引文见《林纾集》第一册《畏庐文辑佚》，第349、350页。

② 《胡适文集》第二册《胡适文存》卷一《寄陈独秀》（原载1917年5月1日《新青年》第3卷第3号），第22页。参第一册《胡适口述自传》第八章《从文学革命到文艺复兴》："林氏本人不懂一句西文，但是他竟能以文言翻译了二百多种西洋小说〔实数为一百八十种，二百八十一卷〕。他说：'吾固知古文之不当废，然吾不知其所以然。'对这样一个不堪一击的反动派，我们的声势便益发强大了。"第300页；《徐志摩全集》第3辑《守旧与'玩'旧》："早年国内旧派的思想太没有它的保护人了，太没有战斗的准备，退让的太荒谬了；林琴南只比了一个手势就叫敌营的叫嚣吓了回去。"台北：传记文学出版社，1980年，第118页。

《论古文白话之相消长》篇幅是《论古文之不宜废》的4倍多，总是比较充实了，仍糅杂着反复讲过的话头儿。不过，前面将近一半是概述从唐到清的古文演变史，讲明代文时涉及的《红楼梦》和《品花宝鉴》只是打比方。"至白话一兴"始论白话，但其中又夹入大段有关韩愈文的评价，是针对白话文运动以韩愈、韩文为靶子而发的——韩愈简直成了旧三观的代言人。"古文家固推昌黎，然亦有非昌黎而亦传者，如忠臣义士从血诚流出文字，则万古不可漫灭。坊本刻谢叠山（翱）《却聘书》，乃林西仲（云铭）节本，原本冗长极矣，然不害为叠山文字。"很牵强地通"遗民"于"古文"。最后赏析《水浒》片段，以为效法《史记》，推阐《红楼》口吻，以为根柢古文，尚属言之有物。整篇读下来，仍像是几个部分拼合而成，无法贯通，于题目中"相消长"三字并无清楚的交代。最末一句"吾辈已老，不能为正其非，悠悠百年，自有能辨之者，请诸君拭目俟之"，不了了之，也极其无聊。①整篇文字很浅白，手有点儿滑，像"一不之管"不成话，下面又来了个"决不之服"，和《论古文之不宜废》的"卒不之踏"有一拼。

围绕古文与白话的论战，林纾摆明的要点不外乎：一是他心目中的古文史，外围文家十个、八个，核心文家四个、五个，核心的核心就一个——韩愈，体现了他的古文路数或家法；二是古文与传统文化的关系，但给人感觉语焉不详，这个关系表面看很直白，其实很复杂，他想不清楚，再加有点儿"怯阵"，放弃了自我辩护，归结为一种"死猪不怕开水烫"的顽固；三是强调古文在等级上高于白话，古文不好，白话文也不能好。这种思想上的贫瘠、逻辑

---

① 引文见《林纾集》第一册《畏庐文辑佚》，第376、377页。

上的牵强让我感到遗憾，甚至难堪。他思考不够深入，下笔草率，报纸文章尤其如此，无非是把已定型的观点颠来倒去编排一下。说起来，桐城派真比唐宋八大家要贫瘠不少，且要点或精义早就呈露净尽，剩下的就是改头换面、"反查重"了。

　　林纾为了"古文"跟人打笔仗的文字，只有《答大学堂校长蔡鹤卿太史书》收入《畏庐三集》，原载于1919年3月18日北京《公言报》。此即周作人口中的"民八林畏庐孝廉辟邪崇正之函"。[①]蔡氏《答林琴南函》原载于3月21日《北京大学日刊》。从文字上两相比较，蔡的回信更简明、平实些，加一点"的、地、得、着、了、过"，就能变成白话文了，但他还是克制住，没有走到这一步，毕竟对方写的是古文。这两封信登在报刊上，相当于公开信，进行各自理念的宣讲，是考虑到广大读者的接受一面的，不同于私信。就蔡元培而言，既然是新文化运动的支持者，提倡白话文，反对文言文，当然不宜来一通古色古香的古文，而且也并不容易，因为讨论到的多是新生事物——像"大学"就不是古代的国子监，要呼应新时代，很难用地道的古文。回过头来看林纾的信，也没那么古雅，只能说比起蔡文来是这样的，明着、暗着用的典故不少，而在新媒体上做自我宣传，这本身已非中国传统所囿了。以非传统的方式和反传统的力量对话，势必"拉低"他的表达档次，起码不能那么纯正了。既然是公开信，如果涉及私人性质的内容，就要尽量公共化，总不宜唠起家常来。一开头讲到蔡元培"以遗民刘应秋先生遗著嘱为题词"，本属私事，刘是明、清之际

① 《周作人散文全集》第五卷《妙不可言》（原载1927年9月3日《语丝》第147期），第133页。

的陕西人，遗著有《说经史》《草楼诗集》《砚斋文集》，详《蔡元培抄寄之赵体孟来函》，附见蔡氏复林氏信后。林纾动辄以清遗民自居，对历史上的遗民文字也情有独钟，成为他鼓吹古文的一支援军，就像后文说的："公为民国宣力，弟仍清室举人"，"辱公寓书，殷殷于刘先生之序跋，实隐示明、清标季各有遗民，其志均不可夺也"。所以，毕竟不同于纯粹的私事，并且通过论及刘应秋，林纾一上来就跟蔡元培分别定位，一趋新，一守旧，这种二元关系贯穿了全篇。

　　蔡元培的复信表面上你有来言，我有去语，针锋相对，实际上避重就轻。林纾的头是从这儿起的："近者外间谣诼纷集，我公必有所闻，即弟亦不无疑信。或且有恶乎阘茸之徒，因生过激之论。"承认是"谣诼"，"或且"也是推测之辞，连自己都"不无疑信"，但他毋宁说是"借题发挥"，把他对大学新学的质疑和盘托出。他并不关心具体的哪句话是谁说的、哪件事是谁干的。反观蔡氏复信，不知他是真不明白，还是假不明白——我想应该是后者，摆出一副科学主义的姿态，把林纾的批评概括为一、二两点，第一点分甲、乙，第二点分甲、乙、丙，好像一篇论文或报告，逐层答辩，责成林纾拿出证据来。既然是科学问题，就要经得起围观、检验，整个论证要扎实、严密，它基本做到了，以致赢得时人的喝彩，认为打了一场漂亮的反击战。林书固然是忧愤之下带有情绪化的表达，但正因这样，它关心的是风向，是趋势，不容易也不方便指名道姓，而作为一种感受，却是真实、准确的。从后续的社会发展来看，难道林纾是在造谣、传谣吗？难道三纲五常不是被彻底否定了吗？孔、孟不是被批倒、批臭了吗？文言不是被白话踩在脚下了吗？武则天不是成了女权主义先锋而李贽不更是成了思想界的偶像吗？足见林纾的嗅觉非常敏锐。①蔡元培不动声色、条分缕析,辩给于一时,事后回顾,反倒寡味。当然,这和他是大学校长,比林氏有更多社会关系及社会责任,处事更须谨慎、稳妥有关。唯篇末将林纾翻译《茶花女》等小说与北大教员"以纳妾挟妓为韵事,以赌为消遣者"相提并论,以为"苟于校课无涉",不必"求全责备",比拟不伦,迹近污蔑。

　　林纾有《再答蔡鹤卿书》——未收入文集,貌似于蔡氏所辩一一首肯,但观其末称:"与公交好二十年,公遇难不变其操,弟亦至死必伸其说。彼叛圣逆伦者,容之即足梗治而蠹化。拼我残年,极力卫道,必使反舌无声、瘈狗不吠然后已。弟浅衷狭量,视公之雍容大度、并蓄兼收,相去远矣。"②则决无悔改可知。③

---

① 尹雪曼《中国现代文学史话·白话与文言之争》已略见及此:"蔡氏这封公开信亦说明了林氏的责难,北京大学当局虽不必负责,但却不是无的放矢。特别是接着而起的'五四'新文化运动,部分人士表面上提倡的虽是'德先生'(民主)与'赛先生'(科学),骨子里却汹涌着'覆孔、孟'、'铲人伦'的意念,更证明了林氏此函亦是有感而发。"原载1977年台湾出版的《国魂》月刊四月号和五月号,《林纾研究资料》,第361页。

② 见《林纾集》第一册《畏庐文辑佚》(录自《大公报》1919年3月25日),第374页。

③ 陈平原《作为学科的文学史:文学教育的方法、途径及境界(增订本)》第六章《古文传授的现代命运》认为此信的"申辩""是可以接受的",北京:北京大学出版社,2016年,第296页;然后论及"从《荆生》《妖梦》到《续辨奸论》",指"林纾空有一腔卫道热情,可惜不太会说理,再加上喜欢骂人,那更是落了下风",第301页。其实还可补充几条材料:《林纾集》第一册《畏庐文辑佚·与育德中学诸君子》:"复有大力者,拥最上之皋比,率之为禽兽行,名曰新道德,实则示之以忤逆淫荡。凡能力反道德者,均谓之新,视杨、墨、佛、老之祸,酷至万倍。"第387页,录自1920年2月《新青年》第7卷第3号《林纾与育德中学》,原系臧玉海致陈独秀信中所引;第二册《畏庐诗存·郭春榆(曾炘)侍郎荐余经济特科,余辞不赴。及余与某校长争名教关系,侍郎复以诗来,有"原道"之目。秋日无事,检得来诗,感赋一首》,有"力挽纲常讵有权?"之句,第79页;《畏庐诗辑佚·七十自寿诗》其一:"谁拥皋比〔转下页〕

不过，林纾对自己的儿子则因材施教。他安排林璐就读德华学校，再三谆嘱："方今舍西学外，万无啖饭之地。汝须极力学德文，潜心算学，以此二事为主要。""今日要用在洋文，不在汉文。尔父读书到老，治古文三十年，今日竟无人齿及。汝能承吾志、守吾言者，当勉治洋文。"① 夏晓虹、包立民编注了《林纾家书》，分撰《阅读林纾训子书札记》《林纾的家教》，附于编末，尤其详细梳理了林纾培养四子林琮传习古文的情况。包文忍不住提出："作为一名古文传统教育家，林纾从祖居馆学发蒙教起，到京城五城学堂直至京师大学堂（北京大学前身），从教数十年，入门弟子上千人，学生中不乏有用之才。""遗憾的是，偏偏自己的两个亲生儿子没能成材，或者说没有成大材。尽管他对林琮寄予厚望，希望子承父业，传承古文，但终未修成正果。"② 众所周知，林纾临殁立"遗训十事"，内针对林琮说："一切书籍归琮子"，"琮子古文万不可释手，将来必为世宝贵"，"书不可卖，琮儿宝守之"。最后"指书子琮掌：'古文万无灭亡之理，其勿怠尔修。'"③ 以结果论，他的遗愿全然是一场空。钱基博慨叹他"爱怜少子，而有不克家者！"④ 郑朝宗（1912—1998）径谓："林纾收入甚丰，一半用以救助穷苦无告的

（接上页）扇丑图？磨牙泽吻龁先儒。(近人痛诋孔子，不惟程、朱。)江河已分随流下，名教何曾待我扶？强起捋须撩虎豹（余曾以书诋某公），明知袭狗类骷髅。一篇道命程朱录，面目宁甘失故吾？"第193页。足见林纾对蔡元培的怨恨刻骨铭心。

① 《林纾家书·训林璐书·四十一》(1915年？)，第67页；《二十四》(1913年9月12？)，第46页。
② 《林纾家书》，第317、318页。
③ 《林纾家书》，第132、133页。
④ 《现代中国文学史》上编《古文学·一 文·林纾》，第240页。

人,另一半则被几个不成才的后代挥霍精光。"[1]事实上,在古文、白话消长的大势面前,就算克家成才,又能有何作为呢? 遗民不世袭,"古文遗民"亦不例外。"来孙却见九州同,家祭如何告乃翁!"[2]

[1] 郑朝宗《海滨感旧集·〈林纾评传〉序》,厦门:厦门大学出版社,2014年,第126页。

[2] 《林景熙集补注》卷三《书陆放翁诗卷后》,杭州:浙江古籍出版社,2017年,第308页,是陆游《示儿》诗"王师北定中原日,家祭无忘告乃翁"的沉痛回响。

第三篇　白话文运动

一、文化革命

对于一百年前的那场文化革命,最通行的诠释话语是:"中国自一八四〇年鸦片战争以来,传统的农业文明在西方的坚船利炮轰击之下彻底被颠覆,有担当的知识分子苦苦追寻,思索社会改革的途径。从最初的'师夷长技以制夷'到'民主制度,天下之公理'(梁启超语),他们发现要'强国富民',首先要'开启民智',只有民众拥有了独立思想和批评精神,国家才能实现真正的强大。""进步的社会是开放性的,任何企图'闭关锁国'的努力都意味着历史的倒退,只有开放,与整个世界文明保持同等的步伐,才能实现真正的强国之梦。"[1]当年的新文化派话还没能讲得这么通达。像傅斯年说:"人类文明的进化,有一步一步的阶级。西洋文化比起中国文化来,实在是先了几步,我们只是崇拜进于我们的文化。……他们比我们更进一步,我们须得赶他。"[2]钱玄同说:"一般

---

[1]　《清末民初文献丛刊·出版前言》,北京:朝华出版社,2017年,第1、3页。

[2]　《傅斯年文集》第一卷《答余裴山》(原载1919年3月1日《新潮》第1卷第3号),第226页。

人所谓'西洋文化'，实在是现代的世界文化，并非西洋人的私产，不过西洋人作了先知先觉罢了。中国人要是不甘于'自外生成'，则应该急起直追，研究现代的科学、哲学等等。若要研究'国学'，尤其非懂得科学方法不行……我们今后对于'国学'，只应该做'整理国故'的事业，绝对的不应该再讲那什么'保存国粹'、'宣扬国光'这类废话了。"①又说："我以为现在及将来的中国人要研究学术，就应该干干脆脆的研究'西学'，这才是真的学术。我反对梁漱溟先生们那种分别东西文化三类（中国、印度、欧洲）之说，我相信胡适之、吴稚晖、徐旭生（炳昶）、唐擘黄（钺）诸先生的话，认为东西文化之异，并非性质不同，只因西洋人比咱们要努力上进，一切学术都超迈到咱们的前面去了，咱们应该耻于落后，不甘'自外生成'，急起直追，赶向前去，跟上他们，才是有出息的民族，有希望的国家。彼等所谓'西方文化'便是现世界最较合理的文化，所谓'西学'便是现世界最较近真的学术，这断断不是西洋人私有的东西。"由此直至推导出："因为要与现世界的文化学术融合，有尽量采用西文原词之必要，所以要提倡国语罗马字。"②这是把近代西方文明视为全人类的标的，然后以"全盘西化"的方法谋求实现。当代中国本质上仍遵循其道。

　　如果强调民粹主义的一面，就会意识到，中国中古时期受佛教影响，近代则受基督教影响。基督教是近代西方众多意识形态的

①　《钱玄同文集》第三卷《汉字革命》（原载1923年《国语月刊》第1卷《汉字改革专号》），第77页。
②　《钱玄同文集》第三卷《为什么要提倡"国语罗马字"？》（原载1926年12月24日《新生》第1卷第2期），第389—390、391页。

来源，只是改头换面而已。它们与基督教一样，采取一切资源和手段，宣传、鼓动，争取尽可能多的信众，形成社会力量。几乎任何主义均可纳入泛基督教主义，它们还有一个"公分母"——民粹主义，一切都以大众的名义进行。以往精英化的路线至少要在表面上改变，迎合大众，鼓舞大众。西方的近代化本身就是这样展开的（少不了一些技术突破，如印刷术之类），随着西方主导的全球化（前身即殖民化）蔓延到差不多全部"后发"世界，后者都复制了这个模式，纷纷在本土开展文化平民化运动，通过"文化革命"，把蕴藏在民众中的"革命力量"激发出来，进而改造社会。这也成为"现代性"的重要方面。考察中国新文化运动，有这样一个切入点：国、共两党对白话文的态度不尽相同。应该说，从结果来看，没什么两样，时至今日，港、台地区传统文化的传承也大不如前，古诗、古文写作的质、量都大幅下降，大陆和台湾地区的现代化路数异曲同工。不过，从早期来看，显然，共产主义运动这一翼更激进，提倡白话文更积极，反对文言文更决绝，对应的是发动群众、组织群众的强烈诉求，包括为扫盲推广简体字，真正践行了民国时代的某些超前设想。国民党这边固然也认同白话文，但同盟会遗老多，历史包袱重，调适起来比较慢，特别是当权后对群众运动缺乏兴趣，没了推进的动力。有点儿尴尬的是那批起初参加新文化运动、后来亲国民党的文化精英。胡适1929年抱怨："国民党当国已近两年了，到了今日，我们还不得不读骈文的函电，古文的宣言，文言的日报，文言的法令！"[1]他亲口对唐德刚说："共产党里白话文写

------

① 《胡适文集》第五册《人权论集·新文化运动与国民党》（原载1929年9月10日《新月》第2卷第6、7号合刊，此号实际推迟出版），第525页。

得最好的还是毛泽东！"①对比一下毛泽东（1893—1976）和蒋介石（1887—1975）的文字，能感受到两党社会革命的力度不同，文化革命的力度也不同。

　　清末民初人物的魅力，在于见证一个伟大的非西方传统文明的活生生的蜕变，并成为蜕变的一部分。严复拟之为"剥新换故，若巨蛇之蜕蚹（生物家言蛇蜕最苦）"。②今人不大能感受他们的煎熬、痛苦以及绝望与希望交织的感受。来自传统的他们第一次遭遇来自西方的致命冲击，猝不及防，天崩地裂，差点儿魂飞魄散，成为中国文明转型过程中最具悲剧性的一代，他们为后人挡住了枪林弹雨，让后人得以喘息，站稳脚跟。他们身处"第一线"的"第一反应"非常真切，是对后人而言非常宝贵的经验，值得我们去同情、理解、继承和发扬。19世纪"50后"经历了这样一场惨烈的中、西文明遭遇战，比如林纾以古文家正好踩上了古文灭亡这个点儿，是不能指望他们的思想还能进入20世纪前期的主流了。"70、80后"的新文化派同样是仓促上阵，背水应战，白话文运动决不是要滑取巧，而是被迫杀出一条血路。今天的中国人在白话文的世界里呼吸太久，体会不到在文言文的世界里是怎么回事了，就像原来是靠氧气活着的生命，现在改了氮气，或者反过来也一样。可以想象，最先那批换气的人是要拿出垂死挣扎般的力气求得新

---

① 《胡适文集》第一册《胡适口述自传》第八章《从文学革命到文艺复兴》唐德刚注〔2〕，第312页。参《俞敏语言学论文集·白话文的兴起、过去和将来》："《毛泽东选集》里的政论文带了个头儿，用口语写政论和新闻的风气也起来了。在抗战时期，不看报头，光看文风，就能把《新华日报》和国统区的报分开。"第248页。
② 《严复全集》卷八《信札·与梁启超·二》（1902年3月），福州：福建教育出版社，2014年，第121页。

生的。

历史的变迁从来都不是平滑的，平滑只是我们事后为证明自己的合法性而构建的。每个个体都充满了矛盾，每个社会内部也都充满了矛盾，在一个剧烈变动的过程中，各种矛盾交织在一起，这就是历史的本来面目。用单一话语把它整个地讲通，革命话语，民主化话语，现代化话语，等等，是不可能的、必定有问题的。中国晚清到民初的社会变革，既不是"五阶段"进步的逻辑必然，也不是"近代化"的逻辑必然，什么"即使没有西方入侵，中国也会发展出资本主义"，乃至"在西方近代化之前，中国已经开始近代化"，全不对。——这些都意味着，中、西前进方向一致，只不过闻道与行道有先后。实质是，一个文明遭到外来文明打击而分崩离析，想不干脆灭亡，就只得模仿外来文明，成为其附庸。于是，不但以之为参照系自我改造，还要从对方眼中来认识自己（他者化）。我们已不再是自己传统的主人，而是成了客人，还意识不到。在文明冲突中落败的一个表象——同时也是一个深刻的创痛——就是我们丧失了一种语言：文言。

1921年6月，蔡元培在美国新闻家文艺学会招待会上演讲，话说得像在跟西方人赔不是："国际间的和平，以互相了解为第一步。现在欧美大势，中国人已经渐渐了解；独是西方人对于中国，不了解的很多。其中原因，固有多种，但西方语言文字易学，中国语言文字难学，也是一个大原因。中国现今已着手于文学革命，也可算是与西方人互相了解的一种预备。""这种改革，固然为中国普及教育上重大的事业，但专从国际间互相了解的方面观察，亦未尝没有关系。因为中国用了注音字母，又用了白话文，西方人学习中国的语言文字容易得多，便可以洞悉中国的人情风俗，与现今改进的趋势,不致时时误会,于国际上必很有益的。"①而1955年,美国《展望杂志》就把胡适选为"全世界一百名闻人之一",理由是他"曾经替中国发明了一种新语言"。他个人的反应是:"我当然觉得这是一件荣誉。可是当我一看到我照片底下那一段颂辞,我不禁失笑。……这一项荣誉,世界不论任何人——男人或女人,都不能承当。我没有替中国发明一种语言。"②他宣称自己只是倡导,放弃已死的文言文,改用活着的白话文,却不悟他逼着白话文杀死文言文,这正是"削"中国文明之"足"以"适"外来文明之"履",甚至就是"杀"中国文明之"头"以"便"外来文明之"冠"。③美国人把这当成"invent",真不算瞎恭维。

二、文白之争

胡适到1930年代已掌握了总结白话文运动的话语权。他这样写道:

> 满清的末年,民国的初年,也有提倡白话报的,也有提倡白话书的,也有提倡官话字母的,也有提倡简字字母的。他们的失败在于他们自己就根本瞧不起他们提倡的白话。他们自己做八股策论,却想提倡一种简易文字给老百姓和小孩子用。殊不知道他们自己不屑用的文字,老百姓和小孩子如何肯学

① 《蔡元培讲演集·中国文学的沿革》,第183、185页。
② 《胡适文集》第一册《胡适口述自传》第七章《文学革命的结胎时期》,第275页。注释〔2〕说明:"见Donald Robinson, 'The World's 100 Most Important People', *Look*, Oct.4, 1955, p.40. 'Hu Shih, 63, Chinese scholar. He has invented a simplified Chinese language, is a great scholar.'"第289页。
③ "削足而适履,杀头而便冠"出自《淮南子·说林训》,高诱《淮南子注》卷一七,上海:上海书店,1992年,第291页,"杀"音"shài",与"削"同义。

呢？所以我们在十七八年前提倡"白话文学"的运动时，决心先把白话认作我们自己爱敬的工具；决心先认定白话不光是"开通民智"的利器，乃是创造中国文学的唯一工具。我曾说：白话不是只配抛给狗吃的一块骨头，乃是我们全国人都该赏识的一件好宝贝。(《五十年来中国之文学》，《胡适文存二集》，卷二，页一九三)[①]

此文刊于1934年7月15日《独立评论》第109号，不没旧白话文运动之实，先肯定，再否定。但科举废除在新文化运动前十几年，并不存在"他们自己做八股策论，却想提倡一种简易文字给老百姓和小孩子用"的情况，这个"空窗期"成为新白话文运动自我论证的"bug"。次年胡氏发表演讲，仍作含糊之谈："何以在过去这种文字的改革不能成功？最大的原因是当时社会环境还实行科举制度"，"白话文虽然提倡，但是做八股的还是做八股"，"连下层阶级的劳苦民众，如果自己有了儿孙，还是要送去学做八股的文章，而白话文的改革，其结局，没有方法不归于失败的"。[②]

新白话文运动狂飙突起，根本不是因为有人还在做八股文，而是"不塞不流，不止不行"，要"创造新文学"，就必须"破坏旧文学"。[③]在新文化派看来，二者成为你死我活的"零和"关系。姚

---

① 《胡适文集》第五册《胡适文存四集》卷四《所谓"中小学文言运动"》，第396页。蔡元培《〈中国新文学大系〉总序》所言"那时候作白话文的缘故，是专为通俗易解，可以普及常识，并非取文言而代之"，实较胡氏为严谨，《石头记索隐·附编》，第119页。
② 《胡适文集》第十二册《胡适演讲集》卷二《中国再生时期》(原载《梧州日报》1935年1月22日)，第104、105页。
③ 《陈独秀文集》第一卷《答易宗夔(论《新青年》之主张)》(原载1918年10月15日《新青年》第5卷第4号)，第330页，署名为"胡适之　陈独秀"。

光（1891—1945）《与叶楚伧、邵力子书》一语道尽："我国旧学说之陈腐，不适于用，有碍进步，固属有之，然今驳诘之可也，诠释之可也，何必用白话体出之乎？况观今日提倡新文体诸子之心理，非仅为一般人易于了解起见，实欲尽取以代我国固有之文言也。弟意提倡新学说可也，提倡新文体不可也；白话体偶一为之可也，欲尽以代我国固有之文言不可也。"①

十年后的1928年，在《白话文学史（上卷）》里，胡适则试图调和这种对立，名之为"革命与演进"："有人说：'照你那样说，白话文学既是历史进化的自然趋势，那么，白话文学迟早总会成立的，——也可以说白话文学当《水浒》《红楼梦》风行的时候，早已成立了，——又何必要我们来做国语文学的运动呢？何不听其自然呢？岂不更省事吗？'这又错了。历史进化有两种：一种是完全自然的演化；一种是顺着自己的趋势，加上人力的督促。前者可叫做演进，后者可叫做革命。""革命不过是人力在那自然演进的缓步徐行的历程上，有意的加上了一鞭。"②当他对激进的社会革命产生戒心后，口径又有改变："革命和演进本是相对的，比较的，而不是绝对相反的。顺着自然变化的程序，如瓜熟蒂自落，如九月胎足而产婴儿，这是演进。在演进的某一阶段上，加上人功的促进，产生急骤的变化；因为变化来的急骤，表面上好像打断了历史上的连续性，故叫做革命。其实革命也都有历史演进的背景，都有历史的基础。"③

---

① 《国学丛选》第十一集，1919年10月，转引自《南社史长编》，第546页。
② 《白话文学史（上卷）·引子》，《胡适全集》第11卷，第218页。
③ 《胡适文集》第五册《胡适文存四集》卷四《我们走那〔哪〕条路？》（原载1930年12月10日《新月》第2卷第10号，此号实推迟出版，收入1932年（转下页）

新文化运动打倒古文以推动社会变革，社会变革也推动新文化运动打倒古文。陈独秀提出："常有人说：白话文的局面是胡适之、陈独秀一班人闹出来的。其实这是我们的不虞之誉。中国近来产业发达，人口集中，白话文完全是应这个需要而发生而存在的。适之等若在三十年前提倡白话文，只需章行严（士钊）一篇文章便驳得烟消灰灭，此时章行严崇论宏议有谁肯听？"①胡适表示不依："独秀这番议论是站在他的经济史观立场说的。我的《逼上梁山》一篇，虽然不是答复他的，至少可以说明历史事实的解释不是那么简单的，不是一个'最后之因'就可以解释了的。""白话文的局面，若没有'胡适之、陈独秀一班人'，至少也得迟出现二三十年。"不过，他也承认："中国白话文学的运动当然不完全是我们几个人闹出来的，因为这里的因子是很复杂的。我们至少可以指出这些最重要的因子：第一是我们有了一千多年的白话文学作

<hr>

（接上页）新月书店出版的《中国问题》），第324页，下举欧洲"宗教革命""工业革命"及欧、美政治革命为例。"所以革命和演进只有一个程度上的差异，并不是绝对不相同的两件事。变化急进了，便叫做革命；变化渐进，而历史上的持续性不呈露中断的现状，便叫做演进。但在方法上，革命往往多含一点自觉的努力，而历史演进往往多是不知不觉的自然变化。因为这方法上的不同，在结果上也有两种不同：第一，无意的自然演变是很迟慢的，是很不经济的，而自觉的人功促进往往可以缩短改革的时间。第二，自然演进的结果往往留下许多久已失其功用的旧制度和旧势力，而自觉的革命往往能多铲除一些腐朽的东西。在这两点上，自觉的革命都优于不自觉的演进。"第325页。紧接着，从"但革命的根本方法在于用人功促进一种变化，而所谓'人功'有和平与暴力的不同"以下，针对暴力革命，胡氏又转向一种"根本态度和方法，不是懒惰的自然演进，也不是盲目的暴力革命，也不是盲目的口号标语式的革命，只是用自觉的努力作不断的改革"，第328页。"我们要用自觉的改革来替代盲动的所谓'革命'。"第329页。

① 《陈独秀文集》第二卷《答适之》（原载《科学与人生观》1923年版），第510—511页。

品……第二是我们的老祖宗在两千年之中,渐渐的把一种大同小异的'官话'推行到了全国的绝大部分……第三是我们的海禁开了,和世界文化接触了,有了参考比较的资料,尤其是欧洲近代国家的国语文学次第产生的历史……使我们放胆主张建立我们自己的文学革命。""此外,还有几十年的政治的原因。第一是科举制度的废除(1905)。八股废了,试帖诗废了;策论又跟着八股试帖废了,那笼罩全国文人心理的科举制度现在不能再替古文学做无敌的保障了。第二是满清帝室的颠覆,专制政治的根本推翻,中华民国的成立(1911—1912)。这个政治大革命虽然不算大成功,然而它是后来种种革新事业的总出发点,因为那个顽固腐败势力的大本营若不颠覆,一切新人物与新思想都不容易出头。"① 西方文明冲击下的古文运势,如果说旧白话运动是扬汤止沸,传统社会的崩解就是釜底抽薪,而新白话运动则是干脆把锅掀掉。

新白话运动与旧白话运动相当于革命与改良的关系,旧白话运动开展下去,将是文言的"君主立宪",而新白话运动直接号召白话的"庶民"起来推翻文言的"君主"。废除科举,在文体变化方面,有"预备立宪"的意义;胡适与梅光迪等在美国的论战,略可拟为孙中山与康有为等在海外的论战。旧白话运动是在维持原有的文化等级不变的前提下,一方面,容许白话文壮大,包括文化精英面向大众的示范、教化,及以白话文扩充其文艺天地;另一方面,受白话文拉动,文言文进一步浅白化。随着个人早年文言文训

---

① 《胡适文集》第一册《中国新文学运动小史》(原载《中国新文学大系》第一集《建设理论集》,1935年10月15日上海良友图书印刷公司出版),第109、111、110页。

练时间的迅速削减,文言文的浅白化不可逆转——如台湾地区的情况,与更彻底的白话运动的结果——如大陆的情况——相比,充其量是维持了文言文的"面子"罢了。

新文化运动本质上是西方近代文化在中国的大众化运动,有体有用,适宜操作,即使存在学理上的破绽,也无碍其摧枯拉朽,改天换地。打倒文言,就是拔掉连接旧母体的脐带,提倡白话,就是插上连接新母体的脐带,而更换母体,这是新文化派以白话替代文言的唯一正当性所在,其他理据皆属牵强。这从争论主要涉及的几个方面都表现出来。

(一)进化的文学史

胡适后来回顾:"在那破坏的方面,我们当时采用的作战方法是'历史进化的文学观'",受"达尔文以来进化论的影响"。[①]又称之为"文学演变观","重点是一个时代要有一个时代的文学"。[②]对此梅光迪代表学衡派予以驳斥:

　　吾国文学,汉、魏、六朝盛行骈体,至唐、宋则古文大昌,宋、元以来又有白话体之小说、戏曲。彼等乃谓文学随时代而变迁,以为今人当兴文学革命,废文言而用白话。夫革命者,以新代旧、以此易彼之谓。若古文、白话之递兴,乃文学体裁之增加,实非完全变迁,尤非革命也。诚如彼等所云,则古文之后当无骈体,白话之后当无古文,而何以唐、宋以来,文学正

① 《胡适文集》第一册《中国新文学运动小史》,第113页。
② 《胡适文集》第一册《胡适口述自传》第七章《文学革命的结胎时期》,第285—286页。此即《胡适文集》第二册《胡适文存》卷一《历史的文学观念论》(原载1917年5月1日《新青年》第3卷第3号)的"一言以蔽之,曰:一时代有一时代之文学",第25页。

宗与专门名家皆为作古文或骈体之人？此吾国文学史上事实，岂可否认以圆其私说者乎？盖文学体裁不同而各有所长，不可更代混淆，而有独立并存之价值，岂可尽弃他种体裁而独尊白话乎？文学进化，至难言者。西国名家（如英国十九世纪散文及文学评论大家韩士立Hazlitt）多斥文学进化论为流俗之错误，而吾国人乃迷信之，且谓西洋近世文学由古典派而变为浪漫派，由浪漫派而变为写实派，今则又由写实派而变为印象、未来、新浪漫诸派，一若后派必优于前派、后派兴而前派即绝迹者。然此稍读西洋文学史、稍闻西洋名家绪论者，即不作此等妄言，何吾国人童呆无知、颠倒是非如是乎？ ①

"彼等"谓"提倡'新文化'者"。作为答辩，胡适引梅文至"岂可否认以圆其私说者乎"，称："这种议论真是无的放矢。正为古文之后还有那背时的骈文，白话已兴之后还有那背时的骈文古文，所以有革命的必要。若'古文之后无骈体，白话之后无古文'，那就用不着谁来提倡有意的革命了。"② 避重就轻，闪烁其词。

对胡适的线性进化史观，同属新文化派的鲁迅从古代小说史出发，也有异议："许多历史家说，人类的历史是进化的，那么，中国当然不会在例外。但看中国进化的情形，却有两种很特别的现象：一种是新的来了好久之后而旧的又回复过来，即是反复；一种是新的来了好久之后而旧的并不废去，即是羼杂。然而就并不进

---

① 《梅光迪文存》上卷《评提倡新文化者》（原载1922年1月《学衡》第1期），第132—133页。此系学衡派共识，参郑师渠《在欧化与国粹之间——学衡派文化思想研究》第四章《"文学是人生的表现"》，第166—170页。

② 《胡适文集》第三册《胡适文存二集》卷二《五十年来中国之文学》（原载1923年2月《申报》五十周年纪念刊《最近之五十年》），第235页。

化么？那也不然，只是比较的慢，使我们性急的人，有一日三秋之感罢了。文艺，文艺之一的小说，自然也如此。例如虽至今日，而许多作品里面，唐宋的，甚而至于原始人民的思想手段的糟粕都还在。"①认可"进化论"而强调"中国特色"。

（二）死与活

胡适在《文学改良刍议》中，抛出了"古文相当于拉丁文"的论调："欧洲中古时，各国皆有俚语，而以拉丁文为文言，凡著作书籍皆用之，如吾国之以文言著书也。其后意大利有但丁（Dante）诸文豪，始以其国俚语著作。诸国蹴兴，国语亦代起。……故今日欧洲诸国之文学，在当日皆为俚语。迨诸文豪兴，始以'活文学'代拉丁之死文学；有活文学而后有言文合一之国语也。"②钱玄同随即响应："窃谓中国之古文，犹欧洲之希腊、拉丁语也；今之各省方言，犹英、法、德、意、西、俄诸国之国语也；综合各省方言而制成一种民国的新国语，犹Zamenhof之杂取欧洲各国国语而制Esperanto也。"③这使他在汉字拉丁化的路上走得更远，并执迷于

①《鲁迅全集》编年版第2卷《中国小说的历史的变迁》[原为1924年7月在西安讲学的记录稿，修订后收入1925年西北大学出版部印行的《国立西北大学、陕西教育厅合办暑期学校讲演稿》（二）]，第779页。

②《胡适文集》第二册《胡适文存》卷一《文学改良刍议》（原载1917年1月1日《新青年》第2卷第5号），第13页。另参第二册卷一《建设的文学革命论》（原载1918年4月15日《新青年》第4卷第4号）、卷三《国语文法概论》第一篇《国语与国语文法》（原载1921年7月1日至8月1日《新青年》第9卷第3、4号），第八册完成于1922年、1928年的《国语文学史》《白话文学史》，第五册《人权论集·新文化运动与国民党》（原载1929年9月10日《新月》第2卷第6、7号合刊，此号实推迟出版）。

③《钱玄同文集》第一卷《注音字母》（原载1918年3月15日《新青年》第4卷第3号），第142—143页。蔡元培的类似讲法可参1920年《在北京高等师范学校国文部演说词》、1935年《〈中国新文学大系〉总序》，《石头记索隐·附编》，第98—99、120页。

世界语（Esperanto）。

这种比较一度引发思想混乱。林纾先谓："天下讲艺术者仍留古文一门，凡所谓载道者皆属空言，亦特如欧人之不废腊丁耳。知腊丁之不可废，则马、班、韩、柳亦自有其不宜废者。"[1] 又谓："英之迭更累斥希腊、腊丁、罗马之文为死物，而至今仍存者，迭更虽躬负盛名，固不能用私心以蔑古。"[2] 贸然接受"古文相当于拉丁文"，进退失据，只能将古文说成是"死而不僵"的了。日后孙伏园（1894—1966）反思："白话文初次鼓吹的时候，即在鼓吹者方面，不但是反对者方面，都把拉丁文比作文言。鼓吹者说欧美已经废除拉丁文，所以中国的文言必须废除；反对者说欧美有名大学还教拉丁文，所以中国废除文言是不对的。我说两方面都错了！拉丁文在欧洲所以渐渐失去势力，缘故是各地的语言都自己成功文字，渐渐的取拉丁文的地位而代之了。""如果以英、法、德、意各语代替拉丁文算得言语学上一个进步，那么，在中国，以白话文代替文言文，便不算得是进步。老实说，以白话文代替文言文，它的价值只抵得过韩愈一流人以古文代替骈俪。以古文代骈俪算不得言语学上的大进步，那么，以白话代文言，怎抵得过欧洲以英、法、德、意各语代替拉丁呢？"[3] 落脚到鼓吹国语拼音化。

正面的批判仍来自学衡派。胡先骕以评价胡适著述的方式

---

[1] 《林纾集》第一册《畏庐文辑佚·论古文之不宜废》，第349页。

[2] 《林纾集》第一册《畏庐三集·答大学堂校长蔡鹤卿太史书》，第217页。"弟，闽人也，南蛮鴃舌，亦愿习中原之语言。脱授我者以中原之语言，仍令我为鴃舌之闽语，可乎？"第218页，也是拟雅言于拉丁语，方言自居于欧洲各国语的地位。

[3] 《钱玄同文集》第三卷《孙伏园〈国语统一以后〉的附言》（原载1925年12月13日《国语周刊》第27期）所附孙氏原文，第319页。

发难：

> 希腊拉丁文之于英、德、法，外国文也。苟非国家完全为
> 人所克服，人民完全与他人所同化，自无不用本国文字以作文
> 学之理。至意大利之用塔斯干（Tuscany）方言作国语之故，
> 亦由于罗马分崩已久，政治中心已有转移，而塔斯干方言已占
> 重要之位置，而有立为国语之必要也。希腊拉丁文之于英、
> 德、法文，恰如汉文与日本文之关系。今日人提倡以日本文作
> 文学，其谁能指其非？胡君可谓废弃古文而用白话文，等于日
> 人之废弃汉文而用日本文乎？吾知其不然也。夫今日之英、
> 德、意文固异于乔塞、路德，但丁时之英、德、意文也，乔、路、但
> 时之英、德、意文与今日之英、德、意文较，则与中国之周、秦古
> 文与今日之文字较相若，而非希腊拉丁文与英、德、意文较之
> 比也。胡君之作此论，非故为淆乱视听以求自圆其说，即为不
> 学少思。……拉丁文之于英文，汉文之于日文，外国文也，非
> 中国古文之与白话之比也。英人、日人之文学不以拉丁字、汉
> 字之为外国字而屏弃之，吾人乃屏弃吾国稍古之文字，某君且
> 欲倡立一种"欧化的国语文学"，宁非癫乎！ [①]

作为答辩，胡适引胡文至"吾知其不然也"，称："其实胡适的答案

---

① 《胡先骕诗文集·忏庵文稿·评〈尝试集〉》（原载《学衡》第1、2期，1922
年），第313—314页。参《论批评家之责任》（原载《学衡》第3期，1922年）：
"中国文、言之别，决非希腊拉丁语与英、法、德语之别也，必牵强引为一例，以
证明古文为死文字，语体文为活文字，宁非利用青年西学根柢浅薄之弱点，故
作此似是而非之言乎？"第340页；另详《评胡适〈五十年来中国之文学〉》
（原载《学衡》第18期，1923年），有补充，第451—456页；《建立三民主义文
学刍议》（原载1942年《三民主义文艺季刊》创刊号），第581—582页。

应该是'正是如此'。中国人用古文作文学，与四百年前欧洲人用拉丁文著书作文，与日本人做汉文，同是一样的错误。同是活人用死文字作文学。至于外国文与非外国文之说，并不成问题。瑞士人，比利时人，美国人，都可以说是用外国文字作本国的文学；但他们用的是活文字，故与用拉丁文不同，与日本人用汉文也不同。"①同样避重就轻，闪烁其词。他在几个月前的日记里写过这样一段话："作死文字最不易。古文死后，三国、六朝、唐的文人大都是不通的。并不是他们才短，只因为这五六百年的过渡时期之中，活人做死文字，工具没有用熟，不能不演出这个普遍的不通现象！中唐以后，韩柳一派认定那先秦和史汉的古文作正式的范程，容易专攻，故古文倒容易做通了。欧洲罗马灭亡以后，中古僧侣做拉丁文，也多不通，今人叫他做'野蛮的拉丁文'。到了近代，研究拉丁文法上了轨道，故不做则已，做的拉丁文至少可当得一个通字，远胜于中古的拉丁了。这个道理正和中国的中古古文的不通，是一样的。"②大谈"中古古文不通"，匪夷所思，据此论中、西文字的"死""活"，诚难免"非故为淆乱视听以求自圆其说，即为不学少思"之讥。

唐德刚为胡适晚年英文口述自传做中文译注，忍不住指摘："胡适之先生在这儿还有一条他没有完全'证实'的'假设'，那就是文言文已经'全死'；它绝对不可与白话文在同一本教科书中'并存'。这句话是当时欧美留学生以夷比夏，想当然耳的老说法，

① 《胡适文集》第三册《胡适文存二集》卷二《五十年来中国之文学》（原载1923年2月《申报》五十周年纪念刊《最近之五十年》），第235—236页。
② 《胡适的日记》1922年第三册"十一，七，廿四。(M.)"，着重号为原文所有，第410页。

因为在欧洲古'希腊文'、'拉丁文'确已'全死'。那些古文字原是当年希腊、罗马'公民'和'士大夫'所通用的语言。可是后来希腊、罗马不但亡了国,甚至亡了社稷。代之而起的却是千百万入侵的'蛮夷'(现代西欧白人的老祖宗)。原先那小撮希腊、罗马的'公民',早已自历史上烟消云散。入侵的蛮夷自有他们的蛮夷鴃舌之音。他们最后偷用一点希腊、拉丁字母就够了(现代越南、菲律宾还不是如此),可是日子久了,方言进步了,够用了,他们也就不再用希腊、拉丁这些死文字的'外国话'(foreign language)了。我国的文言文是一种一脉相承,本国本土产生的应用文字。它和语体是有血肉难分的关系;它不是像希腊文、拉丁文那种'全死'的'外国文字'。孔老夫子在两千五百年前发了脾气,骂人'老而不死是为贼!'现在人民骂那些该死不死,祸国殃民的老头子,用的不还是这一句吗? 你说它是文言呢? 还是白话呢?"下面举民国时期以浅近文言所写小说、"报纸文"受当时青年追捧为例。"总之,每个国家都有其特有的文化传统,和语言文字的特征。……我们断然不可,因为洋人怎样,我们一定也要怎样。洋人语文一致的道理,便是他们底传统上没有产生过像我们那样简捷的文言。为什么因为他们没有,我们也就一定要搞掉我们自己的极有效率的大众传播工具呢?"①终于触及胡氏的思想病灶——生硬而粗糙的西方中心论。

（三）文以载道

韩愈自称:"愈之志在古道,又甚好其言辞。""愈之为古文,岂独取其句读不类于今者耶? 思古人而不得见,学古道则欲兼通其

---

① 《胡适文集》第一册《胡适口述自传》第八章唐德刚注〔2〕,第310—311页。

辞,通其辞者,本志乎古道者也。"① 犹是"因文志道"的朴素表达。经宋儒发挥后,才成了关乎修养与信仰的"文以载道"论。林纾领会得十分透彻:"古于文者,必先古其心与谊、彝常之理、周孔之道谨笃无悖,又磨砻以世事,周历乎人情,虽不能径造于古之立言者,然亦得厕于作者之林矣。"② 古文由此背负了"原罪"。

蔡元培在清末提倡西式教育,已有革新古文的先觉:"先儒有言:'文以载道。' 道不变也,而见道之识随世界之进化而屡变,则载道之言与夫载道之言之法,皆不得不随之而变。……自唐以来,有所谓古文专集,繁矣。拨〔拔〕其尤而为纂录、评选之本,亦不鲜。自今日观之,其所谓体格,所谓义法,纠缠束缚,徒便模拟,而不适于发挥新思想之用。其所载之道,亦不免有迂谬窒塞,贻读者以麻木脑筋、风痹手足之效者焉。先入为主,流弊何已!"③ 故后来做了白话文运动的坚定"护法"。

古文地位的动摇首先——实则是根本上——来自西学的冲击。南社多旧派文人,像姚光说:"今日欧化东渐,新学诸子以神州之不振归咎于国学之无用,乃欲尽弃其学而学焉。以至祖国古籍等诸刍狗,蟹行之书充塞宇宙,学风之坏,莫坏于今日矣。不图国学之亡,不亡于学术专制之时,而亡于振兴教育之日,岂不大可悲哉!"④ 其舅氏高燮(1878—1958)说:"凡今之人,不尚有旧,视典

---

① 马通伯《韩昌黎文集校注》卷三《答陈生书》,香港:中华书局,1991年,第103页;卷五《题哀辞后》,第178页。

② 《林纾集》第一册《畏庐续集·赠姚君悫序》,第128页。当作于1916年。

③ 《石头记索隐·附编·〈文变〉序》,第51页,署时"光绪二十八年(1902)四月"。

④ 姚光《国学保存论》(《国学丛选》第一集,当在1911年4月以前),转引自《南社史长编》,第189页。

籍如苴土,沦坟索于草莱,户肄蟹行之文,家习象胥之籍。"[1]即鲁迅调侃的"ABCD,盛读于黉中,之乎者也,渐消于笔下"。[2]白话文运动则不假手于西文,直接号召白话"造"古文的"反"。

　　1917年,陈独秀在《新青年》发表《文学革命论》,论及韩愈"误于'文以载道'之谬见。文学本非为载道而设,而自昌黎以讫曾国藩所谓载道之文,不过抄袭孔孟以来极肤浅极空泛之门面语而已。余尝谓唐宋八家文之所谓'文以载道',直与八股家之所谓'代圣贤立言',同一鼻孔出气"。[3]钱玄同正面宣战:"中国文字,自来即专用于发挥孔门学说,及道教妖言","欲使中国不亡,欲使中国民族为二十世纪文明之民族,必以废孔学、灭道教为根本之解决,而废记载孔门学说及道教妖言之汉文,尤为根本解决之根本解决"。[4]胡适、陈独秀接着鼓吹:"旧文学,旧政治,旧伦理,本是一家眷属,固不得去此而取彼。"[5]柳亚子(1887—1958)发起新南社,决心与旧南社决裂,《答某君书》称:"仆为主张语体文之一人。良以文言文为数千年文妖乡愿所窟穴,纲常名教之邪说深入于字里

---

① 高燮《国学商兑会小启》(《太平洋报》1912年5月3日,别见《吹万楼文集》卷七),转引自《南社史长编》,第279页。

② 《鲁迅全集》编年版第5卷《补救世道文件四种·丁·"乐闻于斯"的回信》(原载1927年12月31日《语丝》周刊第4卷第3期),第291页。与小说《在酒楼上》(1924年)"我"和"吕纬甫"的对话适成反衬:"'你教的是"子曰诗云"么?'我觉得奇异,便问。'自然。你还以为教的是ABCD么?'"第2卷,第669页。

③ 《陈独秀文集》第一卷《文学革命论》(原载1917年2月1日《新青年》第2卷第6号),第203—204页。

④ 《钱玄同文集》第一卷《中国今后之文字问题》(原载1918年4月15日《新青年》第4卷第4号),第164、166—167页。

⑤ 《陈独秀文集》第一卷《答易宗夔(论〈新青年〉之主张)》(原载1918年10月15日《新青年》第5卷第4号),第330页,为"胡适之""陈独秀"联署。

行间,不可救药,故必一举摧其壁垒,庶免城狐社鼠之盘踞。"[①]
1924年5月,《新南社》第一期出版,纯用白话写作。

　　周作人既解释说:"我们反对古文,大半原为他晦涩难解,养成国民笼统的心思,使得表现力与理解力都不发达,但别一方面,实又因为他内中的思想荒谬,于人有害的缘故。这宗儒道合成的不自然的思想,寄寓在古文中间,几千年来,根深蒂固,没有经过廓清,所以这荒谬的思想与晦涩的古文,几乎已融合为一,不能分离。我们随手翻开古文一看,大抵总有一种荒谬思想出现。"又补充说:"中国怀着荒谬思想的人,虽然平时发表他的荒谬思想,必用所谓古文,不用白话,但他们嘴里原是无一不说白话的。所以如白话通行,而荒谬思想不去,仍然未可乐观,因为他们用从前做过《圣谕广训直解》的办法,也可以用了支离的白话来讲古怪的纲常名教。"归结为:"中国人如不真是'洗心革面'的改悔,将旧有的荒谬思想弃去,无论用古文或白话文,都说不出好东西来。"[②]旧戏曲、白话小说宣传"纲常名教"者比比皆是,何止《圣谕广训直解》? 他的话告诉我们,白话文运动就是要以白话文"载"新"道"。在这一点上,傅斯年态度最鲜明:"我亲见一个人做白话文,弄得和文言差不多,并且有骈文的神气呢!"[③]"我现在看到许多不长进的白话——如我所作的——真是不能乐观;如此办下去,势必有'骈文主义的白话'、'八股主义的白话'、白话的墓志铭、神

---

① 柳亚子《答某君书》(《新黎里》,1923年11月1日,别见《南社》第二十二集),转引自《南社史长编》,第583页。
② 《周作人散文全集》第二卷《思想革命》(原载1919年3月2日《每周评论》第11期),第132—133页。
③ 《傅斯年文集》第一卷《怎样做白话文?》(原载1919年2月1日《新潮》第1卷第2号),第139页。

道碑。我们须得认清楚白话文学的材料和主义不能相离,去创造内外相称、灵魂和体壳一贯的真白话文学!"①

（四）实用与功利

胡、陈在《新青年》上联名发表《答易宗夔》书,已提纲挈领说明了白话文的优势所在:"仆等主张以国语为文,意不独在普及教育;盖文字之用有二方面:一为应用之文,国语体自较古文体易解;一为文学之文,用今人语法,自较古人语法表情亲切也。"②

鲁迅对第一点的论证,一是反对用典:"张三李四是同时人。张三记了古典来做古文;李四又记了古典,去读张三做的古文。我想:古典是古人的时事,要晓得那时的事,所以免不了翻着古典;现在两位既然同时,何妨老实说出,一目了然,省却你也记古典,我也记古典的工夫呢?内行的人说:什么话!这是本领,是学问!我想,幸而中国人中,有这一类本领学问的人还不多。倘若谁也弄这玄虚……那可真要支撑不住了。"③二是赞同达意:"文言比起白话来,有时的确字数少,然而那意义也比较的含胡。我们看文言文,往往不但不能增益我们的智识,并且须仗我们已有的智识,

---

① 《傅斯年文集》第一卷《白话文学与心理的改革》(原载1919年5月1日《新潮》第1卷第5号),第271页。他由此力倡"欧化的国语""欧化国语的文学",详见《怎样做白话文?》。

② 《陈独秀文集》第一卷《答易宗夔(论《新青年》之主张)》(原载1918年10月15日《新青年》第5卷第4号),第330页。钱玄同的话更激烈:"因为古文贫乏、浮泛、浅陋、幼稚,不足以传达高深绵密的思想和曲折复杂的情感,所以要对彼革命,将彼推翻,另外建立丰富、精密、深奥、进化的国语文学!绝对的不是嫌古文太深奥难懂……而另创浅陋的国语文。"《钱玄同文集》第三卷《一封最紧要的信》,第112页。

③ 《热风·随感录·四十七》(原载1919年2月15日《新青年》第6卷第2号),《鲁迅全集》1938年版,第二卷,第54—55页。

给它注解，补足。待到翻成精密的白话之后，这才算是懂得了。如果一径就用白话，即使多写了几个字，但对于读者，'其省力为何如'？"①

周作人对第二点的论证，后出转精：

> 国语、古文的区别，不是好不好、死不死的问题，乃是便不便的问题。像现在战术进步，想着制胜，得用最新的方法，最利的武器枪炮铁甲车等等。你不用这些打仗，非用五六十斤的大刀上阵不可，岂不自取败亡。真能用这种东西杀败大敌，亦未尝不可，但是难乎其难，所以国语比较古文是发表意见的最新方法，最新武器。②

唯抛开"好不好、死不死"而单论"便不便"，把实用性放在第一位，想必是胡适、鲁迅等人都不肯接受的。他在40年代继续这种论调："我们写文章是想将自己的思想和感情表达出来的，能够将思想和感情多写出一分，文章的力量即加增一分，写出得愈多便愈

① 《花边文学·"此生或彼生"》(原载《中华日报·动向》1934年6月30日)，《鲁迅全集》1938年版，第五卷，第555—556页。钱玄同也论及白话实际上比古文"经济"，如《钱玄同文集》第一卷《文学革新杂谈》(原载1919年5月20日《北京高等师范学校周刊》第70期)、《同音字之当改与白话文之经济》及《附二·胡适的信》(原载1919年11月1日《新青年》第6卷第6号)。《胡适文集》第五册《胡适文存四集》卷四《所谓"中小学文言运动"》(原载1934年7月15日《独立评论》第109号)引汪懋祖《禁习文言与强令读经》："草写'如之何'三字，时间一秒半；草写'怎么样'三字需七秒半，时间相差六秒，文言之省便，毋待晓晓。乃必舍轻便之利器，用粗笨之工具，吾不知其何说也。"第394页，大似无理取闹。
② 《周作人散文全集》第五卷《死文学与活文学》(原载《大公报》1927年4月15日)，第103页。又见第六卷《文学革命运动》(1932年3月31日)，即《中国新文学的源流(五)》，第100页。

好。文字乃是一种工具，看那〔哪〕种适用便是好的，本来古文或语体都可以用，这里的问题是要看我们是否能用，那〔哪〕一种用的合适罢了。我们在书房里念过十年以上经书的人，勉强写古文也还来得，可是要想像上边所说那样写出传达意思的文章，觉得力有未逮。梁任公的论说与林琴南的小说翻译，总要算是最好的了，我们是写不成，但同时也不能感觉满意，至少在现今有别的写法可用的时候。"①时过境迁，大有与旧敌言归于好之态。

对古文而言，一个现实的问题是，完全掌握读、写能力要投入大量时间、精力，新文化派依托西式教育，因势利导，以白话替代文言，为学生"减负""增收"。蔡元培说："从前的人，除了国文，可算是没有别的功课。从六岁起到二十岁，读的写的，都是古人的话，所以学得很象。现在应学的科学很多了，要不是把学国文的时间腾出来，怎么来得及呢？而且从前学国文的人是少数的，他的境遇，就多费一点时间，还不要紧。现在要全国的人都能写能读，那〔哪〕能叫人人都费这许多时间呢？"②朱希祖（1879—1944）说："我常常听见学生们说：'中国文有三难：一，难读；二，难解；三，难作。所以学了十几年文章，字句尚不通顺。'此指普通文言的文说。……学文言的文，须一二十年成功；学白话的文，四五年即能

---

① 《周作人散文全集》第九卷《国文》（原载《新民声》1944年12月24日），第391页。

② 《蔡元培讲演集·国文之将来》（原载《北京大学日刊》1919年11月19日），第137—138页。参柳亚子《答某君书》："小学生徒粗识之无，授以文言与语体，孰难孰易，判若天渊。夫人类之精神有限，世界之进化无穷，生今之世，不发愤钻研科学，而耗心血于无用之文言，不谓之冥顽不灵，得乎！"（《新黎里》，1923年11月1日，别见《南社》第二十二集）转引自《南社史长编》，第583页。

成功,其余十数年,可腾出来专学各项科学及哲学。所以同是用了一二十年功,其结果,学白话的文的知识,超出于学文言的文的数十百倍。"[①]章乃器(1897—1977)回忆了自己"用脚投票"的经历:"英文的学习,使我知道世界上还有语言和文字一致的人类。相形之下,使我感觉到这满纸'古人之言'的中国文,实在是太艰难;在一张'国文'占着很多时间的课程表上面,我觉到中国人真太苦了——读好了'国文',差不多没有余力研究有用的科学了。""这种感觉和研究国文的兴趣,成了一个矛盾,大概就是这种矛盾的发展,使我后来很早的在'五四'运动之前,就倾向语体文,而把那费过苦功的'诗、词、歌、赋'一脚踢开。"[②]这毫不影响新文化派为自己表功:"民六(1917年)以后,始有白话文的运动。民九(1920年)以后,北京教育部始命令初小第一二年改用国语。民十一(1922年)以后,小学与中学始改用国语教本。我们姑且不谈这十六七年中的新文学的积极的绝大成绩。我们试想想每年一千一百万小学儿童避免了的苦痛,节省了的脑力,总不能不说这

---

① 朱希祖《白话文的价值》(原载1919年4月15日《新青年》第6卷第4号),陈平原选编《〈新青年〉文选》,北京:北京大学出版社,2019年,第155、156页。
② 章立凡《章乃器传略》,《中国现代社会科学家传略》第五辑,第435页。由此可见,林纾《答大学堂校长蔡鹤卿太史书》所辩"若云死文字有碍生学术,则科学不用古文,古文亦无碍科学",《林纾集》第一册,第217页,难免有蒙混过关之嫌。当然,问题的另一面即傅斯年指出的劣根性:"一千年来中国人的思想,总算经过无数的变化了,然而脾胃的本质依然如故。唐朝诗赋是时尚的,他们就拼命弄诗赋;宋朝制艺是时尚的,他们就拼命弄制艺;明朝八股是时尚的,他们就拼命弄八股;现在英文是时尚的,他们就拼命弄英文。现在的学生学英文,和当年的童生学八股,其心理乃毫无二致。"《傅斯年文集》第一卷《白话文学与心理的改革》(原载1919年5月1日《新潮》第1卷第5号),第269页。

是二十年来的一大进步吧?"①正是在这样的意义上,朱光潜断言:
"'古文'是决不会复兴的,绝对没有未来的现代青年还要学做'古
文',那是老鼠钻牛角,死路一条。"②

三、相反相成

　　胡适1923年发表《五十年来中国之文学》,堪称白话文运动
洋洋得意的胜利宣言,看着对手"尸横遍野",要给他们"盖棺定
论"。然而,之后他却牢骚不断,批评国民政府不是新文化的同路
人,抱怨白话文的应用率远不及文言文。③他曾在日记里写道:
"(王)亮畴(宠惠)攻击白话文,说:'严又陵(复)的周秦诸子文,固
是极端;你们的拉车的白话文,也是极端。譬如钟摆,才摆向东,
又摆向西,都不好;须是在中间,方才是中庸之道。'我也不同他
辩,只说,'钟摆摆来摆去时,钟是动着的。钟摆停在中间时,我们
说钟停了,死了。'"④王氏词不达意,被胡氏"反将",其本意无非
是文言、白话可以共存,不必各走"极端"。20世纪上半叶的文、白
之争实际效果就是如此,只不过论等级,始于文言优越于白话、终

---

① 《胡适文集》第五册《胡适文存四集》卷四《悲观声浪里的乐观》(原载天津
　　《大公报》1934年10月14日),第367页。
② 《朱光潜全集》第8册《欣慨室中国文学论集·读经与做古文》(原载1938年3
　　月《学生半月刊》第1卷第6期),第120页。
③ 参吴自强(1901—1996)于1935年5月10日《教育杂志》第25卷第5期所刊
　　文:"就是'五四'运动后,力言提倡新文化运动,除了白话在教科书上有一点
　　地位以外,在整个的中国社会上,有什么地位? 不但官场之文告及公事系用
　　文言,就是报纸上也是用文言。尤可笑者,现在初中是文言、语体并用,而高
　　中入学试题,例皆出自古文经书。高中虽偏重采用文言,而大学入学试题,尽
　　皆出自古书。这种现象,是尝见不鲜的。"《读经有什么用:现代七十二位名
　　家论学生读经之是与非·吴自强先生的意见》,第177页。
④ 《胡适的日记》1922年第二册"十一,四,一。(Sat.)",第302页。

于白话优越于文言罢了，其间文言、白话互相牵引，真的就像"钟摆摆来摆去"。①

在"钟摆"的文言派这一边，大多数人都不能绝对固守正统的文言，呈现出从写作新式文言、混合式文言到接受白话、写作白话的递进。

胡适先曾暂拟一个中学国文选本："第一年，周作人《域外小说集》、林琴南小说等。第二年，近代人之文，——梁任公、章行严、章太炎等。"②到《五十年来中国之文学》，思路更清楚了："古文学的末期，受了时势的逼迫，也不能不翻个花样了。这五十年的下半便是古文学逐渐变化的历史。"包括："（一）严复、林纾的翻译的文章。（二）谭嗣同、梁启超一派的议论的文章。（三）章炳麟的述学的文章。（四）章士钊一派的政论的文章。"③在这些人中，严译著作

① 参吴宓《马勒尔白逝世三百年纪念》："今欲以中国文字表达西洋之思想及材料，而圆满如意，则应将中国原有之文字、文体解放至如何程度，改变至如何程度。""（一）有主张用纯粹之唐宋八家古文或魏晋六朝文者；（二）有主张用明畅雅洁之文言，只求作者具有才力，运用得宜，固无须更张其一定之文法，摧残其优美之形质者（《学衡》杂志简章）；（三）有主张用中国式之白话者；（四）有主张非用完全模仿欧西文字句法之白话不可者；（五）有主张废汉字而以罗马拼音代之者。……孰为适中，孰为得当，今难遽断，且看后来。"《吴宓诗话》附录六《大公报文学副刊论文选集》，北京：商务印书馆，2005年，第92—93页。本文发表于1928年。
② 《胡适的日记》1921年第三册"十，七，卅。(Sat.)"，第166页。曹聚仁说："我也曾教大中学生读古文"，首先用的"教材""乃是林纾译的《拊掌录》（欧文原著）"。《中国学术思想史随笔》，北京：生活·读书·新知三联书店，1996年，第381页，想必受了胡适的影响。
③ 《胡适文集》第三册《胡适文存二集》卷二《五十年来中国之文学》（原载1923年2月《申报》五十周年纪念刊《最近之五十年》），第181—182页，详第190—200、206—214页。《胡适文集》第一册《中国新文学运动小史》，为简述版，第98—100页，署期"廿四年（1935）九月三日"。

是"旧瓶装新酒"，林译小说属新式文言，谭嗣同遇难于1898年，不应在讨论之列。梁启超自评"新文体"："时杂以俚语韵语及外国语法，纵笔所至不检束。"[①]否定者谓："梁氏文章新旧糅合，沈浸《国策》，胎息三苏，辩非不雄，实非文体之正宗。"[②]肯定者谓："梁任公实为创造新文学之一人。虽其政论诸作，因时变迁，不能得国人全体之赞同；即其文章，亦未能尽脱帖括蹊径；然输入日本新体文学，以新名词及俗语入文，视戏曲小说与论记之文平等……此皆其识力过人处。鄙意论现代文学之革新，必数梁君。"[③]他是混合式文言的一大作手，后来干脆用白话赞同白话，毫不足怪。章炳麟几乎就是梁启超的对立面——你浅俗，我就艰涩，在矫枉过正的意义上也成其为一种新式文言。胡先骕这样评价："章炳麟自是学者，其文以魏晋为归，然过事雕琢，令人难解。相传某日公祭某人，章氏作祭文，蓝公武诵之，至不能分句读，一时传为笑谈，则已过于炫博矣。其訾唐宋、崇魏晋，未必便为不刊之论，惟'豫之以学'一语，颇为一般浅学文人之棒喝。"[④]但他晚年有大量授课、演讲的记录，被整理成文，等于是雅洁的白话文。章士钊文名籍甚，连胡适都说："他的文章很有桐城气息。他一面受了严复的古文译书的影响，一面又颇受了英国19世纪政论文章的影响，所以他颇想做出

---

① 梁启超《清代学术概论》，北京：中华书局，2011年，第128页。

② 冯平《与狄君武（膺）书》（《南社》第十九集，1914年4月6日），转引自《南社史长编》，第355页。

③ 《钱玄同文集》第一卷《反对用典及其他》（原载1917年3月1日《新青年》第3卷第1号），第10页。

④ 《胡先骕诗文集·忏庵文稿·评胡适〈五十年来中国之文学〉》（原载《学衡》第18期，1923年），第439页。

一种严密的说理文章。"①鲁迅则不以为然:"《甲寅》第一次出版时,我想,大约章士钊还不过熟读了几十篇唐宋八大家文,所以模仿吞剥,看去还近于清通。至于这一回,却大大地退步了,关于内容的事且不说,即以文章论,就比先前不通得多……尤其害事的是他似乎后来又念了几篇骈文,没有融化,而急于捋撺,所以弄得文字庞杂,有如泥浆混着沙砾一样。"②

　　前期南社以诗歌唱酬为主,表示不反对新思想而反对新形式,为文复古,失之粗率,新南社一变而改写白话文。至于鸳鸯蝴蝶派的文言文,去白话文一间而已。③

　　1922年,学衡派走上反对白话文的前台。周作人说:"古文复兴运动""后面都有政治的意味,都有人物的背景。……只有《学衡》的复古运动可以说是没有什么政治意义,真是为文学上的古文殊死战,虽然终于败绩,比起那些人来要更胜一筹了"。④钱仲

---

① 《胡适文集》第一册《中国新文学运动小史》(原载《中国新文学大系》第一集《建设理论集》,1935年10月15日上海良友图书印刷公司出版),第99—100页。又见第二册《胡适文存》卷一《中学国文的教授》(原载1921年2月《新教育》第3卷第1期):"章行严一派的古文","最没有流弊,文法很精密,论理也好,最适宜于中学模范近古文之用",第144页。

② 《鲁迅全集》编年版第3卷《答KS君》(原载1925年8月28日《莽原》周刊第19期),第355页。

③ 如徐枕亚《玉梨魂》第十八章《对泣》:"鹏郎偕梦霞来,即就寝,俄作一种极细弱之鼾声。此外则有壁上时计,摇摆叮当","而梦霞重叠之心事,此时亦正一往一复","与此时钟之摇摆声,作心理上无形之应答"。吴双热《孽冤镜》第十二章《侦探》:"嗟乎可青,固一朵自由花也,固自命为一个自由神也。孰知其自由者无几时,而极不自由之痛苦来矣。""予著书至此,从此遂开辟一哀的世界。""能令阅者诸君,起哀的感触。"干脆夹入"的"字。栾梅健编《海上文学百家文库》28《徐枕亚、吴双热卷》,上海:上海文艺出版社,2010年,第105、261页。《玉梨魂》后有何朴庵白话译本,即《白话玉梨魂》,1933年初版,略嫌多此一举。

④ 《周作人散文全集》第六卷《〈现代散文选〉序》(原载《大公报》1934年12月1日),第409页。

联（1908—2003）回忆："我个人，小时受《学衡》影响，而不是受《新青年》影响。《新青年》，我那时很看它不起。《学衡》为胡先骕等留学归国学生主持。"①学衡派核心人物为梅光迪、胡先骕、吴宓（1894—1978）等，他们强调，提倡白话不必废除文言，但毕竟受西学影响，所写古文已较平浅。事实上，凡与白话派近身缠斗的，文字就不能不在一定程度上白话化，连林纾也不例外。再进一步，即是混合式文言，陈寅恪（1890—1969）的学术文体颇具代表性，往往有些字词已白话化，但必用"之、乎、者、也"等"去白话化"，形成臃肿、拖沓的句式。陈氏作为学衡派圈里人，给人的感觉是不屑于和白话派对话，拒绝彻底民粹化。这种情况在陈氏著述中一直存在，显然是他刻意坚持的。

林纾是清季白话运动的积极参与者，即使跟新文化派骂架，也未绝对否定白话文，如他提出："讲义之体，虽用白话可也，总以悟人之神；且导人之程途，以明白为上，非作古文须吞言而咽理也。"②他还致信《晨报》编辑弟子林秉奇："读贵报有淑兰女士《旅

---

① 魏中林整理《钱仲联讲论清诗》，北京：生活·读书·新知三联书店，2020年，第180—181页。他又说："我十五六岁写山水风景诗……处于五四运动时代，而走'学衡'派的路，是不对的，要批判。"第193页；称严复，"'五四'提倡白话文，他在《学衡》上发表大量文章反对"，第198页。案严氏卒于1921年，而《学衡》创办于1922年，据《严复全集》卷八《信札·与熊育锡》注①："《学衡》第6及20期（1922—1923年）载有《严几道与熊纯如书札节钞》，共收信八十封。"纯如为熊氏字，第282页。但从内容看，并非"发表大量文章反对"白话文。

② 《林纾集》第一册《畏庐文辑佚·与本社社长论讲义书》（原载《学生周刊》1917年第1期），第351页。他在去世前不久，还同弟子张汤铭写了一篇白话游戏之作《读〈益世报〉芸渠〈偶谈〉书后》，参夏晓虹《一场未曾发生的文白论争——林纾一则晚年佚文的发现与释读》，《中山大学学报（社会科学版）》2015年第1期，第20—27页。

行记》,用语体,字里行间咸有卷轴之气,闲闲以白描之笔,写南中山容水态,均栩栩欲活,此女士不易才也。必如是,始成语体文字。未知为何处人?吾贤曾否认识此人?可否介绍与老人相见?若不之识,作为罢论可也。"①吴宓等以文言为潘伯鹰(1905—1966)的白话小说《人海微澜》1929年《大公报》馆单行本作序,文言与白话岂止相安无事,更似相得益彰。郑朝宗认为吴氏"并非坚定的保守派,而实际是调和论者","他坚持用文言写作,但在必要时又采取权宜之计在林语堂办的刊物上用白话发表文章。这一举动引起了一般人的惊讶和他的同伴们的深刻不满,于是在无可奈何之中他只好用'敌笑亲讥无一可'一句诗来自我解嘲了"。②吕碧城对白话文的态度甚至有几分诡谲。她的《纽约病中七日记》"是迄今为止所发现的作者唯一一篇用白话文写成的文学作品。作于第一次游学美洲之时,当在一九二一年夏秋之际,连载于一九二三年三至四月上海出版的《半月》杂志第二卷第十二号至第十五号"。③它一直未被确认为吕作,不仅由于署名"圣因女士",并且文笔之流利,根本不像出诸一贯以文言写作的吕氏手。而表面上,直至"文学革命"发生十年后的1927年,她还公开指责:"每于报纸中见下流浪漫子倡言打倒礼教,此辈号称国民,而下笔不能作通用之国文,复弄笔诋毁文化,此真无礼无教之尤也。夫礼教有随时

---

①　《林纾集》第一册《畏庐尺牍辑佚・与林秉奇书・一》,第547页,注②:"原抄件注:'此函作于一九二三年。'"夏晓虹《阅读林纾训子书札记》认为应系于1922年,《林纾家书》,第265页。

②　《海滨感旧集・忆吴宓先生》,第28页。

③　《吕碧城集・吕碧城文》卷二《纽约病中七日记・笺》,第550页。稍后有《在寰球中国学生会演说词》,也是白话,第554—555页,末标"(下略)",刊于1922年10月14日《寰球中国学生会周刊》。

世变迁以求完善之必要，而无废弃之理由。”①不久，却对潘伯鹰的白话小说亟表赞赏——在贬损其他白话小说的前提下：“自新文化泛滥以来，予于坊间小说概不寓目，以其字句冗赘、损耗时间也。偶于《大公报》读潘君诸作，始叹怀异之才，不以时代而致磷淄，而里闬之言，不假文辞，亦见铮佼，轶伦拔萃，胥视其人学识之造诣耳。”“当兹世风凌替，人欲横流，书贾广煽诐邪，藉以牟利，苟无狷介之士矫枉扶攲，示以模楷，则民彝胥弱，曷有其极？”②

在“钟摆”的白话派这一边，倡言“欧化”虽不乏人，但白话写作仍是“土洋结合”的状态，甚至出现“文白糅杂”的文体，一部分人继续或恢复了文言写作。

傅斯年曾为新文化派的激进派，鼓吹白话文“欧化”最起劲，留学欧洲后，反而旧话免提了。朱光潜（1897—1986）一直主张“中文要有‘适宜程度的’欧化”。③胡先骕则集矢于鲁迅，谓其“更变本加厉，创用直译之法，句法倒装，浸成习惯。无知少年，尤而效之，文体驳杂，遂不可究诘”。④在胡适看来：“鲁迅先生的文章，有时是故意学日本人做汉文的文体，大概是打趣‘《顺天时报》

---

① 《吕碧城集·吕碧城文》卷一《欧美漫游录·女界近况杂谈·浪漫主义》，第436页，又说：“使此辈而谈浪漫主义，鲜有不将人格廉耻举而倾筐倒箧趸售罄净者。”第437页。

② 《吕碧城集·吕碧城文》卷二《评凫公小说集》，第654、655页。潘伯鹰号凫公，以发表在《大公报》上的小说《人海微澜》成名。

③ 《朱光潜全集》第6册《我与文学及其他·从我怎样学国文说起》（发表于1943年），第117页，详《谈文学（抗战后期写作，1946年5月出版）·文学与语文（下）：文言、白话与欧化》。

④ 《胡先骕诗文集·忏庵文稿·建立三民主义文学刍议》（原载1942年《三民主义文艺季刊》创刊号），第584页。

派'的;如他的《小说史》自序。"①照这样说,"欧化"不如"洋化"更能兼摄西洋和东洋。对30年代盛极一时的小品文,朱自清表示并不完全认同周作人为俞平伯(1900—1990)文集《杂拌儿》作序(题记)替现代散文寻求历史渊源,而强调"现代散文所受的直接的影响,还是外国的影响"。②鲁迅沿着"文化革命"的思路找到了两者的相通处:"到五四运动的时候……散文小品的成功,几乎在小说、戏曲和诗歌之上。这之中,自然含着挣扎和战斗,但因为常常取法于英国的随笔(Essay),所以也带一点幽默和雍容;写法也有漂亮和缜密的,这是为了对于旧文学的示威,在表示旧文学之自以为特长者,白话文学也并非做不到。以后的路,本来明明是更分明的挣扎和战斗,因为这原是萌芽于'文学革命'以至'思想革命'的。但现在的趋势,却在特别提倡那和旧文章相合之点,雍容,漂亮,缜密,就是要它成为'小摆设',供雅人的摩挲,并且想青年摩挲了这'小摆设',由粗暴而变为风雅了。"③当代学者或试图衔接旧散文与新散文,以鲁迅上继"魏晋风度",周作人上继"六朝散文",郁达夫、林语堂上继晚明,而以白马湖作家群——夏丏尊、朱自清、叶圣陶等——上继桐城派,④则不无牵强。

胡适论及三种"今日半文半白的白话文":"第一是做惯古文的人,改做白话,往往不能脱胎换骨,所以弄成半古半今的文体。

---

① 《胡适文集》第四册《胡适文存三集》卷二《整理国故与"打鬼"》,署期"十六(1927年),二,七",第103页。

② 《朱自清自编文集·背影·序》(1928年),扬州:广陵书社,2018年,第4页。

③ 鲁迅《南腔北调集·小品文的危机》(1933年),《鲁迅全集》1938年版,第五卷,第172页。

④ 何亦聪《古典文脉的现代流衍·论"桐城谬种"之说的谬误与谬传》(与范培松合作),太原:北岳文艺出版社,2016年,第43—71页。

梁任公先生的白话文属于这一类，我的白话文有时候也不能免这种现状。缠小了的脚，骨头断了，不容易改成天足，只好塞点棉花，总算是'提倡'大脚的一番苦心，这是大家应该原谅的。第二是有意夹点古文调子，添点风趣，加点滑稽意味。吴稚晖先生的文章（有时因为前一种原因）有时是有意开玩笑的。……钱玄同先生是这两方面都有一点的。""第三是学时髦的不长进的少年。"①

朱光潜自承："我写白话文，不忌讳在文言中借字借词。我觉得文言文的训练对于写白话文还大有帮助。但是我极力避免用文言文的造句法，和文言文所习用的虚字如'之乎者也'之类。因为文言文有文言文的空气，白话文有白话文的空气，除借字借词之外，文白杂糅很难得和谐。俞平伯诸人的玩艺只可聊备一格，不可以为训。"②俞氏散文，像20年代末到30年代的《杂拌儿》《燕郊集》，不少文句拖着"之乎者也"的尾巴，后来也没褪净。同时期的周作人散文里也添了这个毛病，如《苦雨斋序跋文》《夜读抄》《苦茶随笔》等，反问句尤其好用"欤"字。"俞平伯诸人的玩艺"，大概就指的这个。

钱玄同尽管大声疾呼于前："我希望诸君今后研究国文，不要再去崇拜古文！尤其不要再去学做古文！"③但当某人讽刺胡适以文言为刘文典《淮南鸿烈集解》作序时，却发作道："作文用白话或文言，作者本有绝对之自由，他人决无干涉之权力。去年上海某报

---

① 《胡适文集》第四册《胡适文存三集》卷二《整理国故与"打鬼"》，第103页。
② 《朱光潜全集》第6册《我与文学及其他·从我怎样学国文说起》（发表于1943年），第116页。
③ 《钱玄同文集》第三卷《国文的进化》（原载1922年《国语月刊》第1卷第9期），第110页。

谓鲁迅兄不当用文言文撰《中国小说史略》，于是迅兄将本拟用白话文撰作之'跋'，即改撰甚古雅之文言，且改称'后记'，又不施标点符号，此实对于此辈最严正之态度。吾侪固不可畏老年、中年而不敢作白话文，亦岂可畏少年而不敢作文言乎？"[①]胡适作序在1923年，鲁迅撰《后记》在1924年，该文"不施标点符号"，今版犹然。在《中国小说史略》后鲁迅仍不废文言，如为王品青校点《痴花鬘》所作《〈痴花鬘〉题记》（北京：北新书局，1926年6月）、《〈小说旧闻钞〉序言》（北京：北新书局，1926年8月）、《〈唐宋传奇集〉稗边小缀》（《唐宋传奇集》下册，上海：北新书局，1928年2月）等。

这种会写偏不写、说不写又要写的别扭劲儿，并非单纯的斗气，而是反映了这一时期白话与文言"剪不断，理还乱"的关系。追究起来，当然是白话派攻击古文在先，文言派从学理上申辩不成，就抛出了貌似"两头堵"的通俗策略，一是说"要做白话由于文言做不通"，二是说"要白话做好，先须文言弄通"。[②]

第一种策略侧重"负相关"：写不好古文的人才去写白话文。白话派的反击不得不出以自褒：白话派的古文水平不在古文派之下。如蔡元培质问林纾："北京大学教员中，善作白话文者，为胡适

---

① 《钱玄同文集》第二卷《予亦名"疑古"》（原载《京报副刊》1925年3月13日），第121页。案前文云"我但见国中老年、中年、少年欲食我者甚众"，第120—121页。

② 见鲁迅《且介亭杂文二集·名人和名言》（1935年）引《太白》第2卷第7期南山《保守文言的第三道策》，"第三道策"是章太炎说的"文言难，白话更难。理由是现在的口头语，有许多是古语，非深通小学就不知道现在口头语的某音，就是古代的某音，不知道就是古代的某字，要就写错"，第六卷，第356页，纯属学人矫情。

之、钱玄同、周启孟诸君。公何以证知为非博极群书、非能作古文而仅以白话文藏拙者？胡君家世从〔朴〕学，其旧作古文，虽不多见，然即其所作《中国哲学史大纲》言之，其了解古书之眼光，不让于清代乾嘉学者。钱君所作之《文字学讲义》《学术文通论》，皆大雅之文言。周君所译之《域外小说》，则文笔之古奥，非浅学者所能解。"①鲁迅说："五四运动时候，提倡白话的人们，写错几个字，用错几个古典，是不以为奇的，但因为有些反对者说提倡白话者都是不知古书，信口胡说的人，所以往往也做几句古文，以塞他们的嘴。"②"诸公掊击新文化而张皇旧学问，倘不自相矛盾，倒也不失其为一种主张。可惜的是于旧学并无门径，并主张也还不配。倘使字句未通的人也算在国粹的知己，则国粹更要惭惶煞人！'衡'了一顿，仅仅'衡'出了自己的铢两来，于新文化无伤，于国粹也差得远。"③于是造成了强烈悖反：提倡古文者古文欠通，反对古文者精通古文。双方对古文是存在完全一致的基础和根据（基因）的，就后者而言，恰恰意味着，反对归反对，他们仍是古文的呵护者、传承者。这实际上体现的是传统向现代"直过"（包含"内在断裂"）的辩证性。引申来说，对传统的激烈攻击也是存续传统的一种形态——一方面，"反面教材"也是"教材"；另一方面，以传统的方

① 《致〈公言报〉函并答林琴南函》，《石头记索隐·附编》，第80页。
② 《准风月谈·"感旧"以后（下）》（原载《申报·自由谈》1933年10月16日），《鲁迅全集》1938年版，第五卷，第383页。
③ 《热风·估〈学衡〉》（原载《晨报副刊》1922年2月9日），《鲁迅全集》1938年版，第二卷，第101页。参《鲁迅全集》编年版第8卷《点句的难》（原载《中华日报·动向》1934年10月5日）："嘴里是白话怎么坏，古文怎么好，一动手，对古文就点了破句，而这古文又是他正在竭力表扬的古文。破句，不就是看不懂的分明的标记么？说好说坏，又从那〔哪〕里来的？"第261页。

式反传统，今天大多数中国人的冷漠、麻木才是真正的决裂——我跟你完全没关系，根本犯不着骂你。鲁迅显然忽略了（假如直接问他，他会说是"乐见"），当年固然有提倡古文者的古文水平偶尔不如提倡白话者的情况，而一百年后，就只剩下提倡白话者的古文水平远不如提倡古文者的情况了。

第二种策略侧重"正相关"：只有古文好，白话才能好。用林纾的话说是："古文者，白话之根柢；无古文，安有白话？"[①]而这一点竟很难否定。鲁迅讽刺认为"不读古书，白话是做不好的"之人，[②]但早期白话文的典雅、流畅正是得力于作者均有古文根柢。同为白话文的支持者，当年朱光潜即称："想做好白话文，读若干上品的文言文或且十分必要。现在白话文作者当推胡适之、吴稚晖、周作人、鲁迅诸先生，而这几位先生的白话文都有得力于古文的处所（他们自己也许不承认）。"[③]后来郑朝宗也称："鲁迅是坚定的新文化战士，但他并不完全排斥文言，在他的某些杂文（如《关于太炎先生二三事》、《忆韦素园君》等）中，他非常成功地运用文言成语来写现代文章，笔力雄健，语言简洁，令人百读不厌。"[④]白话派的反击不得不出以自贬：正因受古文影响，所以白话写不地道。如鲁迅就回应朱光潜说："这实在使我打了一个寒噤。别人我不论，若是自己，则曾经看过许多旧书，是的确的，为了教书，至今也还在看。因此耳濡目染，影响到所做的白话上，常不免流露出它的字

---

① 《林纾集》第一册《畏庐文辑佚·论古文白话之相消长》，第378页。

② 《华盖集续编·古书与白话》（原载《国民新报副刊》1926年2月2日），《鲁迅全集》1938年版，第三卷，第201页。

③ 《朱光潜全集》第8册《欣慨室中国文学论集·〈雨天的书〉》（原载1926年11月《一般》第1卷第3期），第16页。

④ 《海滨感旧集·古典文学向现代文学提供了什么？》，第144页。

句,体格来。但自己却正苦于背了这些古老的鬼魂,摆脱不开,时常感到一种使人气闷的沉重。"①又说:"五四运动时候,提倡白话的人们……因为从旧垒中来,积习太深,一时不能摆脱,因此带着古文气息的作者,也不能说是没有的。"②胡适说:"我们这一辈人都是从古文里滚出来的,一二十年的死工夫或二三十年的死工夫究竟还留下一点子鬼影,不容易完全脱胎换骨。即如我自己,必须全副精神贯注在修词造句上,方才可以做纯粹的白话文;偶一松懈(例如做'述学'的文字,如《章实斋年谱》之类),便成了'非驴非马'的文章了。大概我们这一辈'半途出身'的作者都不是做纯粹国语文的人。新文学的创造者应该出在我们的儿女的一辈里。他们是'正途出身'的;国语是他们的第一语言;他们大概可以避免我们这一辈人的缺点了。"③

　　胡适的预言应验了。一百年来的发展表明,白话文可分前期有文言基础的和后期无文言基础的两种。有文言基础的人所写白话文晓畅、典雅,逻辑性强,和文言的关系有点像稀释酽茶更可口。随着写作者(大约生于20世纪30年代后)逐渐丧失文言写作能力,使白话文失去文言文的规训,与文言文脱节的白话文更易于大众化④和"洋化",进一步改变了白话文的书写特点。这种白话文

① 《坟·写在〈坟〉后面》(1926年),《鲁迅全集》1938年版,第一卷,第263—264页。
② 《准风月谈·"感旧"以后(下)》(原载《申报·自由谈》1933年10月16日),《鲁迅全集》1938年版,第五卷,第383页。
③ 《胡适文集》第四册《胡适文存三集》卷二《整理国故与"打鬼"》,第103—104页。
④ 林纾《答大学堂校长蔡鹤卿太史书》所论:"若尽废古书,行用土语为文字,则都下引车卖浆之徒所操之语,按之皆有文法……据此则凡京、津之稗贩均可用为教授矣。"《林纾集》第一册,第218页,几若为此而发。

同样是成立的、自足的，语法体系也建立起来了，不但适用于交流，并产生了一批名家、名作。这么看来，白话文是可以跟文言文完全切割的。今天有人白话文写得不通顺，常有病句，是赖不到不通古文上的。

第四篇　钱锺书：学衡派的奥伏赫变

一、文白不挡

清末民初思潮转化之快，不几年就淘汰一批人。没留过洋的人也许容易保守，而"海归"对传统文化——可以古文为代表——的态度呈现出波浪式递进：严复是最早的一代，用纯正的古文翻译西方著作；胡适、陈独秀、鲁迅等号召打倒古文，代之以白话文；梅光迪、胡先骕、吴宓等谓提倡白话，不必废除古文。钱锺书1929年考入清华大学外文系，1935—1938年留学欧洲，他在学术上日趋成熟，正值学衡派解体、新文化派分化，乃得以跳出论战的语境，古文、白话，左右逢源，得大自在。由于时代和辈分的差异，研究者通常不将其纳入学衡派，但他实质上是解放了的、升华了的学衡派一员。

钱锺书自幼受到古文训练，像他提到："晚明白话小说大行，与文言小说均不特入诗而且入古文"，"康、雍以后，文律渐严，诗可用文言小说而不可用白话小说，古文则并不得用文言小说。……余童时闻父师之教亦尔"。①而他是在大量阅览中国古典小说及林

①　钱锺书《谈艺录补订·242页》，香港：中华书局，1986年，第559页。他还补充说，这一点"未著明文，或成坠绪，拈出以补记载之阙"。

译小说后，才系统研读古诗文的："余十六岁与从弟锺韩自苏州一美国教会中学返家度暑假，先君适自北京归，命同为文课，乃得知《古文辞类纂》《骈体文钞》《十八家诗钞》等书。绝尠解会，而乔作娱赏；追思自笑，殆如牛浦郎之念唐诗。及入大学，专习西方语文。尚多暇日，许敦宿好。妄企亲炙古人，不由师授，择总、别集有名家笺释者讨索之"，"以注对质本文，若听讼之两造然；时复检阅所引书，验其是非。欲从而体察属词比事之惨淡经营，资吾操觚自运之助。渐悟宗派判分，体裁别异，甚且言语悬殊，对〔封〕疆阻绝，而诗眼文心，往往莫逆冥契"。虽谦称"孤往冥行，未得谓得"，①却奠定了他以"文"为本、打通"文、史、哲"的学术基础。

　　总观钱锺书的写作，若以书目、篇目统计，文言作品仅当白话作品1/4左右，但就实际篇幅（字数）而论，文言作品超过白话作品。此外，多达上万封书信有文言、白话两体，文言数量及学术价值都大于白话。钱氏文言笔记、批注等尚未包括在内。朱光潜在1938年说："我近来看一些青年人所做的腐气沉沉的'古文'，愈让我坚信'古文'不可做。""这一二十年来，我就没有见到一个做'古文'的青年写出一部值得一看的书。"②次年，钱锺书开始撰写《谈艺录》。不知朱氏如何评价《谈艺录》和《管锥编》呢？

　　1949年以前，钱锺书主要在报刊上发表白话随笔、书评，白话小说有短篇集《人·兽·鬼》、长篇《围城》。序他人著述例用文言，成系列的是《小说琐征》《小说识小》《小说识小续》，成规模的

① 《谈艺录补订·23页》，第346页。
② 《朱光潜全集》第8册《欣慨室中国文学论集·读经与做古文》（原载1938年3月《学生半月刊》第1卷第6期），第120页。

是《中国文学小史序论》《谈艺录》,《上家大人论骈文流变书》《与张君晓峰书》乃文言书信体论学之作,另有《石语》和《英译〈千家诗〉》——唯一用文言写的书评。他的白话文已炉火纯青,偶尔点缀文言,并无缠夹感,如《〈大卫·休谟〉》(原载《大公报》1932年10月15日):"何所见而云然?"《〈近代散文钞〉》(原载《新月月刊》第4卷第7期,1933年6月1日):"这种'小品'文的格调……由来远矣! 其形成殆在魏晋之世乎?"《作者五人》(原载《大公报·世界思潮》第56期,1933年10月5日),题目仿《论语·宪问》"作者七人";《论复古》(原载《大公报》1934年10月17日):"其奈地球上容不下这本大著作何!"[1]而这种情况后来不见了。

　　1949年后,大陆以文言写作的学者受到无形压力,相继改写白话文。[2]这在钱锺书则没有任何不适。他先后在学术刊物上发表白话译本《精印本〈堂·吉诃德〉引言》、钱仲联《韩昌黎诗系年集释》书评、《通感》《读〈拉奥孔〉》《林纾的翻译》。《宋诗选注》(1958年)以白话为古籍作注,《序》、尤其是诗家总评堪称槃花之笔。这一时期,钱锺书的文言写作尚保持在书信里。"文化大革命"中,据吴忠匡回忆,"他看到章氏的《柳文指要》,从河南明港干校给我信说:'……章文差能尽俗,未入流品;胡适妄言唱于前,先

---

① 《钱锺书集·人生边上的边上》,北京:生活·读书·新知三联书店,2012年,第179、256、221、268页。

② 例如东北学人金景芳(1902—2001)自称:"由于家境贫寒,又住在乡下。没有条件学新科学,并自处于五四新文化运动之外。我做学问是从学作文章开始的",最终"肆力与〔于〕经学","一九五五年,我破天荒第一次用语体写了一篇文章,题为《易论》"。《中国现代社会科学家传略》第一辑《金景芳自传》,第231、232、228页。

君妄语和于后,推重失实,流布丹青,章亦居之勿疑.'"①《柳文指要》由中华书局1971年9月出版,是建国后难得一见的大型文言著述,非章士钊的特殊地位不办。他对章文的褒贬,既是推翻民国旧案,也表明他始终留意古文,1972年3月他返京后,即着手撰写文言巨著《管锥编》,1979年出版,1982年出版《增订》。张隆溪赞叹道:"我这时才知道,文革后的中国竟然还有如此奇书,而且书的作者还活在我们中间! 尤其经过了文革那种读书无用、知识有罪的黑暗年代,《管锥编》的出现更有特别的意义,简直像在宣告天意不欲丧斯文于中华,中国文化经过了那样的磨难,仍然能放出如此绚丽的异彩!"②这不必为文体而发,但我相信,文体绝对是有震撼力的因素。《管锥编》是20世纪后期最大规模的文言写作,创造了一个文化记录,甚至比我们加于钱锺书的其他光环更耀眼。

　　钱锺书为什么用文言写作《管锥编》? 一个被特别强调的社会背景是"文化大革命"。如杨绛说:"当时,不同年龄的各式红卫兵,正逞威横行。《管锥编》这类著作,他们容许吗? 锺书干脆叫他们看不懂。"③不过,"文化大革命"——以林彪事件为分水岭——

①　吴忠匡《记钱锺书先生》,牟晓朋、范旭仑编《记钱锺书先生》,大连:大连出版社,1995年,第133—134页。钱氏1981年曾谓汪荣祖:"此书因毛主席之捧而红,实则文理尚有不通之处。"见汪著《槐聚心史:钱锺书的自我及其微世界·弁言》,台北:国立台北大学出版中心,2016年,第7页。案《管锥编》第一册《史记会注考证》五八《太史公自序·"唯唯! 否否!"》亦指摘章氏《逻辑指要》"立说甚巧,而失据不根;面墙向壁,二者兼病"云云,第394页。

②　张隆溪《走出文化的封闭圈·怀念钱锺书先生》,北京:生活·读书·新知三联书店,2004年,第221页,时在1979—1980年间。

③　杨绛《我们仨》,北京:生活·读书·新知三联书店,2021年,第155页。钱之俊《钱锺书琐话》盖本之发挥:"如何回避风险,选择一种让一般人（转下页）

后期，除非还在"批林批孔""评法批儒""评《水浒》"一线欲罢不能，知识分子大都一定程度上成了"逍遥派"，这反令钱氏可以潜心著述，几乎不受干扰。汪荣祖（1940— ）就认为："钱锺书于文言衰微之日，仍孜孜不倦勤用文言著述"，"其'反潮流'的主观意识毕竟强烈"，"未必欲藏罟于古文以远祸"，"事实上，若为了使人看不懂而写，则失去'抗议'的意义，若有极少数的人看懂，又未必能以文言'遮掩'，似懂非懂者可能更易罗织罪状"。① 所以，"《管锥编》之问"应追加一句：如果没发生"文化大革命"，钱锺书会不会用文言写作《管锥编》？回答是肯定的。《管锥编》的素材是经文言纂组的大量札记，文言的思维及表达路径已定型，将其改写成白话论文或散文，何止事倍功半？而因势利导，继续札记体的文言写作，毋宁说是唯一"出口"。这归根结底是对文言的适用性的大胆实验，也即钱氏念兹在兹、必以文言杰构传世而后已的原动力。

1979年后，钱锺书陆续发表《诗可以怨》《汉译第一首英语诗〈人生颂〉及有关二三事》《一节历史掌故、一个宗教寓言、一篇小说》，先与《谈艺录》补订本摘选合成《也是集》，在香港出版，再与《旧文四篇》合成《七缀集》。张文江提出："《谈艺录》修订的准备工作可能开始得相当早，而具体着手工作则应当在《管锥编》完成以后。""在完成《管锥编·增订》前后的一、二年内一气呵成地完成《谈艺录》的补订（书中有参观《增订》语）。""《谈艺录》全书共622页，上编为1—312页，下编为313—622页，两部分篇幅略

（接上页）尤其是年纪轻轻的红卫兵们看不懂的语体，应是作者考虑的一个重要原因。"合肥：黄山书社，2021年，第113页。事实上，钱氏奋笔疾书时，如狼似虎的红卫兵运动早已结束，杨绛的话要圆活得多。

① 《槐聚心史：钱锺书的自我及其微世界》，第139页，正文及注113。

等，各约二十余万字。《谈艺录》原书和补订之间，前后相距三十五年，是作者写作时间延续最长的一部书。"[①]钱氏仍偶以文言作序，1995年的《〈周南诗词选〉跋》成了最后一篇公开发表的文言文。

　　学衡派与新文化派的争拗始于梅光迪、胡适之间，真理不是越辩越明，而是越辩越偏激。胡自称被"逼上梁山"，梅又何尝不是这样？学衡派的悖反在于不得不以偏激的态度保持文化中立，其本意近乎将旧脐带分叉，联结新、旧母体，固不如新文化派去旧换新之为简捷。吴宓明诏大号："今欲造成中国之新文化，自当兼取中西文明之精华，而熔铸之，贯通之。吾国古今之学术、德教、文艺、典章，皆当研究之，保存之，昌明之，发挥而光大之。而西洋古今之学术、德教、文艺、典章，亦当研究之，吸取之，译述之，理解而受用之。"[②]这意味着对学衡派提出了更高的要求——要求之高，超出了当时学衡派的能力和水平，沿着这个方向，钱锺书后来居上，独结硕果。1932年，吴氏赋诗述怀，有"今古事无殊，东西迹岂两？"之句；[③]1934年题钱氏诗集，肯定说："才情学识谁兼具？新旧中西子竟通。"[④]钱氏所以能做到这一点，一方面在于他博学强记，再加上惊人的语言天赋；另一方面，他对中国古代文化的精义有体会，能把握，并以此为基础，注重中外文化比较。

[①]　张文江《钱锺书传：营造巴别塔的智者》，上海：上海人民出版社，2016年，第186、187页。载于《文史知识》1983年第2期的《说李贺〈致酒行〉"折断门前柳"》，第557—558页，盖即《谈艺录补订·57页》内容，第379—381页。

[②]　《会通派如是说——吴宓集·论新文化运动》，上海：上海文艺出版社，1998年，第15页。

[③]　《吴宓诗集》卷十三《故都集下·壬申一九三二年岁暮述怀（二）》，北京：商务印书馆，2004年，第265页。

[④]　《吴宓诗集》卷十三《故都集下·赋赠钱君锺书，即题〈中书君诗〉初刊》，第287页。

二、贯今古

《石语》记陈衍说："科举之学,不知销却多少才人精力。今人谓学校起而旧学衰,直是胡说。老辈须中进士,方能专力经史学问,即令早达,亦已掷十数年光阴于无用。学校中英、算、格致,既较八股为有益,书本、师友均视昔日为易得,故眼中英髦,骎骎突过老辈。当年如学海堂、诂经精舍等文集,今日学校高才所作,有过无不及。"这番话也是"看人下菜碟",有奉承钱锺书之意,就学界整体走势来说,无疑太乐观了。钱加按语："所见先辈中为此论者,惟丈一人,通达可佩,惜学校中人未足当此也。"[①]就他个人发展来说,又无疑太谦逊了。

钱锺书对学衡派文学史观的光大,集中在文学"进化论"方面。早在《论复古》一文中,他就指出：

> "文学进化"是否就等于"事实进化"？"事实进化"只指着由简到繁,从单纯而变到错综,像斯宾塞尔所说。"文学进化"似乎在"事实"描写外更包含一个价值判断："文学进化"不仅指(甲)后来的文学作品比先起的文学作品内容上来得复杂,结构上来得细密；并且指(乙)后来的文学作品比先起的文学作品价值上来得好,能引起更大或更高的美感。这两个意义是要分清楚的,虽然有"历史观念"的批评家常把他们搅在一起。……即使退一步专就"历史事实"而论,对于"进化"两字也得斟酌。"进化"包含着目标(destination or telos)；

[①]　钱锺书《石语》,北京：中国社会科学出版社,1996年,第41页。

除非我们能确定知道事物所趋向的最后目标，我们不能仓猝地把一切转变认为"进化"。①

如果说《谈艺录》开篇论"诗分唐、宋"，"非仅朝代之别，乃体格、性分之殊"，②是间接否定了"一个时代有一个时代的文学"，后边的讨论就直言不讳了：

> 夫文体递变，非必如物体之有新陈代谢，后继则须前仆。譬之六朝俪体大行，取散体而代之，至唐则古文复盛，大手笔多舍骈取散。然俪体曾未中绝，一线绵延，虽极衰于明，参观沈德符《野获编》钱枋分类本卷十《四六》条。而忽盛于清；骈散并峙，各放光明，阳湖、扬州文家，至有倡奇偶错综者。几见彼作而此亡耶？……王静安《宋元戏曲史》序有"汉赋、唐诗、宋词、元曲"之说。谓某体至某朝而始盛，可也；若用意等于理堂（焦循），谓某体限于某朝，作者之多，即证作品之佳，则又买菜求益之见矣。元诗固不如元曲，汉赋遂能胜汉文、相如高出子长耶？唐诗遂能胜唐文耶？宋词遂能胜宋诗若文耶？兼擅诸体如贾生、子云、陈思、靖节、太白、昌黎、柳州、庐陵、东坡、遗山辈之集固在，盍取而按之？③

就中引申出钱氏最关注的两组二元关系：骈文与散文、文言与白话。

---

① 《钱锺书集·人生边上的边上·论复古》（原载《大公报》1934年10月17日），第266页。
② 《谈艺录》一《诗分唐宋》，第2页。
③ 《谈艺录》四《文体递变》，第28—29、30—31页。案钱基博《现代中国文学史·编首》1《总论》已有类似见解，但远不如钱锺书明决，第18页。

青少年的钱锺书便"有时不按父亲教导的方法作古文，嵌些骈骊，倒也受到父亲赞许"。①后钱基博取其家信一通，以《上家大人论骈文流变书》为题，发表于1933年4月《光华大学半月刊》，文中有云："汉代无韵之文，不过为骈体之逐渐形成而已。其以单行为文、卓然领袖后世者，惟司马迁，而于汉文本干要为枝出，须下待唐世方有承衣钵者。自辞赋之排事比实，至骈体之偶青妃白，此中步骤，固有可寻。"提出："骈文定于蔡邕、弘于陆机也。"②钱锺书晚年曾"谈到他的文言文体兼有骈散"。③所以，认为骈、散各有攸当，进而为骈文正名，是他毕生的宗旨。陈衍"散文中杂以骈语，如阳湖派所为，亦非体"的说法，被他称作"实语病也"。④《管锥编》论骈、散得失甚谛：

> 管同师法桐城派，遂斥徐、庾之骈，正如阮元信奉《文选·序》，遂摈韩、柳之散，均执着一先生之言尔。骈体犹冠玉失面乎，桐城派古文摇曳吞吐，以求"神味"，亦犹效捧心之矉，作回眸之笑，弄姿矫态，未得为存其面也。蹙眉龋齿，亦失本来，岂待搽脂粉、戴珠翠哉！……词偶则易词费，而词费不都缘词偶，古文之瘠意肥词者夥矣。故知挦撦利病，未可仅注目于奇偶也。……骈体文不必是，而骈偶语未可非。……世间事

① 杨绛《记钱锺书与〈围城〉》，钱锺书《围城·附录》，北京：人民文学出版社，2004年，第354页。

② 转引自范明辉《杨绛〈钱锺书与围城〉笺证稿》，《记钱锺书先生》，第274—275页。

③ 胡志德（Theodore Huters）《钱锺书》，张晨等译，北京：中国广播电视出版社，1990年，第102页注11，访谈时间是1979年5月11日。钱氏近体诗里也有不少精致的对仗，体现了这方面的天分。

④ 《石语》，第43页。

理，每具双边二柄，正反仇合；倘求义赅词达，对仗攸宜。①

同样在1933年，钱锺书发表《中国文学小史序论》，从文体的角度分析了"雅言"和"俗语"——即文言和白话——的关系，亦较新文化派为周密：

> 吾国文学分雅言、俗语二体，此之所谓"雅"、"俗"，不过指行文所用语体之殊，别无褒贬微意。载籍所遗，宋代以前，多为雅言，宋代以后，俗语遂繁，如曲如小说，均为大宗。二体条贯统纪，茫不相接；各辟途径，各归流派。故自宋以前，文学线索只一；自宋以后，文学线索遂二。……或者乃欲以俗语之线索，与宋前之载籍贯串，卤莽灭裂，未见其可。窃谓旧文学中曲与小说文体之演展，大致适相反背。元人之曲，俗语之成分居多，乃明清士夫为之，雅言之成分加进；小说复有雅言、俗语之别，其俗语小说之初，如宋人平话，尚多雅言之迹，乃明清所传遂纯为流利之俗语矣，雅言小说宜于骈散文同科，然论其结构，亦分二类：一者就事纪事，尽事而止，既无结构，亦不拊弄，略如今日报纸新闻略志之类仅得条目（Item），不可谓为成篇，古如《山海经》，后世如《阅微草堂笔记》中，多属此类；一者极意经营，用心雕琢，有布局，有刻画，斯为小说之正则，远则唐人传奇，近则《聊斋志异》中，多属此种。试取《太平广记》观之，二者之别井然，亦未可一概视也。惟有一

---

① 《管锥编》第四册《全上古（三代）秦汉三国六朝文》二三〇《全陈文卷七·骈偶之文》，第1473—1475页。"冠玉失面"指梅曾亮《柏枧山房集》卷五《管异之（同）文集书后》引管氏语："人有哀乐者面也，今以玉冠之，虽美，失其面矣。此骈体之失也。"第1473页。

至平极常之理，而并世俊彦佥忽而不睹：夫文学固非尽为雅言，而俗语亦未必尽为文学，贤者好奇之过，往往搜旧日民间之俗语读物，不顾美丑，一切谓为文学，此则骨董先生之余习耳，非所望于谭艺之士！固也，嗜好不同，各如其面，然窃谓至精之艺，至高之美，不论文体之雅俗，非好学深思者，勿克心领神会；素人（amateur）俗子（philistine），均不足与于此事，更何有于"平民"（the court chaplains of king Demos）？ ①

唯其谓"雅言""俗语"之分"别无褒贬微意"，似矫枉过正。此外，"俗语小说之初，如宋人平话，尚多雅言之迹，乃明清所传遂纯为流利之俗语矣"，则视乎具体作品而定。张中行比较《京本通俗小说·碾玉观音》和《今古奇观·卢太学诗酒傲公侯》片段，指前者"是宋元话本"，后者是"明朝人的拟话本"，"前者照口语写，后者有不少文言成分"。②至于钱氏刺及"平民"，则与文末"假借'平民'，大肆咆哮，何谓文史？乃点鬼之簿，何谓批评？等醉人之呓"云云相呼应，③凸显了学衡派的文化贵族主义立场。

次年，钱锺书又发表《与张君晓峰书》，专门探讨了"文言、白话问题"：

---

① 《钱锺书集·人生边上的边上·中国文学小史序论》（原载《国风》半月刊第3卷第8、11期，1933年10月16日、12月1日），第42—43页。

② 《文言和白话》，第240页。张氏倾向于认为："早期的白话是记说话人的口所说，所以不能不随着口语走。""后来情势不同了，记口说变为文人写……总是随文人自己的习惯，怎样方便就怎样写。这有成为纯粹白话的可能，但更大的可能是容纳或多或少的文言成分。因为照那时候的看法，即使有意要求通俗易懂，也不会想到必须同于口语的白话才通俗易懂。换句话说，在他们眼里，兼用些浅近的文言是同样通俗易懂的。"第279页。

③ 《钱锺书集·人生边上的边上·中国文学小史序论》，第44页。

奉书极快，承询及文言白话问题，若仅从标题看来，则似乎已成 Dead issue，无须讨论。往日之所以输攻墨守，争端大起者，以双方皆未消门户之见，深闭固拒，挟恐见破，各否认彼此根本上之有存在价值也。至于今日，则事过境迁，气稍释而矜稍平，此中纠纷，已由时间代为解决，无需辩生于末学。即如吴师雨僧力挽颓波，而近年来燕居侍坐，略窥谈艺之指，亦已于"异量之美"，兼收并蓄，为广大教化主矣。窃谓苟自文艺欣赏之观点论之，则文言白话，骖靳比美，正未容轩轾。白话至高甚美之作，亦断非可家喻户晓，为道听途说之资。往往钩深索隐，难有倍于文言者。譬之谈者力非文言文之用典故，弟以为在原则上典故无可非议，盖与一切比喻象征，性质相同，皆根据类比推理（Analogy）来。然旧日之典故（白话文学中亦有用典者，此指大概）尚有一定之坐标系，以比现代中西诗人所用象征之茫昧恍惚，难于捉摸，其难易不可同年而语矣。若从文化史了解之观点论之，则文言白话皆为存在之事实；纯粹历史之观点只能接受，不得批判；既往不咎，成事不说，二者亦无所去取爱憎。若就应用论之，则弟素持无用主义（Futilitarianism），非所思存，恐亦非一切有文化人之所思存也，一笑。故以繁简判优劣者，算博士之见耳；孔子曰："词达而已。"《养一斋诗话》所谓："文章各有境界，宜繁而繁，亦简而简，推简者为工，则减字法成不刊典。"以难易判优劣者，惰夫懦夫因陋苟安之见耳；彼何知文艺之事政须因难见巧乎？若云不读文言则于吾邦旧日文化不得亲切体会，弟亦以为不然。老师宿儒皓首穷经，亦往往记诵而已，于先哲之精神命脉，全然未窥，彼以版本考订为文学哲学者，亦何尝不以能读古书自诩于人耶？盖读书，本为"灵魂之冒险"，须发心自救，树之为规律，威之以夏楚，悬之以科甲，以求一当，皆官样文章而已！《四书》著在功令，垂千余载，孔孟之教，其效何在？反而求之，思过半矣。抑弟以为白话文之流行，无形中使文言文增进弹性（Elasticity）不少，而近日风行之白话小品文，专取晋宋以迄于有明之家常体为法，尽量使用文言，此点可征将来二者未必无由分而合之一境，吾侪倘能及身而见之欤！①

据张文江《钱锺书传：营造巴别塔的智者》第37页注①："罗久芳《钱锺书早年的两封信和几首诗》归纳此文为十一点：1. 肯定文言白话同样有存在的价值。2. 就文学欣赏而言，文言文作品和白话文作品俱有优秀篇章。3. 白话文要写得好，并不如一般人所想那么容易，实则和文言文写得好同样困难。有时要写好白话文比写好文言文更困难。4. 文言文的典故，原则上无可非议。这种情形和白话文作品用典乃至象征手法等相类。5. 文言白话俱属历史存在之事实。既然如此，事实只能接受，不能批判。6. 文章不能以难易判优劣。7. 文章不能以繁简判优劣。应繁则繁，应简则简。8. 专读文言并不保证一定能亲切体会旧日中国文化。止乎记诵的穷经法，到头来可能对典籍的精神命脉一窍不通。9. 读书重在当事人因兴趣而有的勇进穷究精神。若目的只在随俗、免苦、获利、求名，则尽失读书的真义。10. 白话文的流行无形中使文言文增加弹性，所以能裨益文言。11. 三十年代风行一时的小品文熔文白于

---

① 《钱锺书散文·与张君晓峰书》（原载《国风》1934年7月第5卷第1期），杭州：浙江文艺出版社，1997年，第409—410页。

一炉,这可能为将来的文学语言以至文学创作开辟新境界。"①

就罗氏的归纳还可补充几句:"1、2、3",钱氏肯定吴宓的"调和论"而坚持于文、白"别无褒贬";"4",论"用典故","谈者"正是新文化派,他后来在《管锥编》中也说:"隶事运典,实即'婉曲语'(periphrasis)之一种,吾国作者于兹擅胜,规模宏远,花样繁多。骈文之外,诗词亦尚。用意无他,曰不'直说破'(nommer un objet),俾耐寻味而已。……末流虽滥施乖方,本旨固未可全非焉。"②"8",义有未安,"读文言"固然可能"于吾邦旧日文化不得亲切体会",乃"不读文言"又如何可能"于吾邦旧日文化得亲切体会"?"10",白话文增进文言文弹性,正是夫子自道——这封信就写得相当浅显,哪怕《中国文学小史序论》也不是醇正的古典文言;"11",《谈艺录》二九《竟陵诗派》引李莼客(慈铭)《孟学斋日记》、曾刚甫(习经)《蛰庵遗诗》、林畏庐(纾)《京华碧血录》、陈衍《石遗室诗话》、冒广生《小三吾亭诗录》论竟陵派诗文语,谓"此等近代文献,亦今日沾沾焉自命为钟、谭拨雾见日者所宜知也",③暗讽周作人、林语堂辈。总的看来,钱氏高自位置,为上等人说法,左右挹拍,左右针砭,而不为左右袒,问题在于,白话文运动既方兴未艾,后人读、写古文的能力只会一代代下降,文言、白话表面的平

---

① 末称该文"见台湾《联合文学》第五卷第六期"。

② 《管锥编》第四册《全上古(三代)秦汉三国六朝文》二三〇《全陈文卷七·骈偶之文》,第1474页。钱氏于"用典"的局限性未尝不知,参第三册《全上古三代秦汉三国六朝文》六二《全后汉文卷八三·隶事偶合》,第1022—1025页;第五册《管锥编增订之二·1023—1024页》,第211—213页;第四册《全上古(三代)秦汉三国六朝文》二六一《全后周文卷一二·庾信铭幽文》,第1527—1528页。

③ 《谈艺录》,第103页。

衡终将无以维系。

当然，文言文功力与白话文水平成正比，这在钱锺书身上得到了极佳体现，他的散文、小说比同时代人更圆熟、流利，即缘于此——跟他擅长西语也大有关系。①

三、通中西

林纾曾论及古文与西学的关系，认为两者可以"双赢"："予颇自恨不知西文，恃朋友口述，而于西人文章妙处，尤不能曲绘其状。故于讲舍中敦喻诸生，极力策勉其恣肆于西学，以彼新理，助我行文，则异日学界中定更有光明之一日。或谓西学一昌，则古文之光焰熠矣，余殊不谓然。学堂中果能将洋、汉两门，分道扬镳而指授，旧者既精，新者复熟，合中、西二文镕为一片，彼严几道先生不如是耶？"②钱锺书不待"敦喻"而臻"光明"，仍是赓飏学衡派精神的结

---

① 钱锺书堂弟钱锺汉论《围城》，即称："英国式幽默的讽刺手法，英国修辞的精准和细致，再加上作者本人的中国文学修养（特别是文言文的简练），便成就了第一流的文字技巧。"严晓星编《掌故》第九集《钱锺书旁记》，钱锺汉编写，钱汝虎整理，北京：中华书局，2022年，第33页。

② 《林纾集》第六册《译作序跋、评语·〈洪罕女郎传〉跋语》，第18页，录自商务印书馆1914年版《洪罕女郎传》。参《谈艺录》三《王静安诗》谓严复《瘝壄堂诗》词律谨饬，安于故步；惟卷上《复太夷继作论时文》一五古起语云：'吾闻过缢门，相戒勿言索'，喻新句贴。余尝拈以质人，胥叹其运古之妙，必出子史，莫知其直译西谚 Il ne faut pas parler de corde dans la maison d'un pendu 也"，第24页；《管锥编》第二册《老子王弼注》三《二章·神秘宗之见与蔽》："严复评点《老子》二〇章云：'非洲鸵鸟之被逐而无复之也，则埋其头目于沙，以不见害者为无害。老氏"绝学"之道，岂异此乎！'撷拾西谚（the ostrich policy），论允喻切。"第414页。其实林纾也偶有拈弄"西谚"之处，如自称读韩愈佳篇"将近万遍，犹不释手，其中似有魔鬼弄我"，当从西洋小说里学来，《林纾集》第一册《畏庐文辑佚·论古文白话之相消长》，第377页。

果，不过，他于林纾为赏音，绝非偶然。郑朝宗说："林纾是个天分极高的人，虽然不懂外文，但在做了几次'笔述'之后，竟然'比直接读外文的助手更能领会原作的文笔'，更进而悟到'天下文人之脑力，虽欧亚之隔，亦未有不同者'（林纾语，转引自钱文），于是便'把《左传》、《史记》等和迭更司、森彼得的叙事来比拟'，以我之长济彼之短，浑不管翻译和创作的区别。这样做的结果是从翻译的领域跨入比较文学的园地。林纾当然不会梦想世间有所谓'比较文学'这门学问，但通过翻译实践，他结结实实地给中西比较文学提供了许多有趣的实例和不无可取的见解，他终于成为比较文学在中国的开山之祖。"[①] "钱文"指《林纾的翻译》，它在林纾研究中的地位始终无可替代。《管锥编》《谈艺录·补订》沿用林译小说之名，[②] 也反映了作者对林译的认同。

1937年，留学中的钱锺书谈到吴宓："我这一代的中国青年学生从他那里受益良多。他最先强调了'文学的延续'，倡导欲包括我国'旧'文学于其视界之内的比较文学研究。十五年前，中国的实际批评家中只有他一人具备对欧洲文学史的'对照'（synopti-

---

① 《海滨感旧集·〈林纾评传〉序》，第127页。

② 如《块肉余生述》（《管锥编》第一册，第51页）、《海外轩渠录》（《管锥编》第二册，第478页；第三册，第867、1027页）、《黑奴吁天录》（《管锥编》第二册，第688页）、《冰雪因缘》（《管锥编》第二册，第740页，有误，应是《滑稽外史》）及《三千年艳尸记》（《谈艺录补订·281页》，第598页）。《管锥编》第三册《全上古三代秦汉三国六朝文》一五《全汉文卷一六·〈弃珠涯议〉与〈吊古战场文〉》："法国有写拿破仑战役一小说，摹述李华、陈陶所赋咏情况，最为细贴，林纾曾迻译其书。"第896页，第897页注②标为"Erckmann-Chatrian, Histoire d'un Conscrit de 1813"。据俞久洪《林纾翻译作品考索》，系《利俾瑟战血余腥录》，原题作"Histoire d'un Conscrit"，"据英国达尔康（H. W. Dulcken）的英译本转译"，光绪三十年（1904）正月上海文明书局出版，"利俾瑟即莱比锡"，《林纾研究资料》，第421页。

cal）的学识。"[①]"十五年前"即《学衡》杂志创刊的1922年。钱氏又发表《中国固有的文学批评的一个特点》，[②]少见地强调了中、西差异。到《谈艺录》初稿完成，他开宗明义说：

> 凡所考论，颇采"二西"之书，以供三隅之反。盖取资异国，岂徒色乐器用；流布四方，可征气泽芳臭。故李斯上书，有逐客之谏；郑君序谱，曰"旁行以观"。东海西海，心理攸同；南学北学，道术未裂。虽宣尼书不过拔提河，每同《七音略序》所慨；而西来意即名"东土法"，堪譬《借根方说》之言。非作调人，稍通骑驿。[③]

他在书中论"诗界维新"，称"凡新学而稍知存古，与夫旧学而强欲趋时者，皆好公度（黄遵宪）"。[④]讥"苏曼殊数以拜伦比太白（李白）仙才，雪莱比长吉（李贺）鬼才"，"此僧于文字海中飘零，未尝得筏登岸也"。[⑤]谓"严几道号西学巨子"，"本乏深湛之思，治西学

---

① 发表于 *T'ien Hsia Monthly*, Ⅳ.4 (April 1937)，第427页，转引自胡志德《钱锺书》，第5页。案《谈艺录》一《诗分唐宋》提及："李高洁君（C. D. Le Gros Clark）英译东坡赋成书，余为弁言，即谓诗区唐宋，与席勒之诗分古今，此物此志。后见吴雨僧先生宓《恩斋诗草序》，亦持是说。"第3页。

② 《钱锺书集·人生边上的边上·中国固有的文学批评的一个特点》（原载1937年8月《文学杂志》第1卷第4期），第51—69页。

③ 《谈艺录·序》，第1页，署期"壬午（1942）中元日"。

④ 《谈艺录》三《王静安诗》，第24页。参《谈艺录补订·24页·【一】》："吴雨僧（宓）先生颇致不满，尝谓余曰：'"新学而稍知存古"，亦大佳事。子持论无乃太苛乎？'先生素推崇公度，曩在清华大学外语系讲授中国旧诗，以公度之作为津梁。余事不挂心，鬼来攫口，悚谢而已。"第347页。

⑤ 《谈艺录》九《长吉字法》，第50页，参《谈艺录补订·50页·【一】》，称其"道听途说，而谬引心照神交。盖于西方诗家，只如卖花担头看桃李耳"，第374页。

亦求卑之无甚高论者,如斯宾塞、穆勒、赫胥黎辈;所译之书,理不胜词,斯乃识趣所囿也"。^①对于王国维,先说:"静安论述西方哲学,本色当行,弁冕时辈。如《静安文集》中《论近年学术界》一篇,评严又陵'所奉为英吉利之功利论及进化论,不解纯粹哲学',评谭复生(嗣同)之'形而上学出于上海教会译书,幼稚无足道',皆中肯綮。"继指:"惟谓马良讲哲学课程,'依然三百年前特嘉尔之独断哲学',则失之毫厘。""王氏游学日本时,西方上庠名宿尚趁发扬传播中世纪哲学者;东海师生稗贩肤受,知见不真,莫辨来牛去马,无足怪也。窃所献疑,尚别有在。王氏于叔本华著作口沫手胝,《红楼梦评论》中反复称述","然似于叔本华之道未尽,于其理未彻也"。^②尽管批评严苛,钱氏却是自觉地站在晚清通西学者的"延长线"上。他将南宋严羽《沧浪诗话》和法国白瑞蒙《诗醇》相连类,展开中、西诗学比较,^③更梳理西人文体变迁论,以为焦循之说(见上节),"西方人四十年前,奉为金科玉律者也",而

① 《谈艺录》三《王静安诗》,第24页。参《管锥编》第二册《老子王弼注》四《五章·"目的论"》,论"天地不仁,以万物为刍狗"王弼注"物不具存,则不足以备载矣。地不为兽生刍而兽食刍,不为人生狗而人食狗","王注望文曲解",而亦具至理,故严复叹赏曰:'此四语括尽达尔文新理,至哉王辅嗣!'然严氏虽驰域外以观昭旷,未得环中而合肯綮,尚是浪为配当。王弼所明,非物竞之'新理',乃辟陈言'目的论'(teleology)",第417页。"脱严氏不曰'达尔文新论'而曰'培根、斯宾诺莎古训',则近是矣。"第418页。"新论",上文作"新理"。又谓:"严氏所服膺诵说之约翰·穆勒尝著《宗教三论》",有与"王弼注意"相同者,"严氏似未之读也",第420页。

② 《谈艺录补订·24页·【三】》,第348、349页。马良即马相伯,特嘉尔即笛卡尔。

③ 《谈艺录》八八《白瑞蒙论诗与严沧浪诗话》,第268—276页。《【附说二十二】神秘经验》又结合"'二西'之书"畅论"神秘经验"中外互通,第276—290页。

André Lalande、F. Baldensperger "一据生物学，一据文学史，皆抵隙披瑕，驳辨尤精"，呼吁"世之作文学演变史者，盍亦一穷演化论究作何说，毋徒似王僧虔家儿之言'老子'也"。① 反对"一个时代有一个时代的文学"，比梅光迪《评提倡新文化者》所论远为透辟。他晚年回忆："一九四三年伏处上海，胡步曾（先骕）先生自江西辗转寄来论旧诗的长信，附了一首七律。我的和诗有一联：'中州无外皆同壤，旧命维新岂陋邦'；我采用了家铉翁《中州集序》和黄庭坚《子瞻诗句妙一世》诗的词意，想说西洋诗歌理论和技巧可以贯通于中国旧诗的研究。"②

钱锺书出国前已断言："民国之新文学，渊源泰西；体制性德，绝非旧日之遗，为有意之创辟，非无形之转移，事实昭然，不关理论。"③ 归国后，用英文发表题为《中国文学》（"Chinese Literature"）的评论文章，提出："传统延续了悠久的时间，因为不经常与外国的'奇事巧物'接触，而出现了不可避免的停滞。五四运动以后，新文学从西方找到了一种健康的推动创新的动力。""中国新文学运动才开了个头。依照个体发育重演种系发育的生物规律，则近

---

① 《谈艺录》四《文体递变·【附说七】西人论文体演变》，第35—36、39页。"王僧虔家儿之言'老子'"，指萧子显《南齐书》卷三三《王僧虔传》："僧虔宋世尝有书诫子曰：'……汝开《老子》卷头五尺许，未知辅嗣何所道，平叔何所说，马、郑何所异，《指》《例》何所明，而便盛于麈尾，自呼谈士，此最险事。'"北京：中华书局，2007年，第598页。

② 《钱锺书集·人生边上的边上·表示风向的一片树叶》（原载《人民日报》1988年9月26日），第146—147页。引诗见《槐聚诗存》，题为《胡丈步曾远函论诗却寄》，内颂称"汲古斟今妙寡双，袖携西海激西江"，北京：生活·读书·新知三联书店，1995年，第81页。钱氏的观点还可参看同上《谈中国诗》（原载《大公报》1945年12月26、27日）。

③ 《钱锺书集·人生边上的边上·中国文学小史序论》，第42页。

三十年来的中国文学史,就像二百年来欧洲文学运动的一个缩影。"①这期间他正埋头创作《围城》,他对自己白话散文、小说的定位大致可见。

　　70年代后期完成的《管锥编》沿用了《谈艺录》的文言形式,而超越了《谈艺录》的诗话形式。关于以文言来写《管锥编》,张隆溪认为:"另有一层更重要的原因。《管锥编》开篇批驳'黑格尔尝鄙薄吾国语文,以为不宜思辨'。钱先生用文言撰写《管锥编》,又广引西方文字著述,凡哲学、宗教、文学、历史等等问题,无不涉及而作细致深入的探讨,这就有力地证明了传统的中国语文,即文言,完全宜于思辨。这不仅驳斥了黑格尔的无知偏见,奠定了比较研究的基础,而且为我们跨越文化界限来认识我们的传统,在不同文化的相互发明中研究文学和文化,提供了最佳的典范。""钱先生用自己的著作最有力地反驳了东西方文化对立论。"②不过,钱锺书本人则一贯闪烁其词。他为德国学者《〈管锥编〉与杜甫新探》作序称:"'三十年为一世',四十多年前真如隔了几世。那时候,对比较文学有些兴趣的人属于苏联日旦诺夫钦定的范畴:'没有国籍护照的文化流浪汉'(passportless cultural tramps)。他们至多只能做些地下工作,缺乏研究的工具和方便。《管锥编》就是一种'私货';它采用了典雅的文言,也正是迂回隐晦的'伊索式语言'

---

① 《钱锺书》,第37、40页,熟练运用当时流行的生物演化论值得留意。他最后甚至预言:"无论战后文学出现什么趋向,无论对生活是说对还是不,中国文学必将丰富起来,整体地变得生气勃勃。"第41页。据第37页注16,钱文"载曹文彦编的The Chinese Year Book 1944-1945(Seventh Issue, Shanghai, 1945),ch Ⅷ。这段引文在115页",第56页。
② 《走出文化的封闭圈·怀念钱锺书先生》,第236、235页。

（Aesopian language）。这个用意逃不出莫芝博士的慧眼。"①

　　追求打通中、西文艺的钱锺书必然关注翻译问题。对他来讲，这包括以中文文言、白话译西文和以西文译中文文言、白话四型——可拟为甲、"西→文"，乙、"西→白"，丙、"文→西"，丁、"白→西"。《林纾的翻译》结合林译小说用白话探讨甲型，《管锥编》结合汉译佛经用文言探讨甲型。②就严复提出的"译事三难"，他深刻阐发道："译事之信，当包达、雅；达正以尽信，而雅非为饰达。依义旨以传，而能如风格以出，斯之谓信。""雅之非润色加藻，识者犹多；信之必得意忘言，则解人难索。译文达而不信者有之矣，未有不达而能信者也。"③在实践方面，钱氏50年代参与《毛泽东选集》《毛泽东诗词》英译工作，大致相当于丁型、丙型，而此后公开发表的翻译多属乙型。至于甲型，散见《谈艺录》《管锥编》的通常为"信之必得意忘言"的"活译"。他以文言撰写鸿篇巨制，却终于没有尝试以文言完整迻译欧洲著作，这实在是个不小的遗憾。

---

① 《钱锺书集·人生边上的边上·〈《管锥编》与杜甫新探〉序》，第166页，署期"一九九三年一月"。日旦诺夫即日丹诺夫。
② 如《管锥编》第四册《全上古（三代）秦汉三国六朝文》一六一《全晋文卷一五八·翻译术开宗明义》，第1262—1266页。
③ 《管锥编》第三册《全上古三代秦汉三国六朝文》一〇一《全三国文卷七五·译事三难》，第1101页。

第五篇 未丧斯文

一、救救文言

"360 百科"关于"语种"有这样的说明:"语言是文化的有机组成部分,又是文化的载体,世界文明的多样性在很大程度上表现为世界语言的多样性。德国知名学者威廉·冯·洪堡曾经说过:'每种语言都反映了一个民族的精神和智慧。'但是多种语言共存的局面正逐渐被打破,据语言学家推算,公元前地球上曾有 12 000 种语言存在,公元元年时降为 10 000 种,到 15 世纪时减少到 9 000 种,而如今只有 6 820 种左右。有专家测算,今天人类语言种类的消亡速度是哺乳动物濒临灭绝速度的两倍,是鸟类濒临灭绝速度的四倍。据专家估计,世界尚存的语言,在 21 世纪将超过一半消亡;200 年后,90% 以上的语言将不复存在。"① 在中国,濒临灭绝的除了少数民族语言、汉语方言,还有文言,这是对现代化——西方化——不加修正的必然结果。

文言是汉语内部的亚语种,和语种一样,随着文化环境的变

① 见 https://baike.so.com/doc/5935477-6148408.html。

迁,适者生存,不适者淘汰。在中国文化变迁史中,文言犹如恐龙而白话犹如哺乳动物,它们因应发生了巨大灾变的环境,此消彼长,有其必然性与合理性。但人类发展已臻更高阶段,既可通过人为干预的方式抢救濒危物种,自可通过人为干预的方式抢救濒危语种。维持文化多样性意味着保全人类几千年来的宝贵经验,储存尽可能丰富的文化基因,以激发有益的文化变异。针对1930年代的"复古"风,鲁迅曾揶揄说:"排满久已成功,五四早经过去,于是篆字,词,《庄子》,《文选》,古式信封,方块新诗,现在是我们又有了新的企图,要以'古雅'立足于天地之间了。假使真能立足,那倒是给'生存竞争'添一条新例的。"[①]他以消极态度提出的"生存竞争"的"新例"竟是成立的,只是必经中国人艰苦奋斗、在弱肉强食的丛林世界里存活下来之后。

　　新文化运动开展不久,蔡元培就信心满满地说:"我敢断定白话派一定占优胜。但文言是否绝对的被排斥,尚是一个问题。照我的观察,将来应用文,一定全用白话。但美术文,或者有一部分仍用文言。""美术文,大约可分为诗歌、小说、剧本三类。……旧式的五、七言律诗与骈文,音调铿锵,合乎调适的原则,对仗工整,合乎均齐的原则,在美术上不能说毫无价值。就是白话文盛行的时候,也许有特别传习的人。譬如我们现在通行的是楷书、行书,但是写八分的,写小篆的,写石鼓文或钟鼎文的,也未尝没有。将来文言的位置,也是这个样子。"[②]相映成趣的是,郭绍虞(1893—

---

① 《鲁迅全集》编年版第7卷《重三感旧——一九三三年忆光绪朝末》(原载《申报·自由谈》1933年10月6日),第397页。

② 《蔡元培讲演集·国文之将来》(原载1919年11月19日《北京大学日刊》),第138、139页。参《蔡元培讲演集·中国文学的沿革》(1921年6月2日(转下页)

1984）在30年代末提出："文言、白话之争，至今未泯，实则由文艺言之，白话文自占优势，由应用言之，文言文犹有其需要。故私人述作可用白话，公牍往来犹用文言，且即就私人述作而言，商量旧学不妨文言，涵养新知宜用白话。凡此因人制宜、因事制宜之处，足征文言肄习，难遽废置。"①

如果对照台湾地区学者尹雪曼的回顾，似乎文化的距离并未拉开："白话文虽然藉文学革命运动的成功而通行全国，但直到六十年后的今天，文言文也并未死亡。就是蔡氏所预言的'应用文……全用白话'，也未见得。譬如今天的报纸社论，就很少使用满篇'的''了''吗''呢'的白话文。虽是浅文言，也是文言。至于旧诗词，更不用说。所以，林琴南也好，严复也好，倘若他们地下有知，当可含笑九泉了。至于学衡派诸君子，所争亦不过是保存文言文，并不反对白话；今天的事实，也差堪告慰于他们。"②不过，这背后既有时间的差异，还有空间的差异，时空差异是传统中国在现代转型中发生错乱的反映。台湾地区原本深受美国影响，但为刻意与大陆保持对立，部分地延续了旧传统的存在。随着大陆改革开放，两岸对立趋于缓和，在现代化浪潮的冲击下，传统文化皆加

（接上页）在美国新闻家文艺学会招待会上的演说词）："至于中国古代的文学，自有一种美术的价值，将来研究的人仍然不断。就是大学国文学一门，一定仍旧有这一种的研究科，如欧洲学校中拉丁文一样。譬如中国人所写的楷书，本是四世纪以后的字体，虽然通行很久，但是三世纪以前的隶书，纪元前三世纪的篆书，纪元前九世纪的籀书，与九世纪以前的古文，都还是有人研究。不过是一种专门的学问，不是人人要学的。将来白话文普通〔遍〕以后，古体文的运命也是这样。"第185页。

① 《编例》，郭绍虞编《近代文编》，沈阳：辽宁人民出版社，2012年，第1页。

② 尹雪曼《中国现代文学史话·白话与文言之争》，台湾《国魂》月刊1977年四月号和五月号，《林纾研究资料》，第364页。

速瓦解。

总体而言，50年代可以看成是中国历史的分水岭。这以前的基础教育，不管怎么求新异、赶时髦，学习内容、训练方式还是比较传统的，相应地，学者国学底子都比较扎实，仍是古典文化的"载体"。他们虽说顺应潮流，改写白话文，其实都能写文言，至少是比较简明的应用性文言，多见于古籍的注释，不过，在他们所处的历史阶段，面对文言的衰落，无论客观上或主观上，恰恰又无能为力。"文化大革命"结束后，出于对遭受迫害的知识分子的平反昭雪，部分以文言发表的民国旧作陆续得以再版，例如刘永济（1887—1966）《十四朝文学要略（上古至隋）》，原系1928年东北大学讲义，曾于1945年出版，黑龙江人民出版社1984年再版；程千帆（1913—2000）《文论十笺》，1942年以《文学发凡》、1948年以《文论要诠》出版，黑龙江人民出版社1983年修订出版，按语十篇用文言。上海古籍出版社于1980—1982年出版《陈寅恪文集》，既有1949年以前者，也有1949年以后者。钱锺书《管锥编》——连同经过补订的《谈艺录》——同样应运面世。想必在官方心目中，它们大有助于洗刷"破坏传统文化"的罪名。其中《管锥编》起到了一定的示范作用，促生了几种少有人过问的文言札记体著作。美籍华人学者汪荣祖《史传通说——中西史学之比较》由台湾联经出版事业公司1988年10月出版，时为弗吉尼亚州立大学教授，中华书局次年影印出版，近20万字，是为海外最大规模的文言著作，当受钱氏影响而撰，结构近《史通》，体例近《管锥编》，征及《谈艺录》《管锥编》。

另一方面，周作人在30年代就说："中学教国文的先生以及社会上提倡学古文的人，老实说不见得比我辈更能懂得古文的好坏与写文章的甘苦，中学学生又没有十年萤雪的工夫去揣摩吟味，先生们所读的古文既坏所写的尤坏，徒弟所作如何能好，刻鹄类鹜，必将不通而不可救矣。……不通云者，普通常曰文理不通，实在有两方面，一是文字，拟古而工夫未足，造句用字多谬误，二是思想，文既不能达意，思想终受了束缚而化为乌有，达无可达了。"大抵是求全责备之辞，"坏古文"指"唐宋明清等等八大家这一路的作品"。[①]张中行在80年代则说："现在，文言像是站在十字路口，其实这是假象，真象是早已走向下坡路，证据是主动想学的人一天比一天少，学会（只要求借助辞书，能理解不艰深的文言著作）的人更少。有人说，这是规定、教导的办法不对头，如果对头，情况会好转。我觉得这是不考虑实际的理想主义。现在的实际是，与其学文史，不如学科技，不只来得快，而且容易有大获得；与其学文言，不如学外语，也是来得快，容易有大获得。学文言，短期难于收效；时间放长，即使会了，又能干什么？……总之，现在文言的地位是，会了固然好，不会也没什么关系。可有可无，而人的时间又都这样紧，希望多数人甘心费力学，并且学会，自然就非常难了。这样的现实向前走，必致成为趋势，就是，学的人逐渐减少，会的人随着逐渐减少。这样，总有一天，也许不很久，汉字还在通用的时候，一般人看到文言，会感到非常生疏，纵使还不至于像英美人看到拉丁文那样厉害。"[②]在差不多同一时间，钱锺书慨叹："以今日中

---

① 《周作人散文全集》第六卷《杨柳》（原载1935年5月5日《独立评论》第149期），第579页。

② 《文言和白话》，第350—351页，另参第211页。案本书著于1986年，初版于1988年。

国之大,六十以下之人几无人能写典雅之古文矣。"①到20、21世纪
之交,饶宗颐(1917—2018)《固庵文录》的整理者胡晓明又说:
"由于现代学术分工与职业化趋势,古代文史兼擅的传统几乎已荡
然无存。大学文史教授能兼写旧体诗文,不仅偶尔操觚,而且积年
累月写下去的,恐怕将来越来越珍稀罕见。中国文化传统中以富
于文采的美文、以精炼隽永的古文论学论艺的优点,恐怕也很难保
存下去了。"②

　　绝大多数现代中国人不看古文,跟古文圈子绝缘;有人能大
概看一点古文,不求甚解,写就免提;进一步,有人古文阅读能力
较强,但不能写古文,这已是古代文化研究者了;最后才是既能读
古文,又能写古文——"真古文"而非"假古文",的确是凤毛麟
角。认识到这一点并不难,仿佛凡事有盛必衰,司空见惯,然而,论
者往往认识不到古文写与读的正相关性——唯有确保纯正的古文
书写,才能确保古籍阅读的高水平。孙犁(1913—2002)的提议已
不可多得:"学习古文,除去读,还要作,作可以帮助读。遇有机会,
可作些文言小文,这也算不得复古,也算不得遗老遗少所为,对写
白话文,也是有好处的。"③钱锺书《管锥编》花了不少笔墨讨论
"能作与能评"的关系,如谓:"作者评文,所长辄成所蔽,囿于我
相,以一己之优工,为百家之衡准,不见异量之美,难语乎广大教
化。""不善作而能不作,无特长遂无所短,旁观不犯手,则眼界赊

① 《槐聚心史:钱锺书的自我及其微世界》,第138—139页,第139页注110:"笔
　　者(汪荣祖)于1986年访钱先生于三里河寓所,并呈《史传通说》书稿,因有
　　斯言。"
② 《本书说明》,饶宗颐《固庵文录》,沈阳:辽宁教育出版社,2000年。
③ 《采蒲台的苇——孙犁散文·与友人论学习古文》,杭州:浙江文艺出版社,
　　2015年,第213页,署期"1981年3月28日"。

而心地坦。"①终于在做第二次"增订"时意识到了自己可能有的
"灯下黑",故而补充道:

> 曹植谓能作文者方许评文,快心之语,意过于通。十八世
> 纪德国阐解学祖师沃尔夫谓人必有以古希腊语、拉丁语作文
> 之长技,庶能于古希腊、罗马典籍领会亲切,方许阐释。此言
> 却未可厚非。譬如吾国学士,苟通谙文言,能作散、韵诸体,即
> 未造堂室,而已得门径,则其人于古籍属词安字之解悟,视仅
> 办作白话或勉为旧体诗文而不中律令者,必有过之。固亦事
> 理之常也。②

即便这样,他仍未触及问题的本质,因他不经意间等"文言"于
"古希腊语、拉丁语",这原是新文化派有意混淆而学衡派勠力廓除
的。古文,和任何其他文艺品种一样,有能创作不能评论的,有能
评论不能创作的,有既能创作又能评论的,这会给人造成一种错
觉——不会写也不影响研究。实际上,上述三种情况的存在归根
结底取决于一点,那就是始终有人能创作、在创作:这个文艺品种
必须活着,是活体,其他评论、研究才有所附丽,并因此同样具有生

---

① 《管锥编》第三册《全上古三代秦汉三国六朝文》七三《全三国文卷八·能作
　　与能评》,第1052、1053页。末称:"参观论《全晋文》王羲之《书论》、《全梁
　　文》钟嵘《诗品》。"第1054页。
② 《管锥编》第五册《管锥编增订之二·1052页》,外文从省,第216—217页。
　　参《吴小如演讲录·学诗琐忆》:"从1943年开始,我就到中学去教语文课,在
　　天津的志达中学,既教初中,又教高中。""我为什么学作旧诗,学作文言文,就
　　是从开始教书感觉到的,必须得学会作文言文,必须学会作旧体诗,上课堂才
　　能讲文言文,才能讲旧体诗。要不然讲不好,甚至于不会讲,以至于讲错
　　了。""'知'跟'能'的辩证关系,你得'能',这个'知'才是真'知',你要是
　　不'能',光靠嘴皮子说,不行。"天津:天津古籍出版社,2014年,第6、14页。

命力。拿国画打比方，就算我不能画，毕竟有人会画，对绘画本身的创造性活动我毕竟有条件感受和理解。假如现在完全没人会画，只能对着古代流传下来的作品做研究，活性的东西已枯竭，就像只面对标本和化石进行生物学研究一样。对国乐的研究也是这样，假如只剩下唱片、磁带里的声音，会是怎样的情况？ ①古代诗、文当然不例外，假如没有一个人会写古诗、古文，它们不就成了标本和化石了吗？回想一百年前胡适、鲁迅们的话："有些人还以为古文古诗的保存就是古学的保存了"；"有的说：如果都用白话文，人们便不能看古书，中国的文化就灭亡了。其实呢，现在的人们大可以不必看古书，即使古书里真有好东西，也可以用白话来译出的，用不着那么心惊胆战"。②他们显然都乐于把古学或古代文化视作标本和化石了。一百年来，尽管极勉强，国画顶住了西洋画的冲击，国乐顶住了西洋乐的冲击，连戏曲也顶住了西洋话剧、歌剧、舞剧的冲击，为什么古诗、文写作就该死而后快呢？

这不是什么理论问题，事实明摆着，几十年来，古诗、文、尤其是古文的阅读、理解就在崩坏，往好了说，是"清者自清，浊者自浊"，往坏了说，就是失序、混乱、泥沙俱下。论学术征引，学生不通、老师也不通的不稀奇，论古籍整理，新手不行、老手也不行的很常见，而情况还在恶化。"古籍伪校点"大行其道，除了"在经济领域泛滥的假冒伪劣现象，居然也在古籍整理出版领域滋长蔓

---

① 节庆风俗也是如此，不管发生了怎样的变化，华人仍按传统的定义和定位度过春节、清明节、元宵节等，从而"活化"着传统本身。

② 《胡适文集》第三册《胡适文存二集》卷一《〈国学季刊〉发刊宣言》(原载1923年1月《国学季刊》第1卷第1号)，第5页；鲁迅《无声的中国》(原载香港报纸，《中央日报副刊》1927年3月23日转载)，《鲁迅全集》1938年版，第四卷，第26页。

延"，①古文研读能力下降是重要的内因。今人研究古文，貌似深刻、理论性强，实则大多只能以古人的既有结论（评论）为基础而主观生发，无力真正体会。

百孔千疮的局面一定程度上被下面两点遮蔽了：一是应用性古文难度相对较低，马马虎虎尚能读通，破读、失解之处，有时并不造成严重的硬伤；二是很多经典文献都被清人，特别是近代学者整理好了，后者按照今人的阅读习惯施加句读，详细注释，完成了他们过渡期的历史使命。前人栽树，今人乘凉，现成饭还够吃一阵子的。但时间越长，假象越维系不住。更刺眼的是"假古文"泛滥，甚至都不如不那么正宗的韩、日古代文言。而某人冒充会写古文，诌出几句来，未见得马上有人能判断出他写的是好是坏。这就方便了一些水平低下者兴风作浪，"劣币"没法"淘汰"。从读者、出版单位到高等院校、研究所，层层失守，恶性循环，将成"不治之症"。

鲁迅在《狂人日记》最后写下"救救孩子"，②钱玄同是这样阐发的："一些旧污也不染的新人，只能希望小学校的学生。……但愿以后少受他们的家庭教育，少读圣经贤传，少读那些'文以载道'的古文；多听些博爱、互助、平等、自由的真理的演讲，尽两手之能而常事工作。如此，则庶几可为将来新中国的新人物。"③"讲到救国，我极愿意——也只愿意——'救救孩子'，救救那'没有吃

①　李解民《从〈庚己编〉书名之讹说起》，《中国典籍与文化》2005年第3期，第106页。"古籍伪校点"语出张剑《警惕古籍伪校点》，转引自《光明日报》2003年2月20日。
②　1918年5月15日《新青年》第4卷第5号，后收入《呐喊》，见《鲁迅全集》1938年版，第一卷，第291页。
③　《钱玄同文集》第一卷《写白话与用国音》（原载1919年11月1日《新青年》第6卷第6号），第372—373页。

过人的孩子'而已,其他则不敢闻命。"①也正是针对儿童读物,鲁迅"要上下四方寻求,得到一种最黑,最黑,最黑的咒文,先来诅咒一切反对白话,妨害白话者"。②他一改初时"吾乡书肆几于绝无古书,中国文章其将陨落"的殷忧,③大声疾呼:"要我们保存国粹,也须国粹能保存我们。"④"我们目下的当务之急,是:一要生存,二要温饱,三要发展。苟有阻碍这前途者,无论是古是今,是人是鬼,是《三坟》《五典》,百宋千元,天球河图,金人玉佛,祖传丸散,秘制膏丹,全都踏倒他。保古家大概总读过古书,'林回弃千金之璧,负赤子而趋',该不能说是禽兽行为罢。那么,弃赤子而抱千金之璧的是什么?"⑤我认同新文化派的初衷,但也相信,由实现了"生存""温饱"和"发展"的中国人"保存国粹",未尝不是鲁迅所言的逻辑终点。"赤子"已经长大,也许他还有一线机会找回被"弃"的"千金之璧"?迟今不为,必不可为。

救救文言!

二、专业化传承

在20世纪上半叶,传统绘画、雕塑、戏剧、国乐、曲艺等,都参照西洋文艺,通过改良,一定程度上免于被迅速淘汰。先是50年

---

① 《钱玄同文集》第二卷《写在半农给启明的信的后面》(原载1925年3月30日《语丝》第20期),第129页。

② 《鲁迅全集》编年版第4卷《二十四孝图》(原载1926年5月25日《莽原》半月刊第1卷第10期,后收入《朝花夕拾》),第35页。

③ 《鲁迅全集》编年版第1卷《致许寿裳》(写于1911年1月2日),第176页。

④ 《热风·随感录·三十五》(原载1918年11月15日《新青年》第5卷第5号),《鲁迅全集》1938年版,第二卷,第25页。

⑤ 《华盖集·忽然想到·六》(原载《京报副刊》1925年4月22日),《鲁迅全集》1938年版,第三卷,第51页。引文见《庄子·山木》篇。

代以后，"古为今用，洋为中用"，"取其精华，去其糟粕"，[①]再是80年代以后，"文化热""国学热"直至今天的"国潮风"，传统文艺几经蜕变，挣扎图存——成功的重要标志是争得在高等教育体系内的一席之地。绵延百年的社会革命与转型，塑造了新的文化等级秩序，而旧的等级关系大都不能维系，毋宁说由纵向变成了横向的并行关系，数字化技术更加剧了这一点。

比如书法、文人画、古琴等，从原来的上等下降为平等，工艺美术、戏曲、曲艺等，从原来的下等提升为平等。本书初稿完成不久，我在网上看到了题为《首批曲艺本科生将于9月进入中戏校门》的新闻："连续4年向全国政协提交有关曲艺高等教育学科建设方面的提案，文艺界政协委员联名呼吁；历经8年编撰首批12本全国高等院校曲艺本科系列教材，数位编委已驾鹤西去；2021年申报，2022年2月获批，曲艺正式列入《普通高等学校本科专业目录》。今年9月，首批十余名曲艺本科生将进入中央戏剧学院的大门，几代曲艺人的共同心愿达成，中国曲艺艺术教育和文化传承也迈入全新的发展时代。7月14日上午，中央戏剧学院与中国曲艺家协会战略合作签约仪式在北京举行。"[②]两个月后，又看到《书法

---

① 前者出自毛泽东1964年《关于〈对中央音乐学院的意见〉的批语》，《建国以来毛泽东文稿》第十一册，北京：中央文献出版社，1996年，第172页。后者源于1940年的《新民主主义论》："但是一切外国的东西，如同我们对于食物一样，必须……把它分解为精华和糟粕两部分，然后排泄其糟粕，吸收其精华，才能对我们的身体有益，决不能生吞活剥地毫无批判地吸收。""清理古代文化的发展过程，剔除其封建性的糟粕，吸收其民主性的精华，是发展民族新文化提高民族自信心的必要条件。"《毛泽东选集》第二卷，北京：人民出版社，1992年，第707—708页。

② 《新华每日电讯》2022年7月16日。下文又说："中国曲艺源远流长，从文字出现前的民间口头文学，到老百姓喜闻乐见的相声小品，曲艺艺术（转下页）

正式成为一级学科,可设博士学位,这一变化意味着什么?》的报导:"从2021年12月10日征求意见到正式定位一级学科,不到一年时间。书法成为一级学科、特设博士专业学位类别的合理性、必要性以及学科未来发展和学生就业形势的讨论不断涌现。""2022年9月13日,国务院学位委员会、教育部印发《研究生教育学科专业目录(2022年)》(下称《目录》)、《研究生教育学科专业目录管理办法》新版目录,将'美术与书法'正式列为一级学科,自2023年下半年启动招生的研究生培养按新版学科专业执行。"①

　　按说书法在传统中国的文化地位最与文言接近。古人或有习书法而不擅文言者,但必无擅文言而不习书法者,特别在科举时代,楷书不过关的人根本没资格入考场。那书法究竟凭什么能较早成为艺术院校的专业,并最终成为"一级学科"呢?要知道,现代大学等于西式大学,不论院系组建、专业设置,均有明确的西方对应物。书法、文言都不然。但一方面,汉字一天不废除,书法就一天会存在,连新文化派也一边声讨汉字,一边仍大写其毛笔字;另一方面,自文人画兴起,"书画同源"几成定论,书法的形式美使之可以跟美术攀亲道故。相较之下,文言就倒霉多了。在寻摸西方文学的中国"镜像"时,新文化派选择将怎么也对应不上的文言打倒,强行构建白话文学史,把白话文推向前台,树立为西方文学

（接上页）已有上千年的历史,品种总计超过500个,是我国优秀传统文化的重要组成部分。然而,曲艺的艺术教育和文化传承主要停留在师傅带徒弟、口传心授的单一模式,未能进入高等教育序列,成为制约曲艺事业持续健康发展的一大瓶颈。2021年,中央戏剧学院向教育部申报设立曲艺专业,并于2022年2月获批,成为首个率先开设全日制曲艺本科专业并启动招生工作的艺术类高校。"

① 《搜狐教育快讯》2022年9月26日。

的中国担当。经此取舍，文言从现代文化的国度里被彻底放逐出去。

表面上，这一百年来，虽几经震荡，传统还是有所传承，古文还在我们的课内及课外读物里，被各级教育所容纳，在高考的语文卷子里占几分，古文和白话达成了适度的平衡，但古文趋于灭亡的命运并没有真正改变。在这当中，我们做了一些手脚：今人构建的古代文学史并不取胡适《白话文学史》那样偏激的观点，说什么古文汉代已亡，而是看起来面面俱到，不偏不倚，但奥妙就在于，当大家真正动笔来写的时候，只写白话文，其他诗词歌赋、古文都不写了。用什么文体来写作，也就是用什么方式来思考，不仅文学写作，还有应用写作、学术写作，都用白话取代了文言。这与当年那些声嘶力竭的反对可谓异曲同工，甚至更巧妙、更圆滑、更隐蔽，杀人于无形。从达到的效果看，古文生不如死，和把它批倒、批臭、从文学史中铲除是一样的。——这种自欺欺人的把戏不能再演下去了。

对文言来讲，最积极的抢救是传承，最积极的传承是专业化。在这之前，我们要充分意识到，在"西方化"过程中可能失去的，只能借助"去西方化"而保存。"西方化"导致了非西方文化的"他者化"，拿中国为例，以西方人——在有些地方就是殖民者或代理人——的眼光重新审视传统文化，以他们的思维重新理解传统文化，好其所好，恶其所恶，以至于不唯西方是从，已成了现代中国人学术思想的盲点。

20世纪70年代末，钱锺书访美归来，介绍说："老辈的美国'汉学'家多数能阅读文言，但是不擅口语。后起五十岁以下的'汉学'家，多数能讲相当好的'官话'或'普通话'，而对文言文感到困难。所以，当前研究中国古典文学的学者也偏重在古典文学里的白话作品,例如宋、元以来的小说和戏剧。"①话讲得太客气。唐德刚(1920—2009)则愤愤然披露:"越是不通的人,越是胆子大。哥大就有一位教授,中文说不到一两句;白话文一段也看不懂。浅近的文言连最浅的'光临便饭'一类的小条子也看不懂,更不谈下笔写作了。但是他所教授的却是唐宋八大家的'高级古文',岂非咄咄怪事!"②西方汉学家大多无改黑格尔式的傲慢与颟顸,依托西方构建的国际学术等级体系,从未就古代汉语下过像中国学者那样的硬功夫,由他们对中国传统研究发踪指示,古文如不浅显、不翻成白话——并进一步翻成外语,便没什么意义。国人文言文学习滑坡,这是直接的外部"示范"。

　　同样是在学术西方化过程中,传承由"体"变成了"用",相应地,创新由"用"变成了"体"。陈平原提出:"晚清以降,文学教育的重心,逐渐由技能训练的'辞章之学',转为知识积累的'文学史',这并不取决于教授们的审美趣味,而是由整个中国现代化进程决定的。'文学史'作为一种知识体系,在表达民族意识、凝聚民族精神,以及吸取异文化、融入'世界文学'进程方面,曾发挥巨大作用。至于本国文学精华的表彰以及文学技法的承传,反而不是其最重要的功能。"③正向评价何妨反向解读? 时至今日,让一个学

---

① 《钱锺书集·人生边上的边上·美国学者对于中国文学的研究简况》(原载《访美观感》,北京:中国社会科学出版社,1979年),第117页。

② 《胡适文集》第一册《胡适口述自传》第十一章注〔3〕,第366页;第十二章注〔1〕又及之,称其为"招摇国际间的文化骗子",第390页。案唐注署期"1979年7月4日",第394页。

③ 陈平原《当代中国人文观察(增订本)·学术随感录(续)》十四《"中国作家北大行"开场白》,北京:北京大学出版社,2010年,第284页。案此即书中《重建"文学史"》的概括。

习古典文学或古代史的学生参加项目、做课题，顺便接触古代文献，想象他完成研究，也就在文献方面过关了，这是以创新之"体"带动传承之"用"，一厢情愿。先踏踏实实地把基本的东西记下来，了解了，学会了，才谈得到创新。传承本身即有独立价值，"传承＞研究＞创新"，创新并不是文化传承的必要条件，反过来才是。不应由"创新"带动"传承"，而应由"传承"带动"创新"。

一个亟待破除的误解是，以为我们天生就是中国人，不管怎样，中国文化是从胎里带来的，是遗传的。其实根本不然，文化乃后天习得，非先天遗传。就像出生在美国，或自幼在美国成长的华人，头脑里没有一点跟中国有关的东西，如果有，那恰恰也是后天习得的。他在西方从小受教育，就被教育成了一个西方人。与之相似，西化百年后的"文化转基因"的中国人，对传统文化和外来文化的学习，起点几乎都一样。以为传承是现成的，这不过是我们今天大学教育、学术训练的伪前提。

就人文学科而言，研究终将饱和，创新终将穷尽，只有薪火传承是无止境的，我们必须正视这一点。比起"为了研究而研究"和"为了创新而创新"，"为了传承而传承"更有意义。当代中国传统文化复兴存在两个明显的偏差：一是空洞的泛传统主义，大而无当；一是实际的工科化建设、管理模式——传统学术的工科化，弊大于利。真正核心的东西却在一天天失坠、解体，无人过问。继承与发展的矛盾，洵为现代化进程所不免，在后发国家尤其如此，但我们尚未彻底丧失主体性与能动性。学会读、写古文，确保与古人神交、对话，应在国家文化战略的高度上予以规划、落实。当代教育体制已生成对文化传承十分不利的形态，这个大势个人扭转不了。开办课余古文社很有意义，我本人也愿意做出体制外的努力，但要想真正解决问题，必须把这种努力纳入体制。我们再不能满足于张中行所嗫嚅的："可行的办法不能不在相反的方向之间，是不要强制学（这行不通），也不要强制不学（这不合算）。"①在多数人都是"精致的利己主义者"的时代，必须运用功利的杠杆，人为地造成"环境压力"，促使人们自愿传承古典文化。

关于古文教育，我们可以从前人的实践及讨论中汲取经验。

严复自称："寒家子女少时皆在家塾，先治中文，经传古文，亦无不读，非不知辞奥义深，非小学生所能了解，然如祖父容颜，总须令其见过，至其人之性情、学识，自然须俟年长，乃能相喻。四子五经亦然，以皆上流人不可不读之书，此时不妨先教讽诵，能解则解，不能解置之，俟年长学问深时，再行理会，有何不可？且幼年讽诵，亦是研练记性；研练记性，亦教育中最要事也。（若少时不肯盲读一过，则终身与之枘凿，徐而理之，殆无其事。）至于从事西文、西学，极早须十五六方始，此后中文则听子弟随地自修可耳。惟如是办法，子弟须天分稍佳，教师亦须稍勤，方能收效，否则于旧学终嫌浅薄，其须改良与否，正不敢言也。"②"在家塾"里完成早期"中文"教育，这种条件今天已完全不具备。

新文化派一方面打倒文言，另一方面，也考虑在教育体系内为文言提供一块"保留地"。胡适在1918年先后提出："现在所谓

---

① 《文言和白话》，第55页。
② 《严复全集》卷八《信札·与熊育锡·八十一》（1919年7月10日），第370页，"十五六"指虚岁。参《林纾集》第一册《畏庐尺牍辑佚·与李宗言书·七》："弟在此经年，恨无补益于似、续两甥。辄讲《史记》至三卷之多，讲《汉书》亦三卷矣。古文、时文、古诗称是。日作读史札记一则，月作时文两篇、古文三篇，凡记、传、表、疏、论、序、杂文，一一令其涉猎，各示门径。"第468页，当作于1899年。

'国文'定为'古文',须在高等小学第三年以上始开始教授。'古文'的位置,与'第一种外国语'同等。教授'古文',也用国语讲解。"高等小学相当于初中。"大学中,'古文的文学'成为专科,与欧、美大学的'拉丁文学'、'希腊文学'占同等的地位。"[①]这不仅等"古文"于"外国语",还是死亡了的"外国语",诚不足取,而一旦将文言确认为中文"亚语种",未尝不能借鉴此一思路。次年蔡元培针对师范学校建议:"师范学校的学生是小学校教习的预备,小学校当然用白话文。照这么看起来,高等师范学校的国文,应该把白话文作为主要。至于文言的美术文,应作为随意科,就不必人人都学了。"[②] 1920年,胡适进一步提出中学古文教授方案:"斟酌现在情形,暂定一个中学国文的理想标准:(1)人人能用国语(白话)自由发表思想,——作文,演说,谈话,——都能明白通畅,没有文法上的错误。(2)人人能看平易的古文书籍,如《二十四史》《资治通鉴》之类。(3)人人能作文法通顺的古文。(4)人人有懂得一点古文文学的机会。这些要求不算苛求吗?"[③] 1922年,他对原标准加以修改,并反思道:"以我数年来的观察,可以说:中学生作古文的,都没有什么成绩。有许许多多中等学校毕业生都不能用古文发表他自己的思想。""国语文通顺之后,方可添授古文,使学生渐渐能看古书,能用古。学生先学习国语文到了明白通顺

---

① 《胡适文存》卷一《论文学改革的进行程序》答盛兆熊(爱初)书(原载1918年5月15日《新青年》第4卷第5号),第58页;《答黄觉僧君〈折衷的文学革新论〉》(原载1918年9月15日《新青年》第5卷第3号),第85页。

② 《蔡元培讲演集·国文之将来》(原载《北京大学日刊》1919年11月19日),第139页。

③ 《胡适文集》第二册《胡适文存》卷一《中学国文的教授》(原载1920年9月1日《新青年》第8卷第1号),第140页。

的程度,然后再去学习古文,所谓'事半功倍',自然是容易的多。学外国文也是如此,先学好了一种欧洲语言,然后再去学第二种,必定容易的多。"改把"国语文"和"古文"比作"一种欧洲语言"和"第二种"的关系。"作古体文但看作实习文法的工具,不看作中学国文的目的。因为在短时期内,难望学生能作长篇的古文;即使能作,也没有什么用处。"① 今人也认为中学生不当任古文传承之责:"文言文要写到《三国演义》那个分儿上,意思不大,写到《左传》《史记》《孟子》和唐宋八大家那样的精粹,不是一件容易事,是要花力气的。在知识爆炸的今天,让孩子们花那么多的力气去学习写文言,难道与时代精神是符合的吗?"②

如果说掌握一门外语的标志是能用外语写作,那么,掌握古文的标志当然是能用古文写作。这样一来,在大学里教授写作,就成了文言文固守的最后的、唯一的"防线"。章士钊曾在北京农业大学"设立'古文外科'",③ 昙花一现,未悉详情。张中行在80年代说:"已经有不少人设想,应该培养少数专业(比如称古典专业)人

---

① 《胡适文集》第三册《胡适文存二集》卷四《再论中学的国文教学》(原载《晨报副镌》1922年8月27日至28日),第537—538页。

② 王宁《我们为什么要学习文言文——继承传统不是复古》,《人民政协报》2001年9月4日,转引自陈平原《当代中国人文观察(增订本)·当代中国的文言与白话》,第99页。

③ 《钱玄同文集》第三卷《鞋子话》(原载1925年11月22日《国语周刊》第24期)所附杜聿成《官场文字与国语文》,第308页。据白吉庵《政客里的文人,文人里的侠客——章士钊的传奇人生》,章于1922年秋自欧回国,在湖南多次演讲,一是强调农业立国,一是攻击新文化运动,之所以肆其攻击,是因为"今年气候变化了",南京东南大学有了"学衡派","专门以新文化运动为敌,北洋政府也下令恢复文言文等等"。北京:团结出版社,2015年,第155页,末语不知何所据而云然。章氏1922年底就任北京农业大学校长,仅挂名,大学且年余停办。

员，由他们负责，用翻译、介绍的办法，把应该继承、享用的传递给不会文言的大众。这可以慰情聊胜无，但困难不少。"① 尚未意识到写作对"继承、享用"的重要性。日、韩学者将本国的汉文典籍译成现代日文、韩文，中国人也将古代汉语译成现代汉语，才能进行历史研究吗？挽近有林纾研究者慨言：

> 当代中国的学人、作家最为匮乏的，正是传统文化、传统文学方面的深厚功底，这实际上已是多数人的共识。惟其如此，最近几年我们的许多大学才"不得已"地创办文科基地，才"不得已"地创办国学院，试图对现代教育制度造成的这一缺陷有所弥补。效果如何，不敢妄断，但其用心与当年林纾的用心一样，都是值得肯定的。②

实则大可断言，由于不敢触碰古文写作的禁地，"效果"极不理想。不将古文写作纳入基础训练，哪来"传统文化、传统文学方面的深厚功底"？

有鉴于此，当务之急是在高等院校及研究机构加强学生文言读、写培训的力度。这可在现有的中文系、文学所等内部整合师资，更可对应于外国语学院，另设古汉语学院，吸收中文系的文字学（包括音韵、训诂）、文献学、古代文论等专业，增加文言写作专业，并鼓励古诗、词写作，以古籍整理（校勘、笺注、普及等）为本，兼重考据、辞章。在白话写作之余，教师须具备一般文言应用写作

---

① 《文言和白话》，第352页，另详第212—213页。
② 《顽固非尽守旧也：晚年林纾的困惑与坚守》第四章《晚年林纾的文学焦虑》，第183页。

能力,文言写作专业须具备文言文艺写作能力,学生也只有具备了相应能力,才是合格的毕业生。我们要明确文言的"亚语种"属性,把传统的古文培训转化为现代教育条件下的古文学习和书写。

当然,学古文,一如学外语,并非所有人都能精通。古人正是利用这一点,确保了传统"文化—政治"等级秩序。换言之,古文教育属于精英教育的一种。陈礼江(1893—1984)即坦承:"据我看来现在普通智力的学生在好教授方法之下读过四五年书之后,能够阅读浅近的读物,了解人家的意思和写简短的论文,发表自己的意见是一件很平常的事。这在科举读经时代是不易办得到的。普通一个童生读五六年书之后,至多不过读完四书五经,意义既不了解,文字又不能应用。一定要说他们比现在受过五六年教育的学生国文好些也未必是事实。经是用古文写的,陈义既高深,文字又艰难,不是我们于短时间内可以学得会的。在科举读经时代,(写文字)不通的童生多得很,即皓首穷经的老先生们写不到一件通顺的应用的文字也是常事。"①所以,在教育大众化、普及化的今天,我们参照外语程度,要求一般的中学生、大学生初步掌握文言阅读技能,古汉语学院学生熟练掌握文言写作技能,就合情合理了。如果说,社会上少数人精通外语,多数人不然,很正常的话,那么,少数人精通文言,多数人不然,也很正常。所谓精通,必然是既会听、说,也会读、写。精通外语的人,帮助国人沟通中外,精通文言的人,帮助国人沟通今古,有什么不好?

提高文言水平,要从"教""学"两方面着手。

---

① 《读经有什么用:现代七十二位名家论学生读经之是与非·陈礼江先生的意见》,第219—220页。

老辈的教育方法简单、粗暴,带有强制性,不讲什么"教育民主",达不到要求,往往施以体罚。[①]其意若谓,小孩子不懂事,跟他讲道理也白费,先苦后甜,趁年纪小,在能承受的限度内,把一些基本功下完,日后自有受用。至于教作文,鲁迅的回忆生动而有代表性:

> 从前教我们作文的先生,并不传授什么《马氏文通》《文章作法》之流,一天到晚,只是读、做,读、做;做得不好,又读,又做。他却决不说坏处在那里,作文要怎样。一条暗胡同,一任你自己去摸索,走得通与否,大家听天由命。但偶然之间,也会不知怎么一来——真是"偶然之间"而且"不知怎么一来"——卷子上的文章,居然被涂改的少下去,留下的,而且有密圈的处所多起来了。于是学生满心欢喜,就照这样——真是自己也莫名其妙,不过"照这样"——做下去,年深月久之后,先生就不再删改你的文章了,只在篇末批些"有书有笔,不蔓不枝"之类,到这时候,即可以算作"通"。[②]

[①] 如李宝嘉《官场现形记》第一回中王乡绅自称:"也不知捱了多少打,罚了多少跪,到如今才挣得这两榜进士。"北京:中华书局,2013年,第6页。钱基博由族兄启蒙,"严厉得很","挨了不知多少顿痛打","一点不抱怨,却别有领会。他告诉(钱)锺书:'不知怎么的,有一天忽然给打得豁然开通了。'"杨绛《记钱锺书与〈围城〉》,《围城·附录》,第348页。朱杰勤(1913—1990)也谈到"业师罗隰甫先生""对学生极为严峻,每天要他们背诵指定的书,背诵有误,便手执藤鞭迎头打去"。《中国现代社会科学家传略》第一辑《朱杰勤自传》,第73页。

[②] 《做古文和做好人的秘诀》(原载《二心集》,上海:合众书局,1932年10月),《鲁迅全集》1938年版,第四卷,第257页。另参《南腔北调集·作文秘诀》(1933年),第五卷,第209—212页。

"决不说坏处在那里,作文要怎样",不确,因为"涂改""密圈"就是指示。大体上,从"《马氏文通》《文章作法》之流"入手,属演绎学习法,"只是读、做",则属归纳学习法——"不知怎么一来"实即由量变到质变,不论学古文或学外语,归纳都比演绎有效。[①]不过,比起这种传统教法,林纾提供了与时俱进的经验:

> 纾为教员二十有二年矣,自小学至于高等,及分科大学,皆效力焉。或五年,或九年,统计生徒可一千七百余人。文学分科中颇有成就之人,惟小学最难启悟。童子摊书,仰视教员讲解,虽竭尽精力与语,彼视教员若老优之粉墨登场,以为观剧也。迫叩以书中之义,则茫然一无所解。故纾之课徒,列为三等:以极笨拙者为第一等,列前;中材为第二等;聪颖为第三等。日聱笨拙者,一一为之讲解,至十余问,咸不之厌。聪颖之士恒引以为怪。纾曰:凡文宗主试,凭文取士,则佳者应选矣。无如余职则教习也,教员之任不能黜笨拙之学生而不教,专教其聪明者。果尔,则笨拙之父母托其子弟于我,将何望邪?须知吾曲曲指示此笨拙之人,中材者入耳既熟,亦足领悟,聪颖者尤能由甲悟乙,是教一人而三种

---

① 蔡元培《石头记索隐·附编·〈国文学讲义〉叙言》所说:"仅取古人所作之文,阅读而模仿之,以为学者惟一之方法,斯亦可谓甚难而实非矣。所幸吾人脑力本具归纳之作用,又加以数千年来祖先百余世经验,文词之遗传性,遂能由至迁之方法,而屈曲以达其目的。其于得失工拙之故,虽若得心应手,口不能言,有若轮扁所云者,然而闭门造车,出门合辙,既有公同之月旦,则必有公同之义法可知。"丹徒马氏《文通》一书,义证该洽,尤鑿然有当于人心。"第69—70页,却是想以演绎取代归纳。今天,采用归纳式"深度学习"法的新版人工智能(以"阿尔法狗"为代表),超越了采用演绎法的旧版(以"深蓝"为代表),证明归纳法的确优于演绎法。

人均获益矣。①

　　纾以不学之身，充中学堂教习九年，前后授生徒可数百，颇有成就者，然皆无暇博览故籍，则课程为之域也。古人治经史之学，穷老尽气，始有所获。今中学制度，则经也，史也，舆地也，性理也，洋文也，算学也，几何代数簿记也，博物也，理化也，西史舆地也，间一小时，钟动即易一课，虽有通敏之才，亦仅括其大略，即欲求精，不复可得。纾当教授国文时，每就《通鉴》命题，而作者寻条失枝，往往如隙中观日，所见之日光，盈尺之外无睹矣。讲义录要，务取省约。于是史事之本末、利害、得失，均不之省，据题中数字，衍为空言，篇幅不充，则杂论时事，泽以新名辞，千篇如出一手。祖国文字亦几于熸矣。不得已采选船山史论，取其博辩者，逐课讲解，间有疑义，则随时发明，或出口授，或笔篇末，久之，笔者成帙。②

对在新的教育环境下教小学、中学古文，已感力不从心。他另向臧荫松提出办辅导班的构想："舍间每星期必有学生数人听讲，鄙意不如稍为充拓，即福建会馆中开一讲演会，每星期中午一句钟，集生徒讲周秦汉魏唐宋古文并宋明学案，月作文评改一两篇，少收学费以备夏日茶水、冬日煤炭之用。拟借（马）通伯、（姚）叔节、（徐）又铮及吾兄四位之名登报。至于每月讲义，亦托印刷所排印，每文

---

① 《林纾集》第五册《浅深递进国文读本》，第667页，署期"丙辰（民国五年，1916）二月"，是所谓"二十有二年"为1895年（光绪二十一年）以来，包括清朝科举时代、废除科举时代及民国时代。

② 《林纾集》第四册《评选船山史论·缘起》，署期"宣统元年（1909）三月二十二日"，第353页。

细加评骘，久之亦可积而成书。"[①]接近于今天的古文班，学生的学历大概不做严格限定。

朱自清结合教材给出建议："文言的教材，目的不外两个：一是给学生做写作的榜样或范本，二是使学生了解本国固有文化。这后一种也可以叫做古典的训练。我主张现在中等学校里已经无须教学生练习文言的写作，但古典的训练却是必要的。不过在现行课程标准未变更以前，中学生还得练习文言的写作，要练习文言的写作，一面得按浦江清先生的提议，初中时代从单句起手；一面文言教材也当着重在榜样或范本上，将古典的训练放在其次，不该像现在的这样五花八门的，不该像现在这样只顾课程标准的表面，将那些深的僻的文字都选进去。浦先生还主张将白话文和文言文分为两个课程，各有教本，各有教师。这个我也赞成。我赞成，为的这样办可以教人容易明白文言是另一种语言，而且是快死的语言。""浦先生主张将《古文观止》作为高中的文言教本，是很有道理的。清末民初的家庭里训练子弟写作文言，就还用《古文观止》或同性质的古文选本作教本。这些子弟同时也读《四书》《五经》，那却纯然是古典的训练。他们读了《古文观止》，多数可以写通文言，拿来应用。一方面固然因为他们花的工夫多，教本的关系似乎也很大。"[②]

今天的中、小学语文课已不可能恢复文言写作，但适当增加文言的讲解和背诵，是可行的、必要的——这也意味着，中、小学语文

① 《林纾集》第一册《畏庐尺牍辑佚·与臧荫松书·一》，第541页，注②："据艾俊川先生考证，此函作于1917年4月。"
② 《文艺常谈·论教本与写作》，第40—41、41页。

教师的文言阅读素养还有待提升。前人的中学文言教学法只好移用到大学阶段，特别是文言写作专业课程必须完成基本的写作训练。而四年或更长时间（比如读研）的课业压力是一方面，毕生用功更无止境。一个有志写古文的人，从年轻时候起，怎么也得背诵或至少熟读几十篇（段）古文——在完全理解的前提下，以及不断"反刍"，最好是不同体裁和题材的，在知识方面虽不够，但技法、语感都能打下不错的根基，特别是语感，要学会用文言来思维，这样落笔写古文时，才没有任何"违和"。另外，就是坚持阅读古文，确保阅读量，以此强化对古文的理解和感受。可以一段时间不写古文，不能一段时间不看古文。把学外语的精力和方法拿来学古文，像学外语那样学古文，古文没个学不成的。

三、新文言

维护生物多样性，毕竟是以人类为中心的；维护文化多样性，毕竟是以现代文化为中心的。凡有悖于今人价值观的传统，只能使之化石化与标本化。而传统的活化，将现代性强加给传统是假的，在诉诸古、今共通性的基础上与古为新才是真的。

我们必须承认古、今差异，若没有差异，就无所谓古、今，现代化也就无的放矢了。然而，异中有同，变中有恒，传承传统文化，关键是找到古、今"最大公约数"。通过阅读古文跟古人打成一片，想古人所想，回应他们的思考，解答他们的疑问，就是这样的努力。我们不只是读者，古文也不只是阅读对象，我们就是这个精神世界的有机部分，古人虽已作古，仍可彼此交往。林纾为姚良材作传，特别强调他"不为俗学觊时赏，尝言：'吾生去古人远，古人精气实寓之文字间，亘千百世未尝漫灭，吾于文字中接古人，则汉、唐、宋、明之魁儒均吾师矣.'故每遇无聊不平,辄键户,取所手录者,抗声击节,恣读无已,声震毗舍,过者怪诧。然公好之,数十年无改常度"。①而这条阅读、思考、交流之路的终端就是写作:总会到达那样一个临界点,觉得要把自己的想法写出来,以具体的书面化文本参与讨论。对此林纾有侧重"义法"的深切感悟:

> 古文一道,非所以炫俗而高世者也。在嗜古者,审其言之近道,用以自淑其身,勿务苦虑,勿觊速成。知古人之从容游衍,发言能皆中于理,非沉浸于经、鉴别乎子,则无以自立其干。然后泛滥载籍,析微去垢。凡己意所不能定者,则归证之《左》、《史》、欧、韩,然后渐渐知其义法矣。然非悉心寻究,亦无以遽洞其微。道在读时神与古会,作时心与古离。神会则古人之变化离合,一一解其用心之所在。至于行文,必自撼己意,不依倚其门户,虽不能力追乎古人,然即古人之言中乎道者,因而推阐之,则翘然出新意矣。且古人行文之所必至者,由之既熟,亦可自辟其途轨,不必跬步追逐。②

古文的写法,从基本字法、词法到句法,必须和古人严格一致,非此不得为古文,在这之上的"义法"乃不妨神而明之。抢救古文确有重新连接旧母体、从中汲取营养的意义。

不过,当林氏扬言"古文之不能为普通文字,宜尊之为夏鼎、

---

① 《林纾集》第一册《畏庐续集·清中宪大夫揭阳姚公墓志铭》,第136页。
② 《林纾集》第一册《畏庐三集·答徐敏书》,第221页,他总结说:"仆四十五以内,匪书不观,已而八年读《汉书》、八年读《史记》,近年则专读《左氏传》及《庄子》,读《庄》非醉其道,取其能变化也。至于韩、柳、欧三氏之文,楮叶汗渍近四十年矣。此外,则《诗》《礼》二经及程、朱二氏之书,笃嗜如饫粱肉,他书一无所嗜。"第221—222页。

商彝方称耳"时，^①便画地为牢，且与其自身的实践相左了。他以文言翻译外国小说，不大大开拓了文言的适用范围吗？胡晓明评价饶宗颐《固庵文录》"厚积薄发，文备众体"，"大学里治文史的高年级生、研究生、博士生，如果能从这里学到一些做学术札记的经验，能从这里去体味传统中学人的性情风姿，能从这里揣摩今人写文言文的语言艺术，毕竟比从古人那里，或从太白话的学术随笔那里，更要来得亲切有味一些"。^②流露出对新文言的期许。钱锺书则以文言抒写当代生活、思想，毫无窒碍，允称典范。如《谈艺录》自序前半：

> 《谈艺录》一卷，虽赏析之作，而实忧患之书也。始属稿湘西，甫就其半。养疴返沪，行箧以随。人事丛脞，未遑附益。既而海水群飞，淞滨鱼烂。予侍亲率眷，兵罅偷生。如危幕之燕巢，同枯槐之蚁聚。忧天将压，避地无之，虽欲出门西向笑而不敢也。销愁舒愤，述往思来。托无能之词，遣有涯之日。以匡鼎之说诗解颐，为赵岐之乱思系志。掎摭利病，积累遂多。濡墨已干，杀青鲜计。苟六义之未亡，或六丁所勿取；麓藏阁置，以待贞元。时日曷丧，清河可俟。古人固传心不死，老我而扪舌犹存。方将继是，复有谈焉。^③

叙事抒情，贴切况味，^④运用典故，无不精当，行文骈、散交错，韵

---

① 《林纾集》第一册《畏庐文辑佚·论古文白话之相消长》，第377页。
② 《本书说明》，《固庵文录》。
③ 《谈艺录》，第1页。
④ 参《谈艺录》五六《籧石七律对联》："军兴而后，余往返浙、赣、湘、桂、滇、黔间，子尹（郑珍）所历之境，迄今未改。形赢乃供蚕饱，肠饥不避蝇（转下页）

调、节奏俱佳。《管锥编》论学,以中参外、与古为新的特色更突出,
如《老子王弼注》的结语:

> 《荀子·荣辱篇》曰:"陋也者,天下之公患也。"患之而求
> 尽免于陋,终不得也;能不自安于陋,斯亦可矣。苏辙之解
> 《老子》,旁通竺乾,严复之评《老子》,远征欧罗;虽于二西之
> 书,皆如卖花担头之看桃李,要欲登楼四望,出门一笑。后贤
> 论释,经眼无多,似于二子,尚难为役。聊举契同,以明流别,
> 匹似辨识草木鸟兽之群分而类聚尔。非为调停,亦异攀附。
> 何则? 玄虚、空无、神秘三者同出而异名、异植而同种;倾盖
> 如故,天涯比邻,初勿须强为撮合。即撮合乎,亦如宋玉所谓
> "因媒而嫁,不因媒而亲"也。①

眼光四射,雅善"撮合","因媒而嫁",偏能"因媒而亲",间杂骈
偶,比《文心雕龙》《史通》都灵动得多。

　　新文言要扩容,不能不利用新资料,表达新事物。钱锺书所论
最明达:

> 宙合间万汇百端,细大不捐,莫非文料,第视乎布置熔裁
> 之得当否耳,岂有专为行文而设(Qualiterary)之事物耶? 且

（接上页）余;恕肉无时,真如士蒍所赋,吐食乃已,殊愧子瞻之言。每至人血
我血,搀和一蚤之腹;彼病此病,交递一蝇之身。子尹诗句尚不能尽焉。"第
184页,以骈句写琐屑,无施不可,而"所历之境,迄今未改",古今通同,正是
重要的条件。

① 《管锥编》第二册《老子王弼注》一九《七八章·"正言若反"》,第465页。案
《管锥编》论十部经典,例于首则作解题,却唯此一处,末作总结,周振甫在目
录中仅拟"正言若反"一目,未知有意无意。

文学题材,随时随人而为损益;往往有公认为非文学之资料,无取以入文者,有才人出,具风炉日炭之手,化臭腐为神奇,向来所谓非文学之资料,经其着手成春之技,亦一变而为文学,文学题材之区域,因而扩张,此亦文学史中数见不鲜之事。①

　　文章之革故鼎新,道无它,曰以不文为文、以文为诗而已。向所谓不入文之事物,今则取为文料;向所谓不雅之字句,今则组织而斐然成章。谓为诗文境域之扩充,可也;谓为不入诗文名物之侵入,亦可也。②

他承认以文言写《管锥编》,是"借此测验旧文体有多少弹性可以容纳新思想"。③且"自负文言说理析事而能明畼雅令,故当迈出康、梁、严、章之类"。④其实,别的不谈,《管锥编》在文言中大量夹引白话——词、曲、小说等——乃至外文,就是文体的一大突破。周作人以为:"白话如同一条口袋,装入那〔哪〕种形体的东西,就变成那〔哪〕种样子。古文如同一个木匣,它是方圆三角形,仅能置放方圆三角形的东西。"⑤显然对文言的"弹性"——或灵活性——没有足够的认识,归根结底,是对熟练运用文言缺乏信心所致。

----

① 《钱锺书集·人生边上的边上·中国文学小史序论》,第38页。
② 《谈艺录》四《文体递变》,第29—30页。
③ 柯灵《促膝闲话中书君》,李明生等编《文化昆仑:钱锺书其人其文》,北京:人民文学出版社,1999年,第21页。
④ 《钱锺书与汪荣祖书》(1983年2月27日),转引自汪氏《槐聚心史:钱锺书的自我及其微世界》,第139页。
⑤ 《周作人散文全集》第五卷《死文学与活文学》(原载《大公报》1927年4月15日),第103—104页。参第六卷《文学革命运动》(1932年3月31日),即《中国新文学的源流(五)》,第101页。

具体到新语汇,大抵有土产、外来两方面。黄遵宪不云乎:"俗儒好尊古,日日故纸研,六经字所无,不敢入诗篇。古人弃糟粕,见之口流涎,沿习甘剿盗,妄造丛罪愆。……我手写我口,古岂能拘牵! 即今流俗语,我若登简编,五千年后人,惊为古斓斑。"[①]林纾则挑眼道:"民国新立,士皆剿窃新学,行文亦泽之以新名词。夫学不新而唯词之新,匪特不得新,且举其故者而尽亡之。""所苦英俊之士,为报馆文字所误,而时时复搀入东人之新名词。新名词何尝无出处? 如'请愿'二字出《汉书》,'顽固'二字出《南史》,'进步'二字出《陆象山文集》,其余有出处者尚多。惟刺目之字一见之字里行间,便觉不韵。"[②]"东人"即日本人,这还只涉及似是而非的日式汉语。张中行所论:"表示新时代的新内容,用文言就简直行不通,因为其中不能容纳波音747和可口可乐。"[③]就纯粹是外来译语了。根据我的经验,可将古诗文写作分为文艺性与应用性两种,以旧兼新,前者宜严,后者宜宽。诗、词、曲之类都属文艺性的,古、今歌咏的对象有足够大的交集,今天没有古时的红袖添香,古时没有

---

① 黄遵宪《人境庐诗草》卷一《杂感》之二,北京:朝华出版社,2018年,第54页。
② 《林纾集》第一册《畏庐文辑佚·论古文之不宜废》(原载《大公报》1917年2月1日),第349页;第五册《古文辞类纂选本·序》,第273页,商务印书馆1918年版。参《严复全集》卷八《信札·与四子严璿·二》(1918年10月2日):"中文教习所出之题自是时式,无怪吾儿诧为未见。须知时下报馆文章,什九皆此类也。儿不知题目中'研习'二字,在教员不过用为'诵读'二字之替代,以为较觉新鲜文明,合于维新之教育。乃不谓吾儿将此二字认真,以致既吃力,又不讨好,见谓肤词,全行勾抹。儿此后看题,当有觉悟,而另具一副手眼矣。总之,今日国中无论何等学校,皆非学习真正国文之地,要学习须在家塾。"第532页,仍归结到私人教育。李宝嘉《官场现形记》第五十四回写冯彝斋会试卷子用了"新名词""目的",其中"的"字为大总裁所恶,"就没有中得进士",是为清末的例子,第607页。
③ 《文言和白话》,第261页。

今天的电脑游戏,交集外的不写就完了。林氏话里的"不韵",点出了文艺性文言的保守性格——它有约定俗成的"语汇库",不能像白话那样来者不拒,而它像古诗那样找古、今交集,仍是足够的。当然,文比起诗,对生活的接触面要大得多,尤其是应用性文言,既要反映现代生活,怎能绝对避免现代语汇?应用性文言尽可开放些,努力包容人生世事的各方面。实际上,应用性文言往往不乏文艺性,两种文言之间有着超乎想象的互补性。不过,林纾所批驳"搀入东人之新名词"的"报馆文字",当指梁启超"新文体",从起源上论,毋宁说是一种"编译体",起到了改良古文的作用,[①]但却是白话化的津梁,即作为古文向白话的过渡形态而存在,醇正的文言不宜取法。

时移世易,继往开来,今人的思想、感情不必与古人尽同,而形式的古典无碍内容的创新。诗歌是这样,[②]文言也是这样。周作人

---

① 参胡缨《翻译的传说:中国新女性的形成(1898—1918)·导言》论"新文体",其中"外国词汇(主要是日本复合词)所发挥的作用,是拓展陈腐的中文表达所固有的狭窄边界。在这一语境下,翻译扮演着这样一种角色,即让中文受到日语的强烈影响,并经由日语而受到欧洲语言的作用。通过嫁接这些新鲜的,而且迥然相异的元素,古老的中国语言将获得新生"。龙瑜宬等译,南京:江苏人民出版社,2009年,第19页。

② 胡先骕批评胡适的白话诗,进而倡言:"人世日迁,社会之组织进步,日新月异,哲学、历史、政治、经济各种学问日有增益,甚至社会之罪恶与所待以解决之方,亦随人文进步而有不同。彼真正之诗人,皆能利用之以为其诗之材料,是虽体裁模仿古人而无少变,实质上亦与之有异。新思想之李白、杜甫,庸讵不见容于二十世纪耶?""美术为工具,思想文化为实质。……他日中国哲学、科学、政治、经济、社会、历史、艺术等学术逐渐发达,一方面新文化既已输入,一方面旧文化复加发扬,则实质日充。苟有一二大诗人出,以美好之工具修饰之,自不难为中国诗开一新纪元,宁须故步自封耶?然又不必以实质之不充,遂并历代几经改善之工具而弃去之、破坏之也。"《胡先骕诗文集·忏庵文稿·评〈尝试集〉》,第325、337页。惜乎"新思想之李白、杜甫"终竟"不见容于二十世纪"。

嫌（文艺性）古文病在模拟，继而说："既然如此，作不模拟的古文岂不就好了么？这自然是对的。但我不知道有没有这样的古文，倘若你能创造出一种新古文体来，那么也大可以做，不过至少我自己实在没有这样自信，还只是做做我的白话文罢。"[①]这是囿于白话派立场的彻底消极态度，难道白话文就没有窠臼吗？张中行说："现在用现代语交流情意，当然不要求用文言写。但不要求不等于禁止，如果兴之所至，也来一篇之乎者也，也来一首平平仄仄平，可以不可以？当然可以，但要符合两个条件：一是所写确是文言，不是之乎者也和的了吗啦同席；二是要看对象，比如写的是一封文言信，而收信人也是通文言的，那就也好，甚至很好。同理，如写日记，不准备给别人看，愿意用文言，自己当然有绝对自由。"[②]总算提出了建设性意见，尽管辞气卑弱，尚不足以为文言正名与赋能。在我看来，新文言以古典形式反映现代生活，表达现代意识与情感，具备沟通、交流的作用。一个重要基础，当然是不论古人、今人写的文字能够彼此看懂，也就是一种合乎规范的文言，这种规范本质上是不可改变的。古人看了今人的作品，能感受到里面的现代性，就像今人看了古人的作品，能感受到里面的古典性一样。这样的新文言不但成立，还将焕发出勃勃生机。

---

① 《周作人散文全集》第四卷《国语文学谈》（原载《京报副刊》1926年1月24日），第486页。
② 《文言和白话》，第218页。

卷下

汉译佛经文为亚语种

赞宁以"童寿译《法华》","有天然西域之语趣"。[1]梁启超曰:"吾辈读佛典,无论何人,初展卷必生一异感;觉其文体与他书迥然殊异。其最显著者:(一)普通文章中所用'之乎者也矣焉哉'等字,佛典殆一概不用(除支谦流之译本)。(二)既不用骈文家之绮词俪句,亦不采古文家之绳墨格调。(三)倒装句法极多。(四)提挈句法极多。(五)一句中或一段落中含解释语。(六)多覆牒前文语。(七)有联缀十余字乃至数十字而成之名词。——一名词中,含形容格的名词无数。(八)同格的语句,铺排叙列,动至数十。(九)一篇之中,散文诗歌交错。(十)其诗歌之译本为无韵的。凡此皆文章构造形式上,画然辟一新国土。质言之,则外来语调之色彩甚浓厚,若与吾辈本来之'文学眼'不相习;而寻玩稍进,自感一种调和之美。此种文体之确立,则(鸠摩)罗什与其门下诸彦实尸其功。"又谓译文为"当时一种革命的白话新文体","佛典所以能为我国文学界开一新天地,皆此之由"。[2]盖本佛教之义理,据梵本之文法,复依托中古之白话,成"上不着天,下不着地"、半文不白之居间文体,直谓之一"亚语种"可也。蔡元培所谓"翻译印度

---

① 赞宁《宋高僧传》卷三末论,北京:中华书局,2015年,第56页。
② 《中国佛教研究史·翻译文学与佛典》,第128—129、130页。

书的人，自创一种文体，近乎语言"是也。①梁氏论"佛典之翻译"，着眼在梵、汉两通，未抉胡僧高自位置、惨淡经营之苦心。彼传教之教徒也，有自圣而独尊、无宽容而合同者也。自西徂东，以寡当众，用方便法，显究竟义。不得已转梵为汉，总不肯降志逢迎。童寿所译，以较安世高、支楼迦谶、求那跋陀罗等辈，毋亦謇吃、流利之别耳。中唐以来，禅宗兴起，禅师语录类皆当时口语，西域语趣一变而为东土话痨矣。

既别为亚语种，汉译经文与汉语之间，又生一重"翻译"关系。今人以白话译注佛经甚夥，非此则大众不喻也。想古人亦尔，唯识字者少，当口耳相传为主。反之，转汉文为经文，便有"伪经"之目。乃文人狡狯，故弄虚玄，假佛身而说法，拟佛言以讽世，如金圣叹之《佛化孙陀罗难陀入道经》，②亟求拙重，难掩佻浮，气象固大不侔也。及钱锺书略仿竺法护译《生经》第十二篇《舅甥经》笔意，"转译"古希腊希罗多德《史记》英译本中古埃及"一桩趣闻"，开首即"如是我闻（they told me）"，非拟经而何？以竺译"词句生硬"，自运信简质通达，游戏之作，必欲指瑕，恰在四字句读，从头讫尾，一无出入。③盖佛经四字句读为常是则上引梁文未及者也，然五言、六言，时见穿插，尚有已断仍连、似连实断之处，堆垛不免而流动顾不乏也。

---

① 《蔡元培讲演集·中国文学的沿革》，第184页。

② 见金评《西厢记》卷七《哭宴》首，《金圣叹全集（修订版）》第二册，南京：凤凰出版社，2018年，第1067—1069页。另参金评《水浒传》第四十四回总批"佛灭度后，诸恶比丘于佛事中广行非法，破坏象教"云云，"小桌儿上焚一炉妙香"下批语"佛灭度后，末恶世中，有恶比丘，破坏佛法"云云，第四册，第812—814、821—822页。

③ 《七缀集·一节历史掌故、一个宗教寓言、一篇小说》，第154—155页。

淑士国语

　　"淑士国"见《镜花缘》第二十三回,其酒保之言曰:"三位先生光顾者,莫非饮酒乎?抑用菜乎?敢请明以教我。""请教先生:酒要一壶乎?两壶乎?菜要一碟乎?两碟乎?""小子不敢!小子改过!""此数肴也,以先生视之,固不堪入目矣;然以敝地论之,虽王公之尊,其所享者亦不过如斯数样耳。先生鄙之,无乃过乎?止此而已,岂有他哉?""是酒也,非一类也,而有三等之分焉:上等者,其味醲;次等者,其味淡;下等者,又其淡也。先生问之,得无喜其淡者乎?"老者之言曰:"吾兄既已饮矣,岂可言乎?你若言者,累及我也。我甚怕哉!故尔恳焉。兄耶,兄耶,切莫语之!"①似此等语,乃"之、乎、者、也、已、焉、哉"之大全,尚多"耳""耶",傥论虚字,不翅倍蓰,诚口语之酸腐,亦笔书之圭臬乎?初业古文者,最艰使虚字,正可就淑士国民讨教也。老者又曰:"先生听者:今以酒、醋论之,酒价贱之,醋价贵之。因何贱之?为甚贵之?其所分之,在其味之。酒味淡之,故而贱之,醋味厚之,所以贵之。人皆买之,谁不知之?他今错之,必无心之。先生得之,乐何如之!第既饮之,不该言之。不独言之,而谓误之。他若闻之,岂无语之?苟如语之,价必增。先生增之,乃自讨之,你自增之,谁来管之?但你饮之,即我饮之,饮既类之,增应同之。向你讨之,必我讨之,你既增之,我安免之?苟亦增之,岂非累之?既要累之,你替与之。

---

① 《镜花缘》第二十三回,页3a、3a、3a—b、4a、4a、3b。

你不与之，他安肯之？既不肯之，必寻我之。我纵辨之，他岂听之？他不听之，势必闹之。傥闹急之，我惟跑之。跑之，跑之，看你怎么了之！"①此则四字为断，文、白相乱，一"之"到底，实、虚交混，谓其不通，居然可解，所以为滑稽也。后文出场数人，谈吐便无异常，岂淑士国中犹有不被青雾酸风者耶？奇幻小说，最要意匠经营，自圆自洽，《镜花缘》不足语是也。今"跐文"以开玩笑者，无出此二式，相声、小品亦多借作"包袱"焉。

　　周作人尝引朝鲜传说，叙一赘婿"很喜欢掉文，乱用汉语，自觉得意"，一夕，虎衔丈人去，"女婿大声叫道：'南山白虎北山来，后壁破之，舅捕捉去之，故有铳者持铳来，有枪者持枪来，有弓矢者持弓矢来，无铳无枪无弓矢者持杖来！'村人听了都说：'那个家伙又在那里说不懂的话了，那个大傻子！'没有一个人出去。女婿大怒，往郡守那里告状，攻击村人之无情"。郡守斥不得用汉语，女婿"承认道：'实用汉语，愿容恕而已！'郡守道：'你还要用汉语么？'叫皂隶打他屁股。女婿急忙说：'今后决不用汉语！'"始获释。"［附记］"补论："女婿的汉语""是原本如此，不是译文。看这个掉文的女婿，令人想起《镜花缘》里白民国的酒保与老者来，虽各有佳处，似乎女婿稍近自然，异于老白民之以 grotesque 取胜"。②亟思助白话张目，浅乎言之，匪特"淑士"误作"白民"也。盖其小同者，赘婿，贱民，酒保，卑业，卑贱者"掉文"，僭越之风胡可长也？其大乖者，淑士操汉语如中土，朝鲜视汉语为外文，韩人讲汉

────────────

① 《镜花缘》第二十三回，页3b。
② 《周作人散文全集》第四卷《朝鲜传说·（三）掉文》（原载1925年5月25日《语丝》第28期），第177、177—178页。

语,绝似华人说洋文,外来语优土著语一等也;韩人习古文,本易五谷不熟,语病其常态,不必淑士国语之变态相谯也。

章 台

岐山左臣《女开科传》刺及晚明社事,有云:"更可怪的还有一起女流,一般也学订社,一般也讲声气,一般也趁花朝月夕吟诗弄柬,一般也同骚人墨客标榜应酬。尚忆当初有一半老佳人,姓章名台,字双青,日怀社弟名刺,随游诗草,遍谒知名之士。"[①]"章台"疑指柳如是。"章台"影"柳",亦妓馆也,"双青"盖暗示其人喜稼轩词"我见青山多妩媚,料青山见我应如是"而号"如是"。柳有诗集《湖上草》《戊寅草》,与士人通问,辄自称"弟"。《传》更讥之曰:"及看他的诗稿,只不过是东掇西撺凑集来的套头脂粉,又有那不出头的山人措大替他捉刀。犹之走名秀才,拼着两数银子,刻几篇倩人改削的窗稿、有年没月的考卷,将来圈圈点点,冒名某观风,某月课,某老师批评,某同盟僭笔。总是瞒天扯淡,好似南京城隍拜上北京土地,绝没一些对会影响。"[②]柳诗固不可尽谓"套头脂粉",然"替他捉刀""倩人改削",古时女子作品每不免焉。胡文辉《代笔艳谭》谓:"代笔文字多集中于风月场,似非偶然。晚清民初之际,妓女是很出风头的群体。一则系古代青楼传统的延伸,一则有西式传播手段的引入,妓女不仅是合法的存在,且声色招摇,

---

① 《女开科传》第一回,第3页。
② 《女开科传》第一回,第3页。

在社会文化上的影响犹胜往昔。艳帜之下，名至钱流，自然有文人为之鼓吹为之捉刀了。"[1]明、清之际妓女傥亦风气得先者欤？钱岱勖青雨代笔之说，信空穴来风也。

吴孝女传

《畏庐续集》有《吴孝女传》1928年曾载《学衡》第70期，标"林纾遗稿"[2]，甚可异，兹录全文，略笺议之：

> 孝女吴氏，名庆增，字弘任，江苏泰兴人。曾祖侍郎公存义，祖太守公宝俭，均以名德为世宗敬。父守训公以知县需次湖北，母朱宜人生一子三女。孝女，其长也，弟曰贻榘，妹曰贻芳，其次某。孝女裁十岁，已能董之以礼，率以就傅。十二岁，能为诗，发声悲凉，复时时杂以禅语，识者以为非祥。然孝女之笃嗜内典，初若有宿慧焉。越五年，杭州女学校立，孝女挈妹贻芳自吴而越，声誉隆起于校中，治古文，骎骎然欲造马、韩堂奥，以为未足，思通以泰西文法，遂迁转于上海之启明、苏州之景海诸学校，仍歉然，以为非就业于欧美者，吾学不终遂矣。顾守训公方居贫，资无所仰，遂辍。而孝女自至浙西后，值武昌首起，遂贻书杭州尚武会，请立民团、立赤十字会，事皆未果就。先是，守训公以不胜官逋私贷之窘，自

① 徐俊主编《掌故》第七集，北京：中华书局，2020年，第58—59页。
② 张旭等《林纾年谱长编·附录一·林纾身后刊登作品细目》，福州：福建教育出版社，2014年，第453页。

沉于汉水，大江湍急，不可得尸。孝女归而大痛，将踵曹娥所为，顾以防范严切，不得遂。母宜人出公遗书，以贻桀责宜人，宜人方被羸病，则痛哭移责其弟于孝女。孝女以外氏在杭州，遂具公衣冠葬于杭州，因家焉。寻贻桀留学京师清华学堂，既归而杭州方乱，孝女遂奉母及弟妹侨寓沪渎。贻桀痛父之死，居恒忽忽然若有所触，神宇昏悸，一日，忽自湛于吴淞，识者知贻桀追殉其父也。时朱宜人病方绵缀，孝女及贻芳背私泣，目尽肿。而宜人罹此凶惨，遂不起。宜人殡之三日，孝女竟投环卒，年二十有五。遗稿散失，贻芳展转从同学钞得，均短简，责躬之辞为多。孝女生时，曾于武昌应山祠从月霞师受内典，多神会，欲就海上倡佛教报章，又尝著《宗佛篇》，藏以待梓。以壬子（1912年）十月十六日从母、弟瘗于杭州之小麦岭。

　　林纾曰：呜呼！古文之系不绝者如线耳。孝女生时论文，以文气、文境、文词为三大要。三者之中，特重文境。境者，意境也。文章唯能立意，方能造境。凡学养深醇、陶研虑，置身若在空明世界之中，安有尘坲来犯？孝女诗境已入禅定，则胸次之宏廓高朗，迁而为文，宁有尘相？又言文宜索味于掩卷之时，则抵于古人之堂奥为尤深。龙门之文，辨味于神枢鬼藏之间；昌黎之文，辨味于吞言咽理之外。孝女寻味于二家，论文已造峰极。余不能得其遗稿而快读之，惜哉！①

案吴女事迹之特，初似无从稽验，幸妹氏贻芳系知名教育家，考其

---

① 《林纾集》第一册，第156—157页，标点有调整。

生平，^①关联及之，则知女实名贻芬，幼妹名贻荃。贻芬吞金抗议，始获与贻芳入杭州弘道女子学堂，其再入上海启明、苏州景海女子学堂，姨丈陈叔通之力居多。清廷移庚款为军费，清华学堂辍办，贻椠不得已南返，误遗父执所筹钱款，见斥贻芬而投江，病母遂一恸不起，故贻芬之死，亦自责所致焉。二十年后，贻荃情变失踪，不啻弃世，则一家六口，四人自尽，疑遗传抑郁症也。林撰此传，殊难措笔，闪烁腾挪，支离纠绕。谥女曰"孝"，毋亦掩其卞也。插叙女之"宗佛"，未免格格不入。最奇者，在嘉其诗文造诣，竟赞以作结，全不顾"孝女"题目。"文章唯能立意，方能造境"，乃《春觉斋论文·意境》之首句，"凡学养深醇、陶研虑"《林纾集》点作"凡学养深，醇陶研虑"，据《意境》下文"凡学养深醇之人，思虑必屏却一切胶轕渣滓"，^②"研虑"即"思虑"，"陶"当通"淘"尔。夫以妙龄少女，"诗境已入禅定"，"治古文，骎骎然欲造马、韩堂奥"，宁有是哉？况"遗稿散失"，欲详末由也。启明、景海并重英文授课此贻芬姊妹所以转校也，清华直留美预备学校林文径称贻椠"留学京师清华学堂"，旧学新知，优劣取舍，不言而喻矣。"孝女寻味于二家，论文已造峰极"，"古文之系不绝者如线"，借女孝子酒杯，浇古文家块垒，一何不伦耶？

---

① 基本资料见孙岳等编《吴贻芳纪念集》，南京：江苏教育出版社，1987年；朱学波《吴贻芳》，南京：江苏文史资料编辑部，1993年。
② 《春觉斋论文·应知八则·意境》，第73页。

林 译

鲁迅回忆:"光绪末年的所谓'新党',民国初年,就叫他们'老新党'。甲午战败,他们自以为觉悟了,于是要'维新',便是三四十岁的中年人,也看《学算笔谈》,看《化学鉴原》;还要学英文,学日文,硬着舌头,怪声怪气的朗诵着,对人毫无愧色,那目的是要看'洋书'。"①严复当时则叹:"近来士大夫欲问津西洋文字者,颇不乏人,浅尝之后,多以俗累致废,又怀望过奢,求效太亟,见初学謇浅之事,意弗屑也,因以怠废。故以中年而从事西学者,非绝有忍力人,必不能也。"②林纾即以"新党"而成"老新党"者也,意其欲习西文不就,另辟蹊径,佣口赁耳,竟绽译业之奇葩焉。

林译出于合作,林氏屡亲道之。如《〈斐洲烟水愁城录〉序》(1905年):"近年与曾(宗巩)、魏(易)二生相聚京师,乃得稍谈欧西小说家言,随笔译述,日或五六千言。二年之间,不期成书已近二十余种。"③尚含糊其辞,以鸣得意。《〈孝女耐儿传〉序》(1907年)乃谓:"予不审西文,其勉强厕身于译界者,恃二三君子为余口述其词,余耳受而手追之,声已笔止,日区四小时,得文字六千言。其间疵谬百出,乃蒙海内名公不鄙秽其径率而收之,此予之大幸

---

① 《准风月谈·重三感旧》(1933年),《鲁迅全集》1938年版,第五卷,第372页。
② 《严复全集》卷八《信札·与梁启超·一》(1896年10月),第119页。
③ 《林纾集》第六册,第13页。

也。"① 自承"不审西文",为卸责地,得寸进尺,势必至《〈西利亚郡主别传〉附记》(1908年)之"鄙人不审西文,但能笔述,即有讹错,均出不知"。②《别传》刊于8月24日,③恐立致违言,故9月发表《〈荒唐言〉跋》,不得已改称:"纾本不能西文,均取朋友所口述者而译,此海内所知。至于谬误之处,咸纾粗心浮意,信笔行之,咎均在己,与朋友无涉也。"④

林译之合作,非仅一口述、一笔译也。《海外轩渠录》卷首署"林纾、曾宗巩合译",版权页署"林纾、魏易合译",张俊才疑"口译者曾宗巩或魏易","未详孰是",⑤施蛰存谓:"盖魏易为口授之人,林、曾则分任笔译之人。"⑥然则林纾之名何以两见?且曾氏自娴英文,奚待魏氏"口授"?当口译者先后二人耳。林氏《与陈器书·九》曰:"赶一礼拜中译完,即不完,一礼拜后,明(即?)日起以夜补之,后此吾弟可自译,抄好交来,愚为改删王庆通亦然,其所得润,六成中,愚分三成有五,吾弟则二分有五,钱较多而工较省,愚亦省费时日,吾弟以为如何?以弟之笔墨,经愚一改,必可成,

---

① 《林纾集》第八册,第377页。

② 《林纾集》第六册,第42页。

③ 据《林纾研究资料》,第443页。

④ 《林纾集》第六册,第39—40页,登载《东方杂志》月份据《林纾研究资料》推定,第443页。钱锺书《林纾的翻译》系之于"民国三年(1914)",第82页注〈1〉,疑误读朱羲胄编《林畏庐先生学行谱记四种·春觉斋著述记》卷三"(《荒唐言》)民国三年以前由商务馆印行"所致,成都:四川大学出版社,2018年,第197页。

⑤ 张俊才《林纾译著系年》,《林纾研究资料》,第437页。

⑥ 施蛰存主编《中国近代文学大系》第11集第26卷《翻译文学集一·海外轩渠录·解题》,上海:上海书店,1990年,第215页。施氏误称林纾所译为全本,张旭等《林纾年谱长编》沿之,第123页。

万万勿疑。"①是口译者亦笔译,林氏从而加工之也。又,同上《四》:
"订星期二晚间到舍开译,王生莲中译法文,订单月〔日〕,吾弟以
双日惠临可也。"《五》:"译书不必拘以星期,但吾弟有暇时即通
知,或造府或到舍间都可。惟夜中须与舒奇译耳。"②知林氏能多译
并行,或分单、双日,或分昼、夜时也。

《与陈器书》计九通,《林纾集》编者曰:"函中言及林璐已赴青
岛读书事,故九函当是1913年前后所作。"③细绎之,唯《三》之
"祥儿林璐小名已赴青岛"可坐实时为1913年2月。④《七》曰:"自开
正以来,匪日非忙,今略暇矣。订本月十四夜,吾弟挟书到舍同
译。"末有"即问元佳"语,⑤则别是一年无疑。案朱羲胄称陈器
"精英国文学,尝与先生译欧西小说《深谷美人》等书"。⑥《深谷
美人》,林序署期1913年5月7日,《痴郎幻影》,"与陈器译述,民国
七年(1918)十月,初由商务馆印行"。⑦故疑《四》之"请托令岳
送去英文小说一部,祈一过目。订星期二晚间到舍开译,王生莲中
译法文,订单月〔日〕,吾弟以双日惠临可也",《五》之"译书不必
拘以星期,但吾弟有暇时即通知,或造府或到舍间都可。惟夜中须

---

① 《林纾集》第一册《畏庐尺牍辑佚·与陈器书》,第540页。参同前《与陈宝琛
　　书·一》(作于1901年9月以前):"仁和魏生聪叔(易)""既精西文,而华文
　　亦清稳可诵,曾自译《回教穆罕默德全传》,尚未付梓,纾当少为润色"。第
　　443页。
② 《林纾集》第一册《畏庐尺牍辑佚·与陈器书》,第538—539、539页。
③ 《林纾集》第一册《畏庐尺牍辑佚·与陈器书(九封)》注①,第537页,所录朱
　　益藩题署期之"庚子(1900)"必系"庚午(1930)"之讹。
④ 《林纾集》第一册《畏庐尺牍辑佚·与陈器书·三》,第538页。
⑤ 《林纾集》第一册《畏庐尺牍辑佚·与陈器书·七》,第539页。
⑥ 《林畏庐先生学行谱记四种·林氏弟子表》,第315页。
⑦ 《林畏庐先生学行谱记四种·春觉斋著述记》卷三,第170、209页。

与舒奇译耳",《六》之"尊嘱译事请以下星期为始",①即指《深谷美人》必在5月7日前;《七》之"吾弟挟书到舍同译",《八》之"吾弟能否早起到舍,赶译千余字,夜来再译,足成五万字",《九》之"所译书,恐晚来有酬应之事,不如移作日间三四点钟中,多译千余字"云云,②即指《痴郎幻影》也其书适五万余字。此外,林由1912年12月7日至1913年5月31日于《平报》"译论"栏发表翻译外论56篇,似皆译自法文报章,口译者不详,疑王莲中与之。舒奇疑即力树萱字舒东,"东""奇"草书有相肖者,《七》固提及"力家"。③另据《与林璐书·十六》(1913年4月7日):"石大人胡同与铭盘及石孙、秀生近,便于译书也。"《十七》(1913年4月12日):"幸与铭盘、石孙、秀生三人译书。"④铭盘即乐贤,石孙(又作荪)即王庆骥,秀生疑即王庆通字秀中。林氏之多译并行,有如是者。

钱锺书曰:"林纾'译书'的速度是他引以自豪的,也实在是惊人的。"《十字军英雄记》有陈希彭《序》说林纾'运笔如风落霓转……所难者,不加窜点,脱手成篇'。民国二十七年(1938)印行《福建通志·文苑传》卷九引陈衍先生《续闽川文士传》也说林纾在译书时,'口述者未毕其词,而纾已书在纸,能限一时许就千言,不窜一字'。""'作画译书,虽对客不辍,惟作文则辍。'"⑤"对客不辍","作画"犹可,"译书"岂非儿戏?况林之"译书",实系"听译",口译者厕焉。钱氏纠其译文种种"颠倒讹脱""造句松懈、用

---

① 《林纾集》第一册《畏庐尺牍辑佚·与陈器书》,第538、539、539页。
② 《林纾集》第一册《畏庐尺牍辑佚·与陈器书》,第539、540、540页。
③ 《林纾集》第一册《畏庐尺牍辑佚·与陈器书·七》,第539页。《与林璐书·二十》(1913年5月17日)有"八弟周身胎毒……仍舒东敷药"语,第580页。
④ 《林纾集》第一册《畏庐尺牍辑佚·与林璐书·十六、十七》,第577、577页。
⑤ 《七缀集·林纾的翻译》,第81页正文及注〈2〉、第87页注〈2〉。

字冗赘"，①盖因"声已笔止"，既不核诸口译者，亦不自检。周作人所谓"译文一任林氏，口译的人不加覆校，也不参加意见，由他一人去胡搞，成为林氏文集"，②犹有未尽；林婿李家骥指证曰："根据我们搜集到的几种手稿，常常是通篇不窜一字，脱手而成篇。"③盲人瞎马，思之毛戴。

傅斯年尝云："苟不至于如林纾一样，怕白话文风行了，他那古文的小说卖不动了，因而发生饭碗问题，断不至于发恨'拼此〔我〕残年'反对白话。"④非纯然"小人之心"。林译系林氏一大利源，致为时人妒羡。今学者欲证其"枉担了一世的'造币厂'虚名"，⑤所据即有《与陈器书·九》之"其所得润，六成中，愚分三成有五，

---

① 《七缀集·林纾的翻译》，第81页，另参第93—94页。
② 《周作人散文全集》第十卷《谈翻译》（原载《大报》1950年3月25日），第938—939页。参钱锺书《七缀集·林纾的翻译》："助手们的外文程度都很平常，事先准备也不一定充分，临时对本口述，又碰上这位应声直书的'笔达'者，不给予迟疑和考虑的间隙。忙中有错，口述者会看错说错，笔达者难保不听错写错；助手们事后显然也没有校核过林纾的稿子。"第84页。
③ 李家骥《林纾翻译小说未刊九种·前言》，福州：福建人民出版社，1994年，第4页。李氏继赞："这样的速度，这样的一气呵成，若非有文思敏捷、译笔流畅的特殊才华，是很难办到的。"实则《九种》纰漏极多，点校之谬，勿论可矣。郑朝宗《海滨感旧集·〈林纾评传〉序》记其父受雇"帮忙抄写译稿"，"因译得快，所以字迹非常潦草，且常出现错字，这就需要像父亲这样认真负责的人为他一一校正誊清，然后送交出版社"，是林译有誊抄员，第仅"校正""错字"、"誊清""潦草"耳，第126页。
④ 《傅斯年文集》第一卷《白话文学与心理的改革》（原载1919年5月1日《新潮》第1卷第5号），第268页。参《林纾集》第一册《畏庐尺牍辑佚·与陈器书·五》："连夜均有饭局，无暇（译书），听白银飞过，可恨也。"第539页。"拼我残年，极力卫道"，见《林纾集》第一册《畏庐文辑佚·再答蔡鹤卿书》（原载《大公报》1919年3月25日），第374页。
⑤ 苏建新《林纾小说翻译实际收入新探》，《明清小说研究》2012年第4期，第144页。

吾弟则二分有五",浑忘如此分账,乃部分由陈器自译之故,而陈衍"造币厂"之谑,明明"作画译书"及"作文"合言也。钱锺书曰:"这种翻译只是林纾的'造币厂'承应的一项买卖。"①原无语病。钱基博称其"晚年卖文译书外,益肆力作画","沽者麇至,幅直数十饼金,纸绢塞屋,益以版税、版权,岁入巨万。""并世所睹记,盖无有及纾者也。"②所概者全,所论者当矣。

林译书名

施蛰存论近代翻译小说,谓"几乎全部""都不交代原本的书名。译本的书名又不是原本书名的译语。译者总是追求典雅,另立新名。如《孤星泪》、《块肉余生述》之类,还比较可以揣测本书的内容,至如《恨绮愁罗记》《红礁画桨录》之类,则无从捉摸其内容性质了。这种以五字丽语标题书名的风气,林纾大约是始作俑者。它非但在翻译界有影响,也沾染了不少创作小说"。③案作者

---

① 《七缀集·林纾的翻译》,第93页。
② 《现代中国文学史》上编《古文学·一　文·林纾》,第239—240页。"纸绢塞屋",可参王芝青口述、范文通整理之《我的绘画老师林琴南》:"晚年求画者甚多,先生自定润笔,与其他画家不同的是,素画先付润笔,茶几书架上常常堆满了纸、绢,直到病榻上难以握管还在纸上摸索,他死后还欠了许多画债。"《林纾研究资料》,第123页。林氏自言:"纾年六十有八,卖画译书,月可得数百金。"《林纾集》第一册《畏庐续集·与唐蔚芝侍郎书》,第220页,此书作于1919年夏;"吾每译小说,与舌人对分,一月不过六百元。今舍译卖画,一月倒得千元。"《林纾集》第一册《畏庐文辑佚·读〈益世报〉芸渠〈偶谈〉书后》,第404页,"对分"者,泛言也,已在去世前不久。绝口不提"卖文"所得。
③ 《中国近代文学大系》第11集第26卷《翻译文学集一·导言》,第20页。

命著述之名，犹父母命子女之名，名从其主，他人哪得擅易？况近代以来，西洋小说名实相彰，标题非止眉目，抑亦精神，重加拟议，弗啻毁伤。然而译者乐此不疲，读者安之若素，谅必有故焉。盖以文言迻译西洋小说，林氏即"始作俑者"，正文已苦凿枘，标题更嫌参商，意者其"活译"之变本加厉乎？或抉摘发露，或掩抑含蓄，或映射，或点染，吊胃口而抢市场，当愈于直译也。如哈葛德小说《她（She）》，曾广铨先译作《长生术》，林纾更译作《三千年艳尸记》，即今见之，犹觉悚动。施氏所言"五字丽语"，容有未谛。古文言小说多以"记""录""传"等名集如干宝《搜神记》、刘义庆《幽明录》、葛洪《神仙传》，林译特取四字为骨干，缀以旧称耳。如《石麟移月记》《雨血风毛录》《鬼山狼侠传》。统计四字标题及四字缀"记""录""传"等者，得百余部。即《斐洲烟水愁城录》《撒克逊劫后英雄略》《利俾瑟战血余腥记》之类，莫不四字为骨干也。林译标新立异，似沾溉及于电影译名，如二十世纪三四十年代之《翠堤春晓》《魂断蓝桥》《出水芙蓉》等，港、台地区迄今流风未沫。内地近年意译亦夥，趋同港、台地区者也。

伤足妨手书

钱锺书《旧文四篇·林纾的翻译》讥林译："'信笔行之'，不加思索，没体味出原话里的机锋。《滑稽外史》一四章（原书一五章）里番尼那封信是历来传诵的。林纾把第一句'笔达'如下，没有加上他惯用的密圈来表示欣赏和领会：'先生足下：吾父命我以书与君。医生言吾父股必中断，腕不能书，故命我书之。'无端添进一个'腕'字，真是画蛇添足！对能读原文的人说来，迭更司这里的句法(... the doctors considering it doubtful whether he will ever recover the use of his legs which prevents his holding a pen)差不多防止了添进'腕'或'手'字的任何可能性。迭更司赏识的盖司吉尔夫人(Mrs. Gaskell)在她的小说里有相类的笑话:一位老先生代他的妻子写信,说'她的脚脖子扭了筋,拿不起笔'(she being indisposed with sprained ankle, which quite incapacitated her from holding pen)。唐代一个有名的话柄是:'李安期……看判曰:"书稍弱。"选人对曰:"昨坠马伤足。"安期曰:"损足何废好书!"'(《太平广记》卷二五〇引《朝野佥载》)林纾从容一些,准会想起它来,也许就改译为'股必中断,不能作书'或'足胫难复原,不复能执笔',不但加圈,并且加注了。"[1]以二西一中之例为证,足令林氏无可置辩。乃《七缀集》版改写盖司吉尔夫人语以下作:"看来那是一个中西共有的套版笑话。上文'笑话'改'话柄',以避重复。《晋书》卷六八《贺循传》'及陈敏之乱,诈称诏书,以循为丹杨内史。循辞从脚疾,手不制笔';《太平广记》卷二五〇引《朝野佥载》:'李安期……看判曰:"书稍弱。"选人对曰:"昨坠马伤足。"安期曰:"损足何废好书!"'林纾从容一些,即使记不得《晋书》的冷门典故,准会想起唐人笔记里的著名诙谐。"[2]增中文一例,铢两悉称,"中西共有",语不虚发。然《贺循传》之"手不制笔","手"字明明挑出,林译袭取耶? 暗合耶? 转不得径谓之粗心浮意矣。

《管锥编》论《朝野佥载》李安期看判事,即称:"此谑于英国

---

① 《旧文四篇》,第74—75页。
② 《七缀集》,第89—90页。

名家小说中两见。迭更司《冰雪因缘》中一愚妄女子作书云：'吾父命我通书，因其伤足，不能把笔，医言恐难复原'；盖斯基尔夫人《乡镇旧闻》中一人致函言'勿许其妻作书，因妻足踝扭筋，握管不便'。"[①]误《滑稽外史》今译《尼古拉斯·尼克尔贝》为《冰雪因缘》今译《董贝父子》。案《管锥编》初刊，与《旧文四篇》并在1979年，故略同，《七缀集》后修订出版，补入《晋书》一则，《管锥编》增订，顾不之及。

林纾选集

林薇林纾弟子林秉奇（仲易）之女选注《林纾选集·小说（卷上、卷下）、文诗词卷》相继出版于1985、1987、1988年，孙静先生撰《涤尽烟云见真面》，以推介之。《选集》弁杨伯峻《序》，有云："我曾为林薇同志看过部分校释稿。"[②]林氏《前言》亦称："本书的选注，承蒙杨伯峻先生热情关怀和指导，并为我审阅了部分注稿"，"孙静、陈绥宁、袁立人等同志都曾热情地给予帮助"。[③]孙文末及："典故名物等的注释，亦考索较精。如《吕紫娥》中'此真不出郑志耳'，注中引证了《左传·昭公十六年》记载的六卿赋诗的原始出处，注明'郑志'即'郑诗'（《诗·郑风》），解决了僻典，使文

① 《管锥编》第二册《太平广记》——○《卷二五○·伤足妨手书》，英文从省，第740页。
② 林薇选注《林纾选集·小说卷》，署期"一九八三年三月"，成都：四川人民出版社，1985年，第2页。
③ 《林纾选集·小说卷》，第9页。

意豁然开朗。"①倪即杨氏所赐教欤？是书注释之准确、简明，以普及本论，可打高分。②

杨《序》又云："林纾是近代古文大师。他所译小说，于清末民初，风靡一时，开辟了中国人面向西方文学的道路。这个功绩，在中国文学史上，自有地位。""林译小说，今天青年能读的，已经不多；至于林纾所创作的小说，知道它的，只有屈指可数的人了。我认为，今日青年，眼界不够宽，知识面也嫌狭窄。林纾这人，为文章颇得《左传》《史记》《庄子》、韩愈、柳宗元诸大家之力，遣词造句，出以己意，能体会人情世态，妙笔有神。小说内容，既受西方大文豪之影响，又深知清代以至民初朝野秘闻，故可以冶古今中外为一炉。读读它，既可以从中窥知清末民初一些官场丑态、社会情况，还可以吸收某些文学养料。"③案杨系黄侃弟子，黄则章炳麟弟子，章、黄辈即逐林纾于京师大学堂者也。然稍晚章答弟子问"桐城义法何其隘邪"，曰："此在今日亦为有用。何者？明末猥杂佻佻之文雾塞一世，方氏起而郭清之。自是以后，异喙已息，可以不言流派矣。乃至今日，而明末之风复作，报章小说，人奉为宗。幸其流派未亡，稍存纲纪，学者守此，不至堕入下流，故可取也。若谛言之，文足达意，远于鄙倍可也。有物有则，雅驯近古，是亦足矣。派别安足论！然是为中人以上言尔。桐城义法者，佛家之四分律也，虽未

---

① 孙静《涤尽烟云见真面》，《读书》1989年第5期，第105页。

② 余流览《小说卷》注，偶见《谢兰言》第199页"关税司之道宪"，注者误将"关税司"连读，注谓："凡海关均设税务司。"第204页，"司"实动词，"之"后省"于"字，"道宪"即前文韩元化所官之"台湾兵备道"；下文"为吴来由种"，亦失注，第203页。

③ 《林纾选集·小说卷》，第1、2页。

与大乘相齿,用以摧伏磨外,绰然有余,非以此为极致也。"①虽侪之小乘,语已转圜。至林氏身后,章为其《学行谱记》题辞:"乌虖畏庐,今之蒲留仙也。余博通不如晓岚,固不敢为论定。观其谱,庶几知其人。"②以小说家目之,而犹疑其词。《谱记》之《林氏弟子表》乃黄侃题署,所附《文微·题辞》亦黄氏作:"方心佛朱羲冑字示侃此书时,先生尚健存,何意杀青未竟,哲人已萎邪!自彦和已后,世非无谈文之专书,而统纪不明,伦类不析,求如是书之笼圈条贯,盖已稀矣。三统循环,救文以忠,'忠之敝,小人以野'。今之为文,忠邪?野邪?'如彼泉流,无沦胥以亡。'世有达者,尚其知重是书哉!尚其知重是书哉!"③"小人以野",刺白话派也。与白话派势不两立,魏晋、桐城二派自当化敌为友。④六十年后,迭经文化革命、政治革命,杨氏操白话而序林选,毋亦百感交集焉。"林纾这人",口气似轻忽,然盖棺论定,褒奖逾恒。学派之恩怨,风尚之兴替,传统之浮湛,举不能外乎历史之沧桑也。

---

① 《章太炎全集(七)·菿汉微言》,第65页。此吴承仕1916年所记章氏议论。《傅斯年文集》第一卷《文学革新申义》(原载1918年1月15日《新青年》第4卷第1号)称:"世有为桐城辩者,谓桐城义法去泰去甚,明季末流文弊一括而去之。"第11页,当指此也。

② 见朱羲冑编《林畏庐先生学行谱记》卷首手迹,署期"民国廿五年(1936)二(?)月"。

③ 《林畏庐先生学行谱记》,第365页上栏,署期"旃蒙赤奋若(乙丑,1925年)季春之月",自居"后学"。

④ 参蔡元培《石头记索隐·附编·致〈公言报〉函并答林琴南函》附二《〈公言报〉:〈请看北京学界思潮变迁之近状〉》:"在姚叔节、林琴南辈,目击刘(师培)、黄(侃)诸后生之皋比坐拥,已不免有文艺衰微之感。然若视新文学派之所主张,更当认为怪诞不经,似为其祸之及于人群,直无异于洪水猛兽,转顾(章)太炎新派,反若涂轨之犹能接近矣。"第86页。

《续古文观止》选林纾文

王文濡《续古文观止》选文176首，不及二吴《古文观止》之222首，然所续仅逊清一代，则不为少矣。清文量巨质优，可录尚夥。选家操选政，必先有所主，设定若干数量级，以便上下其手。是书入选最多系曾国藩，计14首，篇幅长，体裁亦多样，以下姚鼐、梅曾亮9首，方苞、吴敏树8首，取五人为三甲，盖清季桐城派共识。若林纾者，《二箴》分计，得7首，亦似可观，第短章5首，近杂文，《二箴》且为韵文。其前5首出《畏庐文集》前半，《二箴》出《畏庐续集》，①并非用心得意之大作。林氏曾致信国学扶轮社，曰："伏读《（国朝）文汇》广告，列我朝文家千余，乃末座亦及鄙人。""丑妇之出，明知其不见重于人，而亦不忘其涂抹。纾虽译小说至六十余种，皆不名为文。或诸君子过爱，采我小序入集，则吾丑益彰，羞愈加甚。不得已再索败箧，得残稿数篇，尚辨行墨，寄呈斧削。果以为可留者，请将已录之拙作削去，厕此数篇，虽非佳作，然亦丑妇之涂抹者也。诸君子其许我乎？"②案《国朝文汇》丁集卷一八为林

---

① 《续古文观止·（作者）小传》称林纾"著有《畏庐文正、续集》"，长春：长春市古籍书店，1985年，第11页。王《序》署期"民国十三年（1924）五月"，第2页，《畏庐三集》出版于7月，固不及见，见恐亦无所取材。

② 《林纾集》第一册《畏庐文辑佚·与国学扶轮社书》，第325页。注①："录自《林严文钞》（宣统元年铅印本）卷一。国学扶轮社，为1903年王均卿、刘师培、宋雪琴等人在上海创立。国学扶轮社沈粹芬、黄人、王文濡等辑《国朝文汇》，分甲前集、甲集、乙集、丙集、丁集，收录清代近三百家文章万余篇。是书始辑于光绪三十四年（1908年），完成于宣统元年（1909年）。"不知（转下页）

纾文，53篇，各体皆备，俱收入稍晚之《畏庐文集》，占全集109篇将半，应即林所"寄呈"者。《续古文观止》之林文，除《二箴》外，均见《文汇》，则其主体固就《文汇》再选而成也。

文言长篇

文言尚简，相对白话而言也，即自身论，篇幅小大，关乎铺陈、刻画之程度。其以简胜，颇类《山水论》"远人无目，远树无枝，远山无石"，"远水无波"，[①]以肉眼望远，非以玻璃镜辨微也。亦可譬诸耳目感应之"波段"有限，外此即不闻不见矣。尤类居高临下，俯瞰尘寰，能免于山蚁垤而人蚁子乎？尤侗举例云："黄山谷见醉翁亭稿，首记山名甚详，一笔勾去，改曰'环滁皆山也'，省却几行闲字。一日，欧公与同院出游，有卧犬为奔马所毙。欧顾曰：'君试记其事。'同院曰：'有犬卧于通衢，逸马蹄而杀之。'欧曰：'使子修史，万卷未已也。'问：'内翰何如？'欧曰：'逸马杀犬于道。'此可为作文之法。"[②]夫"山名"不必皆"闲"，"杀犬"走漏其"卧"，简则未贬，得失互见。王士禛《池北偶谈》引《类苑》"载真宗御制《法音集》，诏学僧于传法院笺注，杨大年充提举。一僧注六种震动，几三百字，大年都抹去；自下止二句曰：'地体本静，动必有变。'其简当若此"，[③]注本应详，二句了之，"简"

（接上页）"均卿"即王氏字。如据刘声木《苌楚斋随笔》卷五《国朝文汇》，"实为江阴缪筱珊太史荃孙所编"，第96页。

① 佚名（原署王维）《山水论》，北京：人民美术出版社，2016年，第1页。

② 尤侗《艮斋杂说》卷三，北京：中华书局，1997年，第50页。

③ 王士禛《池北偶谈》卷一七《谈艺七·左传檀弓叙事》，北京：中华书局，1997年，第414页。

则简矣,"当"则何居?至于删冗翦蔓,以归精净,行文之首要,初不论其繁简也。

虽然,淳浇朴散,物既有之,踵事增华,文亦宜然。"六经之文简奥,《史》《汉》之文太繁,至于唐、宋,愈加繁矣。"[①]章学诚曰:"古人作书,漆文竹简,或著缣帛,或以刀削,繁重不胜,是以文辞简严,章无剩句,句无剩字,良由文字艰难,故不得已而作书,取足达意而止,非第不屑为冗长,且亦无暇为冗长也。自后世纸笔作书,其便易十倍于竹帛刀漆,而文之繁冗芜蔓亦遂随其人所欲为。虽世风文质固有转移,而人情于所轻便则易于恣放,遇其繁重则自出谨严,亦其常也。……作书繁衍,未必尽由纸笔之易,而纸笔之故居其强半……此亦创物造器者之所不任咎也。古人金石文字较竹帛之书尤简,可见矣。"[②]是矣未尽。盖技术普及,成本降低,占毕铅椠之徒日增,其势固不能不由简趋繁。抑有甚者,乞文则买菜求益,作文则润笔贪多,利名交煽,文有欲短而不得矣。

章炳麟曰:"昌黎以二千余字作《董晋行状》,其他碑志不及千字。宋人作神道墓志,渐有长者。子由作《东坡墓志》,字近七千,而散漫冗碎,不能收束。晦庵作《韩魏公志》,文成四万,亦不能收束。"[③]尤侗曰:"《宋史》为卷六百,文百万言,泛滥极矣。李全一传,凡二卷,六万余字,览之不能寻其首尾,其他可知。亦缘宋文冗长,奏疏至万余言,使阅者倦而恐卧,亦文运之衰也。虞山《初学

---

① 王弘撰《山志》二集卷五《文贵简直》记明太祖语,北京:中华书局,1999年,第267页。

② 章学诚《乙卯札记》,北京:中华书局,1986年,第36页。

③ 章太炎《国学讲演录·文学略说》,上海:华东师范大学出版社,1995年,第240页。

集》载高阳孙承宗行状二卷,不下数万言,古来碑版有是体乎?"[1]
全祖望撰钱敬忠神道表,事迹无多,"备录奏疏",[2]达七千字。至
于小说,常数百字完一"小结果",情节复杂、雕琢细腻者,如元稹
《莺莺传》、《聊斋志异》之《莲香》《婴宁》等,可三千字。其万字
上下者,前有佚名《汉武内传》,后有张鷟《游仙窟》,非小说之正
宗。清屠绅《蟫史》,诘屈以演神魔,近20万字,陈球《燕山外史》,
排偶而叙离合,逾2万字,均意在炫才,文成破体。迨林译小说横
空出世,截断众流,以全译、选译、编译,涵盖短、中、长篇,《块肉余
生述》今译《大卫·科波菲尔》最钜,约24万字。影响所及,译人蜂
起,奚若译《天方夜谭》,遂至30万字之谱。小说创作,如何诹《碎
琴楼》、徐枕亚《玉梨魂》、吴双热《孽冤镜》、黄花奴《杨花梦》等,
篇均10万字,盛极一时。

　　新文化运动既兴,白话苍头特起,史部、集部、说部之文言扫地
几尽,短长之校,是亦不可以已乎?

"卒不之踣"

　　林纾1917年于《大公报》发表短章《论古文之不宜废》,称:
"有清往矣,论文者独数方、姚,而攻掊之者麻起,而方、姚卒不之
踣,或其文固有其是者存耶?"[3]胡适指摘之曰:"此中'而方、姚卒

① 《艮斋杂说》卷二,第37页。
② 朱铸禹《全祖望集汇校集注·鲒埼亭集》卷六《明直隶宁国知府玉尘钱公神
　　道表》附"严(元照)评",竟谓"真古文之矩矱","读之不厌其长",第139页。
③ 《林纾集》第一册《畏庐文辑佚》,第349页。

不之踣'一句,不合文法,可谓'不通'。所以者何? 古文凡否定动词之止词,若系代名词,皆位于'不'字与动词之间。如'不我与','不吾知也','未之有也','未之前闻也',皆是其例。然'踣'字乃是内动词,其下不当有止词,故可言'而方、姚卒不踣',亦可言'方、姚卒不因之而踣',却不可言'方、姚卒不之踣'也。"[①]案"止词"即宾语,"内动词"即不及物动词。所论甚谛。后又旁敲侧击曰:"这种不通的句子古文里极多。前天上海《晶报》上有人举《孟子》'天油然作云,沛然下雨,则苗勃然兴之矣'一句,以为'兴'是内动词,不可有'之'字作止词。这个例很可为林先生解嘲!"[②]"勃"当作"浡"。"极多",未免夸大其词、别有用心也。窃意林氏语病殆手滑所致,缘其喜此句型,摇笔即来,《论古文之不宜废》下文复见"不之惜",《论古文白话之相消长》之"一不之管""决不之服",并失"古文"规格。试翻《林纾翻译小说未刊九种》,若"不之×"者,亡虑百七十处,就中"亦不之变""遂不之行""皆不之安"等,[③]均堪共

---

① 《胡适文集》第二册《胡适文存》卷一《寄陈独秀》(原载1917年5月1日《新青年》第3卷第3号),第23页。参《周作人散文全集》第二卷《"不之踣"的问题》(原载《晨报副镌》1922年5月25日),驳5月19日《学灯》之钟义让《真是"之"不得么》,第680—681页,以"林先生的这半句古文,不能不暂时被说为不通而被摈于古文的实际文法以外",第681页。第十一卷《古文的不通》(原载《亦报》1951年6月29日),即《饭后随笔(四六四)》,尚及之,暗用胡氏《中学国文的教授》——或《晶报》——之说,误引林文作"而方姚则不之仆",第281页。

② 《胡适文集》第二册《胡适文存》卷一《中学国文的教授》(原载1920年9月1日《新青年》第8卷第1号),第147页。此种语法,可参杨伯峻《文言语法》中编第十二章《小品词》,北京:中华书局,2016年,第220页。

③ 《林纾翻译小说未刊九种·金缕衣》,第228页;《欧战军前琐语》,第321页;《风流孽冤》,第496页。"或不之变"见《雨血风毛录》,第466页;"不之行"见《金缕衣》,第195页。《情桥恨水录》之"汝不之告于吾",第255页,亦于语法为破例也。

"卒不之踣"连类。今乃有力翻陈案者，搜剔句例，欲证林语无病，特胡适辈强加之罪，以夺其文化领导权耳。[①]新文化派诚粗暴、专断，然就事论事，专断在以偏概全，粗暴在因言废人，初非颠倒白黑、无理取闹。翻案者成见匪小，古文欠通，甚且引《孟子》"孰能与之""天下莫不与也"，误"与"作"兴"，以与"则苗浡然兴之矣"互证，其辞愈辩，其旨不愈乖乎！

林纾构文，时见率笔，浅显之作，尤疏点检，而文白相争，互伺其短，遂易授人以柄。钱玄同即尝议其《论文讲义》之"今乃欲以汉魏之赝体转欲排之"，谓"'欲以……转欲……'，在一句里如此做法，不知是'桐城义法'不是？"[②]似此疵颣，林译小说最多，末年所为，几于不达。

---

① 程巍《为林琴南一辩——"方姚卒不之踣"析》，《中国图书评论》2007年第9期，第39—48页。郭德茂作《重析"方姚卒不之踣"的乖谬及其论争意义》，以为商榷，未得要领，《中国图书评论》2008年第1期，第107—108页。是后两人继有互驳。
② 《钱玄同文集》第二卷《什么话？》（原载1919年1月15日《新青年》第6卷第1号），第31页。

保守与激进

晚清以降,中国文明为西方文明冲击,摇摇欲坠,其挣扎图存,唯出于保守主义与激进主义二途。保守者复古,激进者西化,亦各具内在之悖反焉。要言之,保守派重文化独立,抱元守一,高自标持,顾行孔、孟之道,建礼乐之邦,胡竟千疮百孔、任人宰割耶?激进派重政治独立,洗心革面,西向而笑,顾彼人既自由、平等、博爱是崇是尚,何凌虐后发民族若犬豕耶?两难惟均,政治独立固优先于文化独立,似"某先生"之言,即保守派亦不忍吐诸口也:"外国的新学,是不用研究的;我们中国人,只要研究本国的古学便得了。近来的人都说,'中国政治不好,社会不好,眼见得国就要亡了,青年学子非研究新学,改革旧污,不足以救亡';这话是不对的。要知道就是中国给别国灭了,外国人来做中国的皇帝,我们本来不是中国的官吏,就称'外国大皇帝陛下',也没有什么不可以;但是到那时候,还该研究我们的古学,不可转旁的念头。"① 故中国之救亡不得不取径西化——由亲日、亲欧美、亲苏而再亲欧美,"新中国"遂非"旧中国"矣。黄侃曰:"夫化之文野,不以强弱判也;道之非韙,不以新旧殊也。或者伤国势之陵夷,见异物而思改,遂

---

① 《钱玄同文集》第二卷《随感录(十六)》(原载 1918 年 7 月 15 日《新青年》第 5 卷第 1 号)"有人转述一位研究古学的某先生的话",第 11 页。

乃扫荡故言，诮为无用，虽意存矫枉，毋亦太过其直乎？"[1]其气已馁。钱玄同曰："我也很爱国，但我所爱的中国"，"便是'欧化的中国'"，"用'外国药水'消了毒，由头脑清晰的人来根本改造，另建'欧化的中国'，岂不干脆！"[2]其辞则壮。然中国借西化以自强，新保守派坐享其成，反于旧激进派戟指怒骂，愈疾憎医，直讳疾忌医之不如。窃意微新文化运动摧陷廓清，中国文明必难转型，转型不济，将东食西宿而无地也。至若中国之现代化过程，扭曲每成断裂，顿挫频致反复，殆文明转型抑重生所注定耳。

文体演化非进化

方查尔斯·达尔文之揭櫫theory of evolution也，虽依违时风，不无寓"进化"于"演化"，然"演化"实非"进化"，后之演化论者愈辨愈明。乃世人先入为主，每等"演化"于"进化"，遂成一"历史目的论"，滥施误用，循至"社会达尔文主义"流行不止。文体嬗迭，诚可以"演化"论之，盖其内既富变异之可能性，其外更系乎"社会—文化"生态，变通以适应，与生物演化若合符节。新文化派鲁莽灭裂，谬本"汉赋、唐诗、宋词、元曲、明清小说"之序，申其骈必之散、文必之白之说。胡适自道："在那破坏的方面，我们当时采用的作战方法是'历史进化的文学观'"，受"达尔文以来进

---

[1]　黄侃《国故月刊题词》（原载1919年3月20日《国故月刊》第1期），转引自《南社史长编》，第541页。

[2]　《钱玄同文集》第二卷《写在半农给启明的信的后面》（原载1925年3月30日《语丝》第20期），第128—129页。

化论的影响",①"重点是一个时代要有一个时代的文学"。②论衡派起而抗辩,洞中要害。钱锺书《谈艺录》四《文体递变》大畅厥旨,能言"达尔文论演化之所未详",直吁"世之作文学演变史者,盍亦一穷演化论究作何说,毋徒似王僧虔家儿之言'老子'也"。③标"演化"而非"进化",洵具只眼。即稍前有关郭绍虞《中国文学批评史》之书评,正文从郭语论"进化",注文亦译"evolution"为"天演"。④钱氏早岁颇能取精用弘于西洋自然科学,晚不尔矣。文体演化云者,内外交摄,随遇而安,迥非先天逻辑之后天开展,故一则之无定向,二则新体虽兴,不必旧体遽废。骈、散,文、白,固各有攸关,其演化之道本无殊也。

文体无原罪

　　文体如工具,不过文字组织之形式,原无是非可言,即雅俗、优劣,亦相对而非绝对者也。

　　严复清季致信梁启超,质疑文体革命,曰:"窃以谓文辞者,载理想之羽翼,而以达情感之音声也。是故理之精者不能载以粗犷之词,而情之正者不可达以鄙倍之气。中国文之美者,莫若司马迁、韩愈。而迁之言曰:'其志洁者,其称物芳。'愈之言曰:'文无

----

① 《胡适文集》第一册《中国新文学运动小史》,第113页。
② 《胡适文集》第一册《胡适口述自传》第七章《文学革命的结胎时期》,第285—286页。
③ 《谈艺录》四《文体递变·【附说七】西人论文体演变》,第39页。
④ 《钱锺书集·人生边上的边上·论复古》(原载《大公报》1934年10月17日),第266页。

难易，惟其是。'仆之于文，非务渊雅也，务其是耳。且执事既知文体变化与时代之文明程度为比例矣，而其论中国学术也，又谓战国、隋、唐为达于全盛而放大光明之世矣，则宜用之文体，舍二代，其又谁属焉？且文界复何革命之与有？持欧洲挽近世之文章，以与其古者较，其所进者在理想耳，在学术耳，其情感之高妙，且不能比肩乎古人；至于律令体制，直谓之无几微之异可也。……若徒为近俗之辞，以取便市井乡僻之不学，此于文界，乃所谓陵迟，非革命也。"①晚年与熊育锡书，径诋白话运动，曰："今夫文字、语言之所以为优美者，以其名辞富有，著之手口，有以导达要妙精深之理想，状写奇异美丽之物态耳。如刘勰云：'情在词外曰隐，状溢目前曰秀。'梅圣俞云：'含不尽之意，见于言外，状难写之景，如在目前。'又沈隐侯云：'相如工为形似之言，二班长于情理之说。'今试问欲为此者，将于文言求之乎？抑于白话求之乎？……设用白话，则高者不过《水浒》《红楼》，下者将同戏曲中簧皮之脚本。就令以此教育，易于普及，而斲弃周鼎，宝此康瓠〔瓠〕，正无如退化何耳。"②殆坚执雅、俗之等级秩序，无视白话文展拓潜力也。

若夫新文化派发难，既取"文以载道"为口实，又倡"文难白易"之功利说，如周作人所称："我们反对古文，大半原为他晦涩难解，养成国民笼统的心思，使得表现力与理解力都不发达，但别

---

① 《严复全集》卷八《信札·与梁启超·二》（1902年3月），第120—121页。参《章太炎全集（三）·检论》卷五《订文·附：正名杂义》："世欲更文籍以从鄙语，冀人人可以理解，则文化易剥，斯则左矣。""非好为诘诎也，苟取径便而敻真意，宁勿径便也。"第496页。

② 《严复全集》卷八《信札·与熊育锡·八十三》（1919年），第372—373页。

一方面,实又因为他内中的思想荒谬,于人有害的缘故。这宗儒道合成的不自然的思想,寄寓在古文中间,几千年来,根深蒂固,没有经过廓清,所以这荒谬的思想与晦涩的古文,几乎已融合为一,不能分离。"①然"以难易判优劣者,惰夫懦夫因陋苟安之见耳;彼何知文艺之事政须因难见巧乎?"②钱锺书斥言在后;"中国怀着荒谬思想的人,虽然平时发表他的荒谬思想,必用所谓古文,不用白话,但他们嘴里原是无一不说白话的。所以如白话通行,而荒谬思想不去,仍然未可乐观","中国人如不真是'洗心革面'的改悔,将旧有的荒谬思想弃去,无论用古文或白话文,都说不出好东西来"。③周作人转语在先。新文化运动旨在文化西方化及大众化,故惟"古文"之务去耳。去"古"即西方化,去"文"即大众化。

今之新文化派反对者,于白话运动声罪致讨,谓白话文已蹈危机,其枯竭、粗鄙,流而为语言暴力、新八股,号召复兴文言,以挽颓风。宁知表达之异化,乃现代社会民粹化之表象,非根源也。有自居诗古文家者,肆其秽詈于网端,则几见古雅之不能为低俗耶?新旧交竞,左右互搏,其功则文明收之,其过则文体尸之。始乎指桑骂槐,终于李代桃僵。文体实无"原罪",又何来"救赎"之承当也哉?

---

① 《周作人散文全集》第二卷《思想革命》(原载1919年3月2日《每周评论》第11期),第132页。

② 《钱锺书散文·与张君晓峰书》(原载1934年7月《国风》第5卷第1期),第410页。

③ 《周作人散文全集》第二卷《思想革命》(原载1919年3月2日《每周评论》第11期),第133页。

陈寅恪学术文体

　　郜元宝据熊十力《新唯识论语体文本·初印上中卷序言》，以"语体文"区别于"白话文"，称"'语体文'是在白话文流行之后，一些不愿跻身白话文作者行列而又自觉不能再写纯粹文言文的现代学者有意探索的介乎文言白话之间的一种特殊文体"。[①]举熊十力《新唯识论》语体文本、冯友兰《贞元之际六书》、陈寅恪考据文章、钱穆《国史大纲》为"现代学者'语体文'著作"代表。又称："比如王国维、陈寅恪表面上属于浅近文言实则具有语体（乃至欧化）性质的论著，读者既可以带着学术问题去研究，也完全可以当做寄托作者人格的'美文'来欣赏。"其中"陈寅恪文章是一种别致的'语体文'"，"以'述学之语'而论，陈文美感实在十分彰显，不仅有从孟子、韩愈而来的浩然之气（绝无现代白话文以及某些现代学者的文言文习见的鄙吝、油滑、做作、卖弄），更有源于孟、韩而又暗中吸取西文语法、几乎为陈寅恪所独具的那种一唱三叹与清明周致"。[②]言过其实，词不达意。陈氏论著乃传统札记之扩

[①]　郜元宝《汉语别史：中国新文学的语言问题（增订本）》，上海：复旦大学出版社，2018年，第441页。郜文长句倘即此等"语体文"之别传耶？

[②]　《汉语别史：中国新文学的语言问题（增订本）》，第442、442—443页。继谓："在整个现代中国学术语言演变史上，陈寅恪的文风高标独举，罕有伦比，其论著可当特殊种类之'美文'欣赏的何止《王静安先生遗书序》《王观堂先生挽词序》《清华大学王观堂先生纪念碑铭》《赠蒋秉南序》《柳如是别传·缘起》等议论而兼抒情之作（这些文章胡适和钱锺书都写不出）。"第443页，数篇非学术论文，自当另论，第胡、钱与陈异趣，何须比例？各从咸酸之嗜可耳。

展、变形，欧西化着迹，白话化不齿，旨求生新，体成矫强，"不古不今"语出《冯友兰〈中国哲学史〉下册审查报告》，无妨断章解嘲焉。姑以《唐代政治史述论稿》作于1941—1942年为例，如《上篇·统治阶级之氏族及其升降》："然宇文氏只分有少数之六镇民族，复局促于关陇一隅之地，终能并吞分有多数六镇民族及雄据山东富饶区域之高齐，其故非仅由一二君主之贤愚及诸臣材不材之所致，盖必别有一全部系统之政策，为此东西并立之二帝国即周、齐两朝胜败兴亡决定之主因，可以断言也。"《中篇·政治革命及党派分野》："梦得（刘禹锡）在当时政治上与退之（韩愈）处于反对地位者，而所言禁中事亦与退之相同。然则韩、刘之述作皆当时俱文珍一党把持宫掖胁迫病君拥立皇子之实录，而永贞内禅乃唐代皇位继承之不固定及内廷阉寺党派影响于外朝士大夫之显著事例也。"[①] 沓冗有之，缴绕不乏，"美文"云乎哉！至1964年定稿之《柳如是别传》，文言化程度回高。胡适自记："读陈寅恪先生的论文若干篇。寅恪治史学，当然是今日最渊博、最有识见、最能用材料的人。但他的文章实在写的不高明，标点尤懒，不足为法。"[②] 钱锺书评曰："陈先生学问之博实，无可质疑，然思想上是否通卓，方法上与记诵上是否有缺失，文笔是否洁雅，自有公论，不容曲笔。"[③]

---

① 陈寅恪《唐代政治史述论稿》，上海：上海古籍出版社，1997年，第14、95页。唐振常所作"导读"《〈唐代政治史述论稿〉学习笔记》盖欲效其体，益形窘劣，署期"一九九六年十二月十日"，第29页。

② 《胡适的日记》1937年日记（一）"二月二十二日"，第539页。"标点尤懒"，疑指其文人名、书名、篇名等每串联而下。今人整理陈集，或补施标点焉。

③ 《槐聚心史：钱锺书的自我及其微世界·弁言》，第6页。钱仲联所言尤守旧："《寒柳堂文集》，时流所重也。其学淹贯中西，信为弘博，而文差不逮，持较乃翁《散原精舍文集》之雅言，则有间矣。"《固庵文录·"以古茂之笔，抒新纪之思"——序饶宗颐教授〈固庵文录〉》。

　　蒋天枢《陈寅恪先生编年事辑（增订本）》引清华大学部第七级学生卞伯耕《怀念陈寅恪先生》，内有1935年所记"晋至唐史"第一课讲课要旨，为白话，《附录一》收1943年广东坪石中山大学文科研究所讲演《清谈与清谈误国》《五胡问题及其他》两篇，张为纲撮记，故作浅显文言，可与万绳楠整理《陈寅恪魏晋南北朝史讲演录》有关内容对照。[①]《讲演录》亦为白话，《前言》曰："本稿是一九四七年至一九四八年，我在北京（当时名北平）清华大学历史研究所，听陈寅恪老师讲述魏晋南北朝史时，所作的笔记。"[②]《陈寅恪合集·史集·讲义集》译林出版社附录唐笁、黄萱听课笔记片段，则半文半白也。

古文标点

　　古人作文无标点，作者必自悉文义也。唯读者按需施之，用求文义，故曰"句读"。及其习而有得，含毫操觚，又去标点，读者化作者也。是以传世文献，其规格高者，常泯标点之迹，普及本即不然，挽近之批点本且花样百出，为初学说法。[③]盖标点有无，文化等

①　蒋天枢《陈寅恪先生编年事辑（增订本）》，上海：上海古籍出版社，1997年，第93—97、207—212页。

②　万绳楠整理《陈寅恪魏晋南北朝史讲演录》，合肥：黄山书社，1999年。

③　参晋阳学刊编辑部编《中国现代社会科学家传略》第六辑陈秉仁《蒋维乔传略》："至于五经中读破句的地方，蒋先生觉得《左传》中比较多，于是一面听苏老师讲解，随时改正；一面向同学借了一本批本《左传》，利用年假时间，照批一次。这样，读破句的毛病也矫正了。"太原：山西人民出版社，1985年，第416页。

级之所寓也。晚清、民国以降，白话流行，等级崩坍，古文标点遂成天经地义，古来可掩之眚、欲藏之拙举难遁形，而近人学力亦从而验焉。唯白话派之刺古文派也，以标点讹误为冷箭之的，胜之不武。两方古文实无轩轾，鲁迅晚年不云乎："我们先前的学古文……教师并不讲解，只要你死读，自己去记住，分析，比较去。弄得好，是终于能够有些懂，并且竟也可以写出几句来的，然而到底弄不通的也多得很。自以为通，别人也以为通了，但一看底细，还是并不怎么通，连明人小品都点不断的，又何尝少有？"[1]古文标点，原非一通百通，艺文大家犹不免眉睫之失，如钱锺书《管锥编》征引失读不一处是也，[2]陈其元自道："我辈幼时，塾师所点句读舛误不少，比壮年稍解文义，自行改正者固多，一时忽略，遂至终身沿讹者，当必尚有，特无人从旁指驳耳。"[3]信不欺矣。此其一；作者争奇斗险，增设障碍，乐见读者抚膺长叹，如章炳麟《訄书》初版，鲁迅坦言"读不断"是也，[4]此其二。晚明文字晦涩、纤仄，竟陵体尔，佳者自具冷峭之致。"小

---

[1] 《且介亭杂文二集·人生识字胡涂始》(1935年)，第六卷，第294—295页。此文意在提倡大众语，故以新文化派为不足击。参《准风月谈·"感旧"以后(下)》(原载《申报·自由谈》1933年10月16日)："五四运动时候，提倡白话的人们，写错几个字，用错几个古典，是不以为奇的。"《鲁迅全集》1938年版，第五卷，第383页。

[2] 如《管锥编》第五册《管锥编增订·203页》述江绍原语，自承于扬雄《太玄经》"粗心破句"，第22页，第一册正文已据改；《856页》引王喆《黄莺儿》"酒色缠绵财气，沉埋人人，都缘四般留住"，当点作"酒色缠绵，财气沉埋，人人都缘四般留住"，第72页；第二册《老子王弼注》六《一一章·"无之以为用"》引《庄子·徐无鬼》"恃其所不蹍而后善，博也"，不当施逗号，第426页。

[3] 陈其元《庸闲斋笔记》卷九《读书句读之舛误》，北京：中华书局，1997年，第208页。

[4] 《且介亭杂文末编·关于太炎先生二三事》(1936年)，《鲁迅全集》1938年版，第六卷，第547页。

品""点""断"，正不易言。今则前辈凋零，后学有莫振之势，文献董理，错乱如麻，又非仅标点一端之谓矣。

文白反复

自胡适辈倡言文学革命，一时附议，实繁有徒，然言之炎炎，固不必行之硁硁也。胡氏已承："我们现在没有那么大的权力可以把大学入学的国文试验都定为白话。""学生学了国文，并不是单为预备大学的入学试验的。他的国文，须用来写家信，上条陈，看报，做报馆里的'征文'……等等。他出学校之后，若去谋事，无论入那〔哪〕一途，都用不着白话。现今大总统和国务总理的通电都是用骈体文做的；就是豆腐店里写一封拜年信，也必须用'桃符献瑞，梅萼呈祥，遥知福履绥和，定卜筹祺迪吉'……等等刻板文字。我们若教学生'一律做白话文字'，他们毕业之后，不但不配当'府院'的秘书，还不配当豆腐店的掌柜呢！"[①]此谓文言应用之广，非

---

① 《胡适文集》第二册《胡适文存》卷一《论文学改革的进行程序》答盛兆熊（爱初）书（原载1918年5月15日《新青年》第4卷第5号），第57页。严耕望（1916—1996）自称小学至中学，长于数学，"而文科程度显得很坏。一日，我在楼上做功课，有一位乡人在楼下与一位同学谈起，骂我一封信都不会写，数学再好有什么用？我亲自听到这些话，不免有些感触。适在那时兄长德明先生也劝我要对国文下点功夫，因此更自意动，想着如何增进自己的国文程度"《治史三书·治史答问》，沈阳：辽宁教育出版社，1998年，第117页，其后自修《三国志》《左传》，可知"国文"指古文，第117—118页；又见《附录一》黄宽重《严耕望先生访问记》，第200页。孙犁亦言，中学毕业，入北平市政府任书记，有股长某，"我写了一个请假条寄给他。我虽然看过《酬世大观》，在中学也读过陈子展的《应用文》，高中时的国文老师，还常常（转下页）

白话可及也。蔡元培亦矢口否认北京大学"已尽废古文而专用白话"。[①]乃不数岁,"某大学招考新生,凡试卷用文言者,皆为某白话文家所不录"。梅光迪质问:"夫大学为学术思想自由之地,而白话文又未在该大学著为功令,某君何敢武断如是!"[②]邵力子(1882—1967)继有所检验,曰:"我最近,看过了所谓中学毕业生的国文考卷一百几十本,中其二字疑乙做白话文的不及十分之一。这些中学毕业生是从各地方来的;这可见文言文在各地中学校的势力实在还是很大。我报告这种情形,在反对白话文的怕要大得其意,自庆吾道不孤。……我们在近代的文坛上看来,似乎白话文的势力一天扩展一天;其实,这全因为现在执迷在文言文的梦里的,多半是潜伏着不动。但他们底潜伏,只是限于文坛上;在教育界和一切社会里,他们还是痴愚地蠢动着。我们为防止他们的蠢动,不还该有一番很大的努力吗?"[③]

北洋政府教育部本于1920年明令以白话为国语,用纂中、小学教科书,1925年"自章(士钊)法长兼任教育以来,'舆论'称其举措乖谬",其一即"禁止白话",[④]遂致"S大学的招生广告上竟然写着'一切答案俱用文言'的昏聩话,P大学逢白话试卷不录,听

（接上页）把他替要人们拟的公文,发给我们当做教材。但我终于在应用时把'等因奉此'的程式用错了"。《采蒲台的苇——孙犁散文·书的梦》,第133页。

① 《石头记索隐·附编·致〈公言报〉函并答林琴南函》(原载《公言报》1919年3月18日),第79页。

② 《梅光迪文存》上卷《评今人提倡学术之方法》(原载1922年2月《学衡》第2期),第138页。

③ 《文白的消长》(《民国日报》1923年9月2日),转引自《南社史长编》,第572—573页。

④ 《周作人散文全集》第四卷《论章教长之举措》(原载《京报副刊》1925年5月4日),第158、159页。

说河南某师范学校竟明目张胆地禁止作白话文"。[①]1927年复有《北京教育部禁止白话文令》:"查比岁以来,各学校类多用语体,弁髦文言,教师相诩为标新,学子借此而藏拙,坐令俚鄙流传,斯文将丧。长此不改,怒焉堪忧。合亟令仰该部科,所有国文一课,无论编纂何项讲义及课本,均不准再用白话文体,以昭划一而重国学,其各遵照毋违,此令。"[②]周作人录南京教育界友人来信曰:"江苏中大则虽成立而无经费,未能开课,但即使开学也悲观得很。因该大学暗中亦在取缔白话,听说凡新生国文卷用白话写者一概不取,主持者为钱基博,该大学之国文学系主任也。"[③]胡适1929年犹叹:"国民党当国已近两年了,到了今日,我们还不得不读骈文的函电,古文的宣言,文言的日报,文言的法令!"[④]

迤逦至30年代,白话运动势少杀。鲁迅曰:"有些战士""因为爬了上去,就不但不再为白话战斗,并且将它踏在脚下,拿出古字来嘲笑后进的青年了。因为还正在用古书古字来笑人,有些青年便又以看古书为必不可省的工夫,以常用文言的作者为应该模仿的格式,不再从新的道路上去企图发展,打出新的局面来了"。[⑤]

---

① 《钱玄同文集》第三卷《杜同力〈国文科入学试验谈〉的附言》(原载1925年7月12日《国语周刊》第5期)所附杜文,第173页。

② 《周作人散文全集》第五卷《随看录二》(原载1927年10月1日《语丝》第151期),第144页。

③ 《周作人散文全集》第五卷《南北之礼教运动》(原载1927年10月1日《语丝》第151期),即《随感录(四八)》,第315页。此"中大"或为"光大(光华大学)"之误。

④ 《胡适文集》第五册《人权论集·新文化运动与国民党》(原载1929年9月10日《新月》第2卷第6、7号合刊,实推迟出版),第525页。

⑤ 《准风月谈·"感旧"以后(下)》(原载《申报·自由谈》1933年10月16日),《鲁迅全集》1938年版,第五卷,第383页。参《且介亭杂文二集·从"别字"说开去》(1935年),第六卷,第282页。

周作人曰："会考之后中学生多做古文了,至少在长江一带已是如此,这是我听一位朋友说的话。"①吴自强(1901—1996)所言直成胡适嗣响:"除了白话在教科书上有一点地位以外,在整个的中国社会上,有什么地位? 不但官场之文告及公事系用文言,就是报纸上也是用文言。"②

所见民国初、中等教育文、白反复之乱象,无逾蜀人袁珂(1916—2001)自述:"我小时候读私塾,念的是'人之初,性本善'那一套,后来上小学,又学'大狗叫,小狗跳'那一套;从省城初小转到县城初小,又回复到文言文的学习,用的语文课本干脆就叫'国文';但是上了高小,承受新文化运动的余绪,又改学白话。""迂回成都,考上了华阳县立初级中学。这个学校,是当时成都老式的名牌中学之一","语文方面又恢复了严格的文言文训练,课本用的是《古文辞类纂》和《经史百家杂钞》"。"初中毕业,考进私立协进中学,学校系新办","语文方面,自然又以白话为主"。③大抵白话普及作辍靡常,三年改道,百里异习,文言尚离离如原上之草也。

---

① 《周作人散文全集》第六卷《杨柳》(原载1935年5月5日《独立评论》第149期),第580页。
② 《读经有什么用:现代七十二位名家论学生读经之是与非·吴自强先生的意见》,第177页,发表于1935年5月10日《教育杂志》第25卷第5期。
③ 晋阳学刊编辑部编《中国现代社会科学家传略》第四辑《袁珂自传》,太原:山西人民出版社,1983年,第323—324页。

窥指妄谈[*]

钱公锺书,海内鸿儒也。余乃知之甚晚。《谈艺录》一编在手,已值"钱学"风歇潮退矣。虽然,咀嚼既久,议论兹生。偶与同侪道及,则龃龉不合。曰有名无实者有之,曰觅小遗大者有之。实学子之掉舌,非英雄而欺人。可置勿道。至睹尊钱者所为,褒赞奖许,既致其力,索隐笺释,复用其极。固有补于末事,将无悖乎初衷?是亦余所不敢苟同也。又或曰:杨绛女士善为其夫敷粉。此虽细论,余竟不能辩白焉。窃谓钱公之学,可以一言蔽之,曰:世故。盖学术者,无过总结、悬拟二端。悬拟或恃乎魄力,总结则非深于世故无能为役。如钱公者,卓识济以公心,藻采辅其诗情,可谓神明其事矣。案钱公所著,以文体论,有文言、白话之别;以内容言,有说理、叙事之分。大要论之曰:《围城》,白话而叙事者也。余不甚喜。以为佳作也,恐非名作,矧大作乎?斯盖余力偶及,荣辱进退,匪公思存。《七缀集》,白话而说理者也。源活流畅,读之如乘云浮波而一针在握。《管锥编》,文言而说理者也。触类旁通,侃侃而及,擘肌分理,层层以入。其博大精深,又非游宝山、探沧海所能喻矣。若夫详彼略此,回环掩映,杜牧之赋阿房宫堪断章移评焉。如历论《易》《老》《列》,独阙《庄子》,而旁征侧议,殆无剩义,特其显例耳。或谓未刊稿内有《庄子》一种。又概衡其文言、白话二体，鄙意有所高下。钱公文言雅饬，众口一辞，顾白话成文，格调每在流、滑间。另有《槐聚诗存》行世，精明熨贴，亦一时之选。然意者较公谈艺所造，其犹秋星之对夏日乎？

石　语

钱锺书与晚年陈衍过从较密。据《石语》先后所记，"（民国）二十一年（1932）阴历除夕，丈招予度岁，谈燕甚欢"，"二十三年（1934）阴历除夕招余与（钱）中行同到苏州度岁"，"二十四年（1935）五月十日，石遗丈八十生辰，置酒苏州胭脂桥寓庐。余登堂拜寿"。[①] 书信往还无论矣。《七缀集·林纾的翻译》又称："不是一九三一、就是一九三二年，我在陈衍先生的苏州胭脂巷住宅里和他长谈。陈先生知道我懂外文，但不知道我学的专科是外国文学，以为准是理工或法政、经济之类有实用的科目。那一天，他查问明白了，就慨叹说：'文学又何必向外国去学呢！咱们中国文学不就很好么！' 我不敢和他理论，只抬出他的朋友来挡一下，就说读了林纾的翻译小说，因此对外国文学发生兴趣。陈先生说：'这事做颠倒了！琴南如果知道，未必高兴。你读了他的翻译，应该进而学他的古文，怎么反而向往外国了？ 琴南岂不是"为渊驱鱼"么？'"[②] 必先于《石语》之1932年除夕对话。《谈艺录》四四《遗山论江西派》有云："张孝达之洞《广雅堂诗》下册《过芜湖吊袁沤

---

① 《石语》，第29、46页。
② 《七缀集》，第100页。

籡》之四云:'江西魔派不堪吟,北宋清奇是雅音。双井、半山君一手,伤哉斜日广陵琴。'陈石遗丈谓斥江西派为魔道,而又撇开黄双井为北宋雅音,不免语病。余谓此即本遗山'论诗宁下涪翁拜'一首之意,丈颔以为的解。"《补订》以"此余二十二岁时浅见妄言,石遗丈恕其稚騃,姑妄听之耳"。[1]即在民国二十年(1931),疑与上文同为一次"长谈"语。张旭等《陈衍年谱》既误系1932年事于1933年,所载1934年"2月13日,癸酉除夕,钱锺书拜会陈衍,得其赠诗",末语亦舛。[2]

《石语》以文言记口语陈衍口语参上引《林纾的翻译》,随性、通脱,上佳之口述史料也,唯臧否人物,语无遮拦,虽六十年后发表,犹不免激起反响。盖文人相轻,每在于狙声射影,甲、乙背揭丙短,乙、丙暗议甲非,露才护短,扬己饰非,大搞"危机公关"者有之。《石语》及林纾者数处。林文优于诗,陈诗胜于文,错位之中,争竞实寓焉。[3]从"为学总须根柢经史"讲起,[4]便蓄林氏"不经"之意,虽戴"一代宗匠"高帽,[5]以下句句拆台,摧破无余地。偾中书君奉

---

① 《谈艺录》,第154、495页。

② 张旭等编著《陈衍年谱》,福州:福建人民出版社,2020年,第375、390页。案《石语》曰:"丈先后赠余诗三首,其二藏家中,遭乱,恐不可问,仅记一联云:'仍温同被榻,共对一炉灰。'盖二十三年阴历除夕招余与中行同到苏州度岁也。"第46页,揆其辞气,必非赠于度岁当时。

③ 参陈衍跋林纾与陈器书长卷:"畏庐自负其文而自谦其诗,自负其画而自谦其字,共论亦多谓然。余独以为诗愈于文,字愈于画。虽若靳之,其实可为知者道,难为不知者言。其畏庐闻之而悃,以余若故抑其文与画也者。言笑如昨,而畏庐已为异物,且隔岁矣。"当在1926年,《林纾集》第一册《畏庐尺牍辑佚·与陈器书(九封)》注①,第537页。案此又与陈氏"琴南最恼人家恭维他的翻译和画"之语歧互,《七缀集·林纾的翻译》,第100页。

④ 《石语》,第31页。

⑤ 《石语》,第32页。

琴南翁度岁,则所谓"琴语"者,话风必改,当别生一头绪,深惜陈氏之"不文"矣。陈之讽林,已在林殁后,先亡者失其话语权,后死者或可落井下石,收复失地。陈口中之林纾形象极不堪,"最怕人骂","闻之大恐",[①]惹事不扛事,都悖冷红生之自诩焉。钱氏尝言:"文人好名,争风吃醋,历来传作笑柄,只要它不发展为无情、无义、无耻的倾轧和陷害,终还算得'人间喜剧'里一个情景轻松的场面。"[②]为林纾、严复发也,林、陈之交,亦应作如是观乎?

《谈艺录》《管锥编》称人

《谈艺录》称人以字、号或先字、号而后名,尚沿前人习气,《补订》承焉未改,《管锥编》径称名,至易《谈艺录》之"朱子"为"朱熹"。顾偶乱其例,如第二册第717、719页称"邓椿"为"邓公寿",第789页称"郎瑛"为"郎仁宝",第三册第879页称"陶宗仪"为"陶九成",第1010页称"倪元璐"为"倪鸿宝";作"增订"时,第五册第22页亦称"郑光祖"为"郑德辉",第79页复称"朱子"。王彦泓,《谈艺录》作"王次回",《管锥编》同,盖以字行,第五册"增订"第195页又作"王彦泓";《管锥编》于《书谱》作者,先作"孙虔礼",后作"孙过庭",孙名虔礼,字过庭,实以字行,故书名、书字并无不同也。又,两著称时人,曰丈,曰先生,曰君仅《谈艺录》正文前之"友人冒景璠"为破例,凡所指摘,辄不具名。

---

① 《石语》,第33、34页。
② 《七缀集·林纾的翻译》,第102页。

钱译西文

　　钱锺书译西文，今总见诸《人生边上的边上·译文》部分。另有《七缀集·一节历史掌故、一个宗教寓言、一篇小说》，张隆溪云："钱先生用佛经体的文言翻译古希腊史家希罗多德《史记》所载一桩趣闻，用《三言两拍》体的白话翻译意大利作家邦戴罗（Matteo Bandello）一篇小说，与《生经》里佛说的一个故事相比较。"[1]"佛经体的文言"，良然，"《三言两拍》体的白话"，则一言以为不知。

　　其文言著作中之翻译，一字、一词至于一句、一节，触类旁通，落英缤纷，亦时引而不译，或仅撮译大旨。《管锥编》更居《谈艺录》上。钱氏尝曰："《楞严经》出于房融增饰，昔人已言；卷五之'松直棘曲，鹄白乌玄'，鹄案脱"白"字乌玄'，卷六之不服靴履裘氍、不饮乳酪醍醐，卷七之'皎若冰霜'等，均不似释典常道之风习方物。卷六云：'因地不真，果招迂曲，求佛菩提，如噬脐人，欲谁成就？'取此设譬，其出华人手笔，皎然若揭；以译事论，已为严复《天演论》始作俑矣。"[2]似致不满。顾又曰："雅之非润色加藻，识者犹多；信之必得意忘言，则解人难索。"[3]则主"活译"而非"死译"，宗旨可觇。[4]如译

---

[1]　《走出文化的封闭圈·钱锺书的语言艺术》，第196页。

[2]　《管锥编》第一册《左传正义》六《庄公六年·以空间示时间》，第176页。

[3]　《管锥编》第三册《全上古三代秦汉三国六朝文》一〇一《全三国文卷七五·译事三难》，第1101页。

[4]　许渊冲谓钱有"理智上要直译，情感上爱意译"之矛盾，《许渊冲百岁自述》第四章《翻译人生》，北京：华文出版社，2021年，第324页，然所重在译诗非译文也。

魏尔伦 "C'est des beaux yeux derrière des voiles" 作 "蝉翼纱幕之后,明眸流睐",[①] 狄德罗 "La voix de la conscience et de l'honneur est bien faible, lorsque les boyaux crient" 作 "饥肠鸣如雷,则良心之呼声弱如丝",[②] 斐尔丁 "But I found it vastly impaired the lustre of my eyes. I had, in that short time, perfectly lost the direct ogle" 作 "而秋水之明已大减,致不办向妇人平视目语",[③] 胥添油加醋,西餐化中餐矣。且文言视白话,似尤擅活译之 "特权",以其原 "死板" 于白话,必赦其 "活泛",始克周旋尽意。虽然,钱暮年修订旧著,径称魏语为 "面纱后之美目",[④] 译托尔斯太 "All happy families resemble one another; every unhappy family is unhappy in its own way" 作 "一切欢乐之家庭均相类肖,每一不欢乐之家庭则痛苦各异",[⑤] 纯系死译。译雨果 Les Travailleurs de la mer 结尾曰:"舟不可辨识,只睹烟雾混茫中一黑点。此处应加省略号。少焉,轮郭不具,色亦淡褪。随乃愈缩而小,继则忽散而消。舟没地平线下,此时人亦灭顶。漫漫海上,空无一物矣。"[⑥] 取较陈筱卿译本《海上劳工》:"克什米尔号已经看不清了,此时已成了混杂在雾气中的一个斑点。""渐渐地,这个斑点不再具有任何形状,淡化了。接着,它在变小。接着,它消失了。当那船消失在天际的时候,吉

---

① 《谈艺录》八八《白瑞蒙论诗与严沧浪诗话》,第276页。
② 《管锥编》第三册《全上古三代秦汉三国六朝文》一六《全汉文卷一八·"贫则奸邪生"》,第899页。
③ 《管锥编》第四册《全上古(三代)秦汉三国六朝文》一五六《全晋文卷一三八·"损读"为"眼方"》,第1250页。
④ 《谈艺录·谈艺录补订·276页》,第593页,易"魏尔伦"为"魏尔兰"。
⑤ 《管锥编》第五册《管锥编增订·671页》,第54页,似故异今人所译。
⑥ 《管锥编》第五册《管锥编增订之二·79页》,第137页。

利亚特的脑袋也没进海水中去。只剩下苍苍茫茫一片大海。"①仅简、繁之别耳。鲁迅谓严复"后来的译本，看得'信'比'达雅'都重一些"。②风霜高洁，水落石出，亶其然乎？

《管锥编》尚有口语译西文者，如："偶睹西报载纽约民众示威大呼云：'一二三四，战争停止！五六七八，政府倒塌！'（One two three four,/We don't want the war!/Five six seven eight, /We don't want the state!）"③"十八世纪德国文家本盲甓相须之事为谑语云：'盲问甓："您行吗？"（Wie gehts?）甓答盲："您瞧呢！"'（Wie Sie sehen!）"④"今日英美市语亦有'请也代我来一下！'（Do one for me!）之谑。"⑤时于中文讨论内夹杂西文，特假西文以阐中文耳，如"以显豁呈'露'与'隐'约蔽亏，错综立形，烘托备意（concealment yet revelation）"，《增订》即称"余原以英语'concealment yet revelation'阐之"也。⑥字、词中译西者亦偶见，如："拉丁文'supercilia'，尤可为毛传'眉上'之直译。""窃谓'artificiel'即'伪'字确诂，亦堪为的译。"⑦

———————

① 《雨果文集》第5册，北京：人民文学出版社，2014年，第421页。
② 《鲁迅全集》编年版第6卷《关于翻译的通信》（原载1932年6月《文学日报》第1卷第1号），第621页。
③ 《管锥编》第一册《毛诗正义》五《关雎（四）·兴为触物以起》，第64页。
④ 《管锥编》第二册《焦氏易林》五《蒙·盲甓相须》，第550页。案据第549页引《淮南子·说山训》"甓者告盲者"及目录所拟，"甓"当作"甓"。
⑤ 《管锥编》第二册《增订》"676页《太平广记》卷八〇《周隐克》"条，外文出处从省，第849页。
⑥ 《管锥编》第四册《全上古（三代）秦汉三国六朝文》一八九《全齐文卷二五·说"韵"》，第1358页；第五册《增订之二·1358页》，第245页。
⑦ 《管锥编》第一册《毛诗正义》二四《硕人·〈诗〉〈骚〉写美人》，第92页；第五册《管锥编增订·1165页》，第89页。

近代文编

　　郭绍虞《近代文编》今有横排简体版，文字、标点讹误外，目录页码不合正文者17处，大有自我"盗版"之嫌。蒋凡《荐序》谓"《学文示例》和《近代文编》""是在上世纪三十年代后半期开始构思并编纂的，具体说来是在1937年七七事变以后"。[①]据何旺生《郭绍虞学术年表》，《文编》系1936年12月燕京大学国文系印行。[②]唯其书《编例》末条称："《新文艺运动应走的新途径》一文，原为本编代序，兹以篇幅过长，暂不编印，读者可参阅本校出版之《文学年报》第五期。"[③]案该文与《大一国文教材之编纂经过与其旨趣》此版节选收为《附录》并发表于1939年4月，后者且含"学文示例序"，则两书或于其年皆有付梓之谋。何《表》以《学文示例》"写于1941—1944年9月"，[④]殆不然欤？

　　《近代文编》"以戊戌变政为中心，辑录同、光以来有关灌输思想、讨论学术或研究生活之作"，[⑤]分"日记""笔记""游记""传记""叙记""论说""论评""论辨""题序""书告""论述""疏证"

---

①　蒋凡《荐序》，《近代文编》，第2页。

②　何旺生《郭绍虞学术年表》，《中国韵文学刊》第22卷第1期，2008年3月，第113页。

③　《编例》，《近代文编》，第2页。

④　《郭绍虞学术年表》，第114页。

⑤　《编例》，《近代文编》，第1页。"以戊戌变政为中心"，乃"以戊戌变政为界"之意耳。

十二类,各有辨体小序仿姚鼐《古文辞类纂》,文、白混收,成过渡期一"标本",后之教材则区现代、古代为两部矣。是编选文计68首,语体文12首,文、白相间者5首,梁启超14首,大都为"新文体",严复3首,无林纾。胡怀琛《虞初近志》《自序》署期"民国二年(1913)"收林纾6首,且有女作者,郭编转而绝迹,岂以女子作品犹不足充教材耶?

古文数家

钱仲联、钱锺书有"二钱"之目,然大异小同,离之为美。梦苕庵旧以诗名,文非当行,[①]信笔者浅白,用力者深涩,远逊容安馆之深浅自在。饶宗颐《固庵文录》似今唯一行世之古文集,[②]学者之文,时而技痒思炫,韵味不厚。汪荣祖《史传通说》亦海外鲜见之大作,《钱(锺书)序》称其"笔语雅饬",尚有分寸。[③]刘永翔(1948—)骈散俱佳,第过求复古,转在前辈之上。

钱锺书谈艺,最得心应手,一生学问根柢于此,及扩充为《管

---

① 钱氏论文差佳,所编《清文举要》有受业吴孟复《序》,称:"先生选文之意与吾人读文之法,犹有可述者","一曰'知要'","二曰'会通'","三曰'扩大'","四曰'审词气'","五曰'通文律'"。合肥:安徽教育出版社,1999年,第4—7页。

② 另有饶宗颐著,陈伟注《饶宗颐辞赋骈文笺注》,广州:暨南大学出版社,2016年。

③ 汪荣祖《史传通说——中西史学之比较》,北京:中华书局,1992年,页ⅲ。《钱序》草草,《杜(维运)序》乃蹩脚文言耳。《槐聚心史:钱锺书的自我及其微世界·弁言》自记:"何(炳棣)先生看到我写的《史传通说》,笑称'俨然钱体,难怪他会视你如忘年交'。我听后惭愧之余,又感荣幸。"第17页。

锥编》,文字之粹美、酣畅容有不逮。自称《管锥编》"文体比《谈艺录》更古奥"。[①] 而《谈艺录·引言》讼其少作"言之成理而未澈,持之有故而未周,词气通侻,亦非小眚",再版"乃稍删润原书,存为上编",[②] 则今非昔比,不可不知也。

假古文

"假古文"者,今人不能古文与不擅古文而强作所致也,可并目之"不伦不类"焉。等为附庸风雅、弄巧成拙,析论之,厥有三种。

一曰半文半白。民国固多文、白缠夹者,与今不同,在彼为旧习难迁,在此为古风难复也。或白话而羼文言:曾淑士国语之不若,"之乎者也",不择地而出,此非论运用成语也,如"逃之夭夭""不亦乐乎""空空如也""心不在焉""呜呼哀哉"之类。句末无端拖一"也"字,尤似著西装而戴假辫。《论语今读》动辄"踳文",自鸣得意,毋亦深感古典文献与现代阐释之紧张,调适未果,成是伪体。或文言而逗白话:《论语札记》李零《丧家狗:我读〈论语〉》所莽徒多愤激,其奈文言矫且謇何?每每收煞不来,又不得不续以白话。二曰不通不顺。凡半文半白之"文"皆难通顺,殆文言通顺者,宜知不与白话相混也。顾不白者亦非文也,如《钟山碑文》之流,荒陋已极。有著书论"白话运动危机"者,以洋洋60万言之白话攻讦白话,自陷悖反而不恤,乃思以文言作结,奏雅曲终,其文堆砌成语,更嵌入《文心雕

---

① 夏志清《重会钱锺书纪实》,《记钱锺书先生》,第187页。
② 《谈艺录》,第1页。

龙》《文史通义》原句，捉衿见肘，白话危机，不啻躬证之矣。三曰似是而非。《儒道释疏观》笔下滔滔，不过互易文、白语助，非谐俗之文言，乃乔装之白话耳。《征圣录》原名《庸经堂笔记》辞采可观，唯“其之”二字刺眼网上尝有蠲戏书生《读季惟斋〈征圣录〉有感于“其之”二字之用法》一文，谓不合式，此无他，白话“他的”之文言化也。

与作假古文，宁不作，不作，自有真古文在，作则假乱真矣。今有欲为广大教化主者，猿鹤虫沙，来者不拒，殊非古文葆真之道也。

文言类西语

文言用字颇有近法语者：“焉”似“y”，“处”似“où”，“诸”似“au(aux)”，“旃”似“l'y”，“其”似虚拟式“qu'il”，宾语前置亦文言所时见。王应奎《柳南随笔》有“音分死活”之说盖“四声别义”之一种，[①]以主动态为“活”，被动态为“死”，诚古字法之类乎西语者也。

西人尠通文言

钱锺书有谓，观黑格尔议论，“仅略知一二汉字之拼音而已，如谓‘po’一音有‘玻’(Glas)、‘擘’(zerspalten)、‘泼’(wässern)、

① 王应奎《柳南随笔》卷五，北京：中华书局，1997年，第102页。

'婆'（altes Weib）、'仆'（Sklave）、'薄'（ein wenig）等 十 一 义
（**Philosophie der Geschichte**, I Teil, ii Abschnitt, Reclam, 191），
亦犹法国传教士（Père Bourgeois）叹汉语难学，'chou'一音即有
'书'（a book）、'树'（a tree）、'述'（to relate）、'输'（the loss of a
wager）等六义也（I. Disraeli, **Curiosities of Literature**, I, 268）"。[①]
又云："汉语比英语难学得多。"[②]华人治西语之造诣，迥非西人治华
语所及，要非过论。难、易以外，兼有俯、仰之别。西方自命文明先
达，后发视异种，甚且拟于蛮貊，等诸下劣。汉学家或狐假虎威，颐
指气使，国人辄呼牛作马，卑躬屈膝，其所由来复矣。夫中国治欧
美史者，趋赴欧美，必不敢持中文论文、作汉语宣讲，乃欧美治中国
史者来华，即可以英文、英语，高踞而为贵宾。此与英语乃世界通用语
无关。治华语至不能成文，抑何中国学术功力之足称？白话尚尔，
遑论文言？彼殆未尝习文言也，习文言之白话翻译之西文翻译耳。
汉学家每有华裔研究助手，其故可思。余尝校某汉学家稿，译诂古籍，错
讹满纸，略当中学语文水平，然在彼邦已跻院士阶级矣。唐德刚直
斥哥伦比亚大学古文教授为"招摇国际间的文化骗子"，[③]义形于

---

① 《管锥编》第二册《老子王弼注》一三《四〇章·"反者道之动"》第445页注
⑥，参第五册《管锥编增订·445页》："法国传教士论汉文难学，见于一七六九年
十月十五日渠自北京致某夫人书，书存《宣化述奇汇牍》中（Du Halde, *Lettres
édifiantes et curieuses de Chine*, ed. I et J.-L. Vissière, 1979, 469）。"第36页。

② 《七缀集·汉译第一首英语诗〈人生颂〉及有关二三事》，第134页。其《谈中
国诗》更称："不幸得很，在一切死的、活的、还没生出来的语言里，中国文怕是
最难的。""至少中文是难到拒人于千里之外的程度。"且举"高谛爱（Gautier）
的中篇小说（*Fortunio*）"为例，《钱锺书集·人生边上的边上》（原载《大公报》
1945年12月26、27日），第95页。

③ 《胡适文集》第一册《胡适口述自传》第十二章注〔1〕，第390页。唐氏继云：
"他连个'光临便饭'的小条子也看不懂，而偏能在知名的学府内，大教其中
国古文！最可叹的却是发展中国家里的文化官员们，往往也过分自（转下页）

色,而汉学界之"吹哨人"迄未多见也。

何伟亚(James L. Hevia)《怀柔远人》获美国列文森最佳著作奖,评委有艾尔曼(Benjamin A. Elman)、魏斐德(Frederic E. Wakeman)等。于清代文献摘埴索涂,强作解事,释《大清通礼》"国家声教既讫四夷来宾徼外山海诸国典之礼部百余年来敕封燕赍诸典仪文详洽爰辑为宾礼",曰:"我朝国家公布的教令(国家声教)使四方之人都来为宾,山海之外的各国都对此做了记录。数百年来,礼部受敕令而以盛宴款待他们,并赐给赏礼。各种典仪的仪文经过检核和综合,并由此被编辑成为宾礼。"①破读、误解,一望可知。周锡瑞(Joseph W. Esherick)奋起抨击,凿凿有据,但点《通礼》首句作"国家声教既讫四夷,来宾……",②不知应作"国家声教既讫,四夷来宾",则一间未达矣。周氏又因何氏以"逼遢京城"为"在京城中遛跶

(接上页)卑,崇洋成病。每每不惜以人民血汗来奉承这种不知天高地厚的文化骗子,使他们益发以优越人种自居,而对其所学污染愈甚。"另参第十一章注〔3〕,第366页。

① 周锡瑞《后现代式研究:望文生义,方为妥善》(尚扬译),黄宗智主编《中国研究的范式问题讨论》,北京:社会科学文献出版社,2003年,第57—58页。何伟亚《怀柔远人:马嘎尔尼使华的中英礼仪冲突》(邓长春译,刘明校)此节作:"在我们的时代,帝国的教导(国家声教)远播四方的外国,他们以宾客的身份来到帝国朝廷。来自天涯海角的王国表明了这一点。一百多年以来,依照帝国的常规,由礼部负责宴请并奖赏他们。……各种有关礼仪规范的文献经过检验、融合,被编纂为宾礼。(《大清通礼》,45:1a)"面目益非,"45"应为"43",即卷四三,译者所注相应"汉文",误"余"为"数十"、"详"为"祥",北京:社会科学文献出版社,2002年,第123—124页,及此译本再版,更将《通礼》"洽""爰"间之逗号删落;第124页所注相应"汉文",误"齑"为"齊(齐)"。未能检核英文原版,不知是否沿讹。乃中文之译、校水平如此,西人得借口矣。

② 周锡瑞《后现代式研究:望文生义,方为妥善》,《中国研究的范式问题讨论》,第57页。周氏沿何伟亚之说,以"典之"为"记录在册",亦误,"典"乃"掌管"之义也。

（wandering）"，斥其"将'遛'字作为惯用的'遛'字解释，而没有认识到'遛'同'留'，'遛遛京城'即为'被迫滞留京城'之意，与在京城'遛跶'完全是风马牛不相及的两层意思"。①艾尔曼、胡志德（Theodore D. Huters）联手抗辩，不过谓："既然英国人愿意留在中国开领使馆，何'被迫'可言？"②盖四人皆不知"遛"必"逗"字之讹，"逗遛"既非"遛跶"，亦非"被迫滞留"也。众盲扪象，直随所触耳。

法国学者戴廷杰（Pierre-Henri Durand）以文言撰《戴名世年谱》，勇气可嘉，依托史料，差可成文，自抒心曲，尚未辞达也。

韩、日古文

昔韩、日人以古文书写，犹之英、法、德人以拉丁文书写也。小宅生顺曰："中国之文章，直写平日言语而已。我邦文字不然，平日言语与中国大异，故作文字亦不自由，是故文才迢〔超〕逸者良希。虽然，朝有掌文字官，务学中国之文。其所传者，《日本纪》《续日本纪》《日本后纪》《续日本后纪》《三代实录》《文德实录》《新国史》《旧事纪》《古事记》等，皆是我邦典籍也。方今东武亦有日次记录，备来世而已。"③诸书余都未睹。全祖望《题朝鲜洪枢府忍斋集》曰："其文肖其土风,大率平衍之音。"①所见韩、日古文实以文从字顺为极则,但思独出机杼,往往似通非通,难尽泯韩式汉语、日式汉语之迹耳。

晚清甲午战罢,日本于华,由弟而师。梁启超东渡,摄取日文语汇,创立"新文体",遂成古文改造之先声。林獬(1874—1926)愤愤不平曰:"吾国文章实足称雄世界,日本固无文字,故虽国势盛至今日,而彼中学子谈文学者,犹当事事丐于汉土。今我顾自弃国粹,而规仿文辞最简单之东籍,单词片语,奉若邱索,此真可异者矣!"②林纾既慨言:"英俊之士,为报馆文字所误,而时时复搀入东人之新名词。"③更危言:"吾国之习于东者,则欲归烬中国之所有者,以为留此足以病新,不锄而尽之不止。""意者后此求文字之师,将以厚币聘东人乎!"④然百年来,华人古文固蹶而不振,日人如明治、大正学者之古文亦乏继武,韩人循至艰于诵读本国文献矣。"皮之不存,毛将安傅?"堪为二林下一转语。

朱舜水旅日文论

明社既屋,朱舜水流亡日本,课徒之余,酬应士流,或为批改古

---

① 《全祖望集汇校集注·鲒埼亭集外编》卷三一《题朝鲜洪枢府忍斋集》,洪名暹,第1385页。
② 林獬《与高旭书》,高旭《愿无尽斋诗话》(《南社》第一集,别见《民权素》第七集),转引自《南社史长编》,第31页。
③ 《林纾集》第五册《古文辞类纂选本·序》,第273页,商务印书馆1918年版。
④ 《林纾集》第一册《畏庐三集·送林生仲易之日本序》,时在1918年,第199页;《畏庐文辑侠·论古文之不宜废》(原载天津《大公报》1917年2月1日),第350页;参次篇《函授部序》(原载《中华编译社社刊》1917年第2期),末亦称"后日或延东洋人而授中学,斯则至可悲之事",第351页。

文,如《与野节(野竹洞)书》:"佳作潇洒不群,宛然矩矱,更无可以雌黄。承命谆谆,且诚恳之意溢于言际,故不敢自外,以虚谦德。谨僭笔丹铅,非敢于自贤也。"① 《与小宅生顺(小宅安之)书》:"姊妹之子曰甥。邓攸字伯道,无子,时人不平,噫曰:'天道无知,邓伯道无儿。'无此二语,忽接'今君'则无根。古语不必用全文,加二'其'字。此'须'字似不同,'须'字似未曾修身、从今后方去修身俟命也。后'必'字归不到卜幽老记上,乃台兄自任之语耳,故改作'或'字。轻重叠复反折,恐不如此论。"② 或为拟撰古文,如《答安东守约书》:"承谕序文,容阅稿竟构上。"③《与野节(野竹洞)书》:"勉亭兄碑文,昨日聊且草就,计字有贰千五百,或嫌过多。然首尾俱此文吃紧处,不可删。惟中间入事实处,有壹千三四百,太冗长,且多是寻常事;但推学士之意,似欲尽入为快,又不敢过简。今日欲誊真送上公检阅,然后奉览,幸示知。傥不嫌其多,便当全入;若可如奉议,便可少数百字。特此请问,祈明教之。"④ 盖日本古文取法中国,自有授受传承,然暗中摸索,时背绳墨。朱氏虽不吝褒美,如《答小宅生顺书》:"《白贲园记》甚佳,足称大方矣。弟闻见狭陋,未尝见贵国有此完文也。"⑤《与辻达(辻了的)书》:"佳作来教,捧读再三,与往日之所闻,大似迥别,深喜鄙言不诬。前者屡读友元、道设二野兄佳制,每为击节,今文彬彬然,将来当无逊于

---

① 《朱舜水集》卷八《与野节(野竹洞)书三十五首·三十》,第217页。
② 《朱舜水集》卷九《与小宅生顺(小宅安之)书三十六首·五》,第300页。
③ 《朱舜水集》卷七《答安东守约书三十首·二》,第172页。
④ 《朱舜水集》卷八《与野节(野竹洞)书三十五首·三十二》,第217—218页。
⑤ 《朱舜水集》卷九《答小宅生顺书十九首·十七》,第321页。

中华。"①仍未渠许其等埒"中华"也。乃今国人率尔操觚，又彼日人古文之不若。兹摘钞朱氏旅日文论为一编，以教日人者教国人可矣。

细阅诸作，志大而任重，忧深而虑远，尚论古人，卓有独见，退自儆策，刻不容弛。诗序隽雅警拔，时时不失本初，饶有风人之致，然品骘不无太过、太刻之弊。(《朱舜水集》卷七《答安东守约书三十首·一》，第171页)

子厚文雄奇磊落，足以庶几昌黎。(卷七《答安东守约书三十首·五》，第175页)

完翁又命作文颂美，不知作文自有时候，自有体局，造次诞妄，自有识者。又不肯与事实，徒构虚辞，于文何取？……他日书得其详，为构一合作，使人与文俱垂不朽，不亦佳乎？(卷七《答安东守约书三十首·七》，第177页)

六朝非竟不读书，特当时沿为绮靡之习，伤其本业。韩文公能悦圣贤之道，遂谓文起八代之衰，功侔神禹。(卷七《答安东守约书三十首·八》，第178页)

大凡作文，须根本六经，佐以子、史，而润泽之以古文。内既充溢，则下笔自然凑泊，不期文而自文。若有意为文，便非文章之至也。譬如贫儿开筵，不少器具，便少醯酱，如何得称

---

① 《朱舜水集》卷九《与辻达(辻了的)书九首·二》，第326页。"友元、道设二野兄"，可参卷八《与野传(野道设)书四十四首·二十五》："答策甚佳，可胜健羡！事事皆在人为，特患不肯用功耳。故自谓不能者，自暴弃者也；谓他人终于不能者，嫉人、害人者也。今读令兄友老及佳作，仆言不信而有征乎？傥由此而孳孳求进不衰，则中华之文可为，中华之名手可齐轨而方驾，吾何畏于彼哉！'舜何人，予何人'，惟台兄勉之矣。"第239—240页。

意？而性灵尤是作文之主。（卷七《答安东守约书三十首·十七》，第186页）

昨来两札俱佳，不必更改。凡作书，助语如"之、乎、者、也"等字，非甚不得已不可用。句要劲，词要古，而无用古之迹为佳。所以一应文字，出之先秦、两汉者为妙。若要近便适用，或取《尺牍争奇》、《苏黄小品》，选其可者熟玩亦可。（卷七《答安东守约书三十首·二十二》，第191—192页）

久不见贤契文，及今乃大长进，格局、文势、意、语俱绝佳，非寻常所可几及。尚祈研精古来大作手，当成贵国一大作手、大名公，勿徒草草也。（卷七《答安东守约书三十首·二十四》，第192页）

片冈宗顺文虽未得肯綮，而语气绝无蹇涩之病，大不类日本风味。少年又能力学，当大加奖进也。三诗不佳，且有大病，殊不似其文。（卷七《答安东守约书三十首·二十九》，第194页）

文章匡翼世教，必使宜乎义，合乎礼，协乎万人之情，非徒以媚悦一二人而已，甚不可以苟焉，况乎镌之金石者？至若文之工、不工，则系其人之才思、学力，岂能勉而至也？要当使其规模不失耳。韩文公作碑、志、表、铭，识者诋为谀墓之辞，岂非昌黎之一玷？愚意使后之人非之，不若使今之人讥之。又称谓者，题之于石，愚智之人未读碑，先看题，举目见之，更当斟酌。（卷八《与野节（野竹洞）书三十五首·一》，第205页）

为文不患不佳，患无此决志专力耳。（卷八《答野节书二十八首·四》，第222页）

文章得力在几句，或一段，多者两段。其铺叙处，本非切要。若几句肯綮，便有千钧之力，或止在掉尾一句。若以家常茶饭平平铺叙，不足以发其光，适足以掩其美。但俗人耳目，不可以文章立格、立意处家至户说。……此等文字，要使后人无非议，更不可苟。(卷八《答野节书二十八首·十五》，第227页)

佳作愈读愈觉津津有味，可见理胜之文大胜他人词致美好也。(卷八《答野节书二十八首·十七》，第228页)

文章之贵，立格、立意，练气、练神，常山之蛇，处处皆应，节节俱灵，真文之神品也。若踞高山绝顶，俯瞰万物，则遣辞命意，自然超旷。而其要务使有关于世道人心，虽小小题，亦自有独到之识，出人虑表，乃为可贵耳。若止于摘辞绘句，虽复脍炙人口，正如春苑之花，鲜妍易谢，况复有不及此者乎？为文务使字字句句俱从经、史、古文中来，而又不见其痕迹，水乳相和，一气冲融，如蜂之酿蜜，蜜成不复辨其为何花之英也。至能自开手眼，则六经皆供我驱策矣。或谓摹某人某作，仿某人某句，大为可笑。佳作路头醇正，气势冲沛，辞意雅驯，与往日所见贵国之文迥然不群。展读终卷，喜跃不可言。贵国自是有人，足以践仆平日之语。若能著力研磨，深造其极，自可一洗旧习，超然自命。近所嫌者，语意不敷，辄自铸数言补凑，使人窥见底里。故曰："狐白之裘，不可补以他兽之皮。"惟祈慎之！歌曲、传奇，可用方言调侃，记、志亦有之。作文不宜用方言奇字，屈平、扬雄终不得坼于经也。佶屈聱牙，以文其浅陋，岂是大手笔？集中辞、铭皆佳。(卷九《与小宅生顺(小宅安之)书三十六首·一》，第298—299页)

昨日入朝，上公……后及王弇州、李梦阳、李于鳞、徐中行等文难读。译者之言，弟不能解，但言四人皆大名公，并李崆峒立朝骨鲠之状,译者又不能达。弟言后日入朝,请其文一看,然诸文但择其佳者读之,全集不宜读等语。(卷九《与小宅生顺(小宅安之)书三十六首·五》,第308页)

佳作大妙,寓意于不隐不显之中,掉结又洁净劲爽,且无长杨较猎等套语,敬服!敬服!(卷九《答小宅生顺书十九首·十四》,第320页)

须知学者以躬行心得为主而润色之以文彩,不可以文字为主而润色之以德行。(卷九《答古市务本书七首·一》,第333页)

得足下书,读之辄喜,削爽明白而少尘俗之气,若能充之以学力,此是最好笔气。惟"诲药心盲"四字稍嫌生新,然有解有义,亦不妨。(卷九《答古市务本书七首·二》,第334页)

细阅来章,足为亢日一喜,缠缠有序,出之不忙不迫,殆栾针之所谓整暇者乎?骈词之体,肉丰则痴,骨露则癯。铸辞易至于生,慎古必流于腐。辑千狐以为裘,美则美矣,针线多痕;添三毛以成像,肖则肖矣,精神无主。清华流利,又能一气呵成,斯为上品。欧阳文忠之才,不能四六,非不能也,盖以圆活为难耳。足下须潜心于此,才胜则词流,学赡则辞典,为青为冰,是所望也。(卷九《答五十川刚伯书三首·二》,第340页)

问读书、作文法。答:作文以气骨、格局为主。当以先秦、两汉为宗,不然则气格不高、不贵、不古、不雅,参以陆宣公、韩、柳、欧、苏,则文章自然有骨气,有见解,有波澜,有跌宕,有神采。取其精华,去其糟粕,文之最上者也。虽然,此为寒俭者言耳。若夫渊富宏迈,其所取更进乎此矣。读书、作文,以《四书》、六经为根本,佐之以《左》《国》、子、史,而润色之以古文。然本更有本，如郦食其所云："知天之天者，王是也。"本之何在？则在乎心。若夫心不端灵，作文固是浮华，读书亦成理障。（卷一〇《答安东守约问八条》，第368—369页）

问作诗文。答：所贵乎儒者，修身之谓也。身既修矣，必博学以实之；学既博矣，必作文以明之。不读书，则必不能作文；不能作文，虽学富五车，忠如比干，孝如伯奇、曾参，亦冥冥没没而已。故作文为第二义。至于做诗，今诗不比古诗，无根之华藻，无益乎民风世教。而学者汲汲为之，不过取名干誉而已。即此一念，已不可入于圣贤大学之道。故程子曰："为之大足丧志。"（卷一一《答安东守约问三十四条》，第394—395页）

问六朝、唐、宋文字如何分别？答：六朝文要少读，肉厚而气不清，文品不高。《昌黎集》好，柳亦佳，苏长公亦好，但嫌熟耳。欧阳文忠佳，王安石文亦好，只是人不好。又曰：文字要用古，但要化耳。如餐美馔，若不化，便成病矣。又曰："呜呼"，在《书经》为叹美之辞，后世为叹伤之辞，宜少用。又曰：非读书不能作文，非熟读不能作文。土语自然入不得文字。用古文不化著迹，欠清爽，欠有意致。又曰：不佞文字无甚佳致，只是一字不杜撰，一字不落套，一字不剿袭他人唾余。信手作百篇，其间格局、句、语少有同者而已。更长短俱成格局，无有潦草涂塞、勉强凑搭之病。（卷一一《答安东守约问三十四条》，第399页）

又曰：书读得多，读得熟，自然笔机纯熟。不见夫蚕乎？功候既足，丝绪抽之不穷，自然之理也。又曰：苏子瞻聪明绝世，读书每百过，或数百过。今人聪明不及子瞻十分之一，乃欲以涉猎游戏读书,如何得工夫纯熟?工夫纯熟,则古人精意皆在心口中、笔头上,挥洒立就。又曰:韩文公虽有可议,然其功甚大,则其小者可原。文公处六朝之后,摘章绘句,独能起八代之衰,使后人知有圣学,其小疵不足推也。又曰:《前汉书》《后汉书》,熟读极佳。文章要典雅,不读先秦、两汉,觉无古奥之致。文章自衬之句为杜撰,有半句、没半句为靬凑,用近世之语为软弱,俱是病。又曰:凡作文,宜相题立意,先使规模大定,中间起伏布置,要有法、有情。一篇脉络,要使一气。若断续不贯,先后倒置,虽文词秀丽,亦不入格。又曰:题目中字字俱要安顿。有大力者,索性将题目掀翻,另出议论,此又是一格。字义俱要的确,若字义不明,读时不解,用处便错。又曰:文字最难是单刀直入,然直须要有力,一声便要喝得响亮。又曰:明朝文集极多,好者亦寥寥。一家之言,不必劳神。如杨升庵、李空峒集,极佳。(卷一一《答安东守约问三十四条》,第401—402页)

问:此文某人所作也,未知能合作者之法?答:作文者,句句字字俱要从经、史中来,著一句杜撰句法不得,著一字杜撰字法不得,圆滑而非熟,新秀而不生,则佳矣。若其中见理明,主意大,前后首尾如常山之蛇,击首尾应,击尾首应,节节相生,字字灵动,则文之极致也。此等书疏,胸中无一毫书史气,字字凑泊,逐件排凳,如何谓之学者?多读古来名公文字,自晓作法。(卷一一《答中村玄贞问三条》,第402—403页)

问:高才能文章,伊川先生谓之"学者不幸"。盖有高才而能文章者,志功名,趋利禄,不过以文字取名,终不可入乎圣贤之大道也。若退之、永叔以文章振于当世,然不免于词章之学也耳。答：韩文公变六朝委靡之格，故曰"文起八代之衰"，且其气骨、勋业，人不可及，颇有功于圣门，何为止以文章名世？若欧阳文忠，其立朝行己亦有可观，不抗不挠，亦非无所得者，何为止以文章名世？尚论古人，俱要其终始，不可妄言。有高才能文章者，不止于志功名、趋利禄而已。如作诗作赋，无益于世道人心，而但逢迎时俗之所好，即其用心已自不肖，岂非不幸耶？（卷一一《答中村玄贞问三条》，第403页）

问：文之为用，不可胜计。中国之文章，直写平日言语而已。我邦文字不然，平日言语与中国大异，故作文字亦不自由，是故文才逴〔超〕逸者良希。虽然，朝有掌文字官，务学中国之文。其所传者，《日本纪》《续日本纪》《日本后纪》《续日本后纪》《三代实录》《文德实录》《新国史》《旧事纪》《古事记》等，皆是我邦典籍也。方今东武亦有日次记录，备来世而已。君相士君子，大概祖先出武队中，升高位，子孙世官世禄，无暇学文字，故多不满人意，亦无如之何。答：中国言语自言语，文字自文字。我朝以制义取士，士子只以功名为心，不务实学，故高贵之文，举世亦无几人，多者十余人而已。非读书者皆能作文也，然代不乏人耳。若云君相起于武职，汉高祖亦起于卒伍，而今日圣教之不坠地者，皆汉武帝表章之功。所以文章之盛，亦惟西汉为最。仆之为此言者，谓贵国今处极盛之时，若曰惜乎其独少此尔。（卷一一《答小宅生顺问六十一条》，第408页）

问：本朝《文粹》入高览，其文章如何？《文粹》有三善清行者，我邦儒者也，意见封事十篇载在此书。答：大概一见耳。至三善清行者，亦失记其名。（卷一一《答小宅生顺问

六十一条》，第408—409页）

　　问：芜陋文字辱一览，谢！谢！未知似为文理否，愿无皮里阳秋而直论其非，则素望足矣。答：仆好真言，故多唐突。台台不患无学，要在清理气脉，若使气脉未清，未为文之绝义也。幸勿为罪。问：气脉之清，有何术而可得之？答：别无他术，只是多读书、有来历耳。试看从古大方之文，佳与不佳，则时有之，其气脉则无有不清者。又贵国之文字，多自造以填入之，行之远方，能通解否？问：文章气脉，盖从时代风气而已。唐、宋、元文字，大概气脉相同，读过不滞。就中韩、柳、欧、苏、周、程、邵、朱之文为然。唯迨明家诸公文章，全不相类，终日读之，徒觉聱牙。我邦文章多学唐、宋，故与明家文章殊不同。未知先生意谓如何？答：聱牙者，此借艰深以文其浅陋者也。或一时偷取功名则有之，不可掩天下万世之目也。至于气脉、神理，自古及今，未之有异，何有时代之不同？（卷一一《答小宅生顺问六十一条》，第410—411页）

　　文章虽一句两句，以至长江大河，皆当从经、史、古文中来，必不可用土语凑泊及自杜撰字语填塞。有此，虽集千狐之腋，犹贻续貂之讥矣。（卷一一《答小宅生顺问六十一条》，第412页）

　　问：《四书五经娜嬛》，名义何如？答：言娟秀也。问：娟秀之义言注解之美乎？所自名者非夸乎？答：明朝《四书》《五经》主意讲说，非为解经义而已，皆所以为作时文之地也。时文以艳丽妩娟〔媚〕为工，故经书主意有"娜嬛"之名，非斋名，亦非人名也。（卷一一《答吉弘元常问八条》，第420页）

说部及制艺

　　制艺者,所以本儒经而习古文乎?见讥腐烂,义理辄熟,敲门砖可弃,辞章足以应用矣。然丱角受书,皓首难隽,个中甘苦,盖寡夫子之自道焉。清人说部刻画无盐,遂及此业,刺取数节,略加演绎,聊当补白。其可入梁章钜《制艺丛话》者,固不具云。

　　李宝嘉《官场现形记》第一回王乡绅曰:"就以区区而论,记得那一年,我才十七岁,才学着开笔做文章,从的是史步通老先生。这位老先生虽说是个老贡生,下过十三场,没有中举,一部《仁在堂文稿》他却是滚瓜烂熟记在肚里。我还记得,我一开手,他叫我读的就是《制艺引》,全是引人入门的法子。一天只教我读半篇,因我记性不好,先生就把这篇文章裁了下来,用浆子糊在桌上,叫我低着头念,偏偏念死念不熟。为这上头,也不知捱了多少打,罚了多少跪,到如今才挣得这两榜进士。"①十七岁开笔,何其太晚?"步通"谐音"不通"。整段自嗟既为自炫,自炫又成自贬。"《制艺引》,全"整理本并点作"《制艺引全》"。路德著《仁在堂文稿》,编《时艺引》或名《时艺引阶》,斯"时"作"制",或作者误记也。

　　蒲松龄《聊斋志异》卷五《郭生》:"邑之东山人。少嗜读,但山村无所就正,年二十余,字画多讹。先是,家中患狐……一夜读,卷置案头,被狐涂鸦,甚者狼藉不辨行墨。因择其稍洁者辑读之,

---

① 《官场现形记》第一回,第6页。

仅得六七十首,心甚恚愤,而无如何。又积窗课廿余篇,待质名流。晨起,见翻摊案上,墨汁浓汕殆尽,恨甚。会王生者,以故至山,素与郭善,登门造访。见污本,问之。郭具言所苦,且出残课示王。王谛玩之,其所涂留,似有春秋。又复视涴卷,类冗杂可删。讶曰:'狐似有意,不惟勿患,当即以为师。'过数月,回视旧作,顿觉所涂良确。于是改作两题,置案上,以觇其异。比晓,又涂之。积年余,不复涂,但以浓墨洒作巨点,淋漓满纸。郭异之,持以白王。王阅之,曰:'狐真尔师也,佳幅可售矣。'是岁,果入邑庠。郭以是德狐……每市房书名稿,不自选择,但决于狐。由是两试俱列前名,入闱中副车。"[1]纪昀《阅微草堂笔记》载狐生"摇首吟哦""馆阁律赋","唐小说温庭筠《乾饌子·何让之》载天狐超异科,策二道,皆四言韵语,文颇古奥。或此狐亦应举者欤?"[2]袁枚《新齐谐·狐生员劝人修仙》言"群狐蒙太山娘娘考试,每岁一次。取其文理精通者为生员,劣者为野狐。生员可以修仙,野狐不许修仙"。谭其事者"后悔未问太山娘娘出何题目考狐也"。[3]既称"生员",考试八股无疑。似此淄川之狐,岂即"狐生员"耶?可谓好为人师、有教无类矣。惜郭生器小易盈,浅尝辄止耳。

吴敬梓《儒林外史》第十一回:"鲁编修因无公子,就把女儿当作儿子,五六岁上请先生开蒙,就读的是《四书》、《五经》,十一二岁就讲书、读文章,先把一部王守溪的稿子读的滚瓜烂熟。教他做'破题''破承''起讲''题比''中比'成篇。送先生的束脩、那先

---

① 蒲松龄《聊斋志异》,上海:上海古籍出版社,1978年,第696—697页。
② 《阅微草堂笔记》卷六《滦阳消夏录(六)》,第116,117页。
③ 袁枚《新齐谐》卷一《狐生员劝人修仙》,北京:人民文学出版社,1996年,第11页。

生督课同男子一样。这小姐资性又高，记心又好，到此时，王、唐、瞿、薛以及诸大家之文，历科程墨，各省宗师考卷，肚里记得三千余篇。自己作出来的文章，又理真法老，花团锦簇。鲁编修每常叹道：'假若是个儿子，几十个进士、状元都中来了！'闲居无事，便和女儿谈说：'八股文章若做的好，随你做甚么东西，要诗就诗，要赋就赋，都是一鞭一条痕、一掴一掌血。若是八股文章欠讲究，任你做出甚么来，都是野狐禅、邪魔外道。'小姐听了父亲的教训，晓妆台畔，刺绣床前，摆满了一部一部的文章，每日丹黄烂然，蝇头细批。"[1] 及招赘蘧公孙，则假名士，八股不中程。夫妇失和，逊五色石主人《八洞天》之晏述、瑞娘多矣："晏述所作之文，常把来与瑞娘评阅，俱切中窍要。晏述愈加叹服，把妻子当做师友一般相待。至十八岁秋间去应了乡试，回到家中，写出三场文字"，"瑞娘道：'三场都好，但第三篇大结内有一险句，只怕不稳。'及至揭晓之时，晏述中在一百二十七名"。[2] 王韬《淞隐漫录》之龚绣鸾"喜读诗词，尤工帖括"，"父遭疾猝逝，家贫母老，无以为生，遂设绛帐为蒙师"，所教丁生每试前茅，"以此文名噪一时，童子军中，多奉女为师，女居然高拥皋比而执牛耳矣"。[3] 男不如女，人不如狐，女人须不如狐女矣。《新齐谐》之李生与狐女成婚，"尽出其平时所作四书文付女。女翻视良久，曰：'郎君平日读袁太史稿乎？'曰：'然。'女曰：'袁太史文雄奇，原利科名，宜读。然其人天分高，非郎所能

---

① 吴敬梓《儒林外史》(汇校汇评本)第十一回，上海：上海古籍出版社，1999年，第141页。

② 五色石主人《八洞天》卷六《明家训》，北京：书目文献出版社，1985年，第119页。

③ 王韬《淞隐漫录》卷三《龚绣鸾》，北京：人民文学出版社，1999年，第103页。

学也.'因取笔为改数句,曰:'如我所作,像太史乎?'曰:'然.'曰:'汝此后为文,先向我问作意,再落笔,勿草草也.'李从此文思日进,壬午(乾隆二十七年)举于乡".末称:"此事临邛知州杨潮观为予言."[①]"袁太史"者,袁枚也,杨氏履官有风骨,是何太肉麻?许奉恩《里乘》亦撰狐仙古雏鸾来伴奚铁臣,"每成一艺,必就女正订,女点窜涂抹,不稍谦让,生极悦服,俨然奉女为师,功亦日进".其"时文为词章根本,时文不精,各体俱难畅达"之论,正与鲁编修先后一揆也.[②]

李、蒲、吴三人皆制艺好手,以蹭蹬科场,发愤从事于说部,斐然成章,未尝不得力早年之攻苦。鲁、古所言讵可尽非?清代八股风气先化于室女,再化于异类。使室女不优于男、异类不优于人,在说部则不足以称奇观矣。别有女扮男装、掇巍科、跻大臣,仿黄崇嘏故事者,如《兰花梦奇传》松宝珠之类,荒唐更甚,宜于制艺甘苦一若无知。弹词《再生缘》之孟丽君、《笔生花》之姜德华抑毋论矣。

诵　读

诵读古文可照读,亦可背诵,自是古文研习、欣赏所必至,初非做作,更无神秘可言。文分骈、散,骈文又分有韵、无韵。若箴、铭、赞、

---

① 《新齐谐》卷九《狐读时文》,第197—198页,正文标题误"时"作"诗",第197页。

② 许奉恩《里乘》卷三《古雏鸾》,天津:天津古籍出版社,2015年,第195—196、195页。尚有长白浩歌子《萤窗异草》二编卷一《弱翠》、三编卷四《秋露纤云》写狐女、书仙侍儿通时艺,邹弢《浇愁集》卷七《狸蛊痴生》之李小紫又从而效颦,合肥:黄山书社,2009年。

颂等有韵者,实在诗、文之间。凡形诸声吻,骈文较散文易上口,有韵较无韵易上口,此其大概也。唯用功乃一己之事,故诵读宜以适独坐,不须惊四筵。《型世言》写谢芳卿偷访陆仲含,闻其"读得高兴,一句长,一句短,一句高,一句低",[①]是也。姚良材(1838—1909)"每遇无聊不平,辄键户,取所手录者,抗声击节,恣读无已,声震毗舍,过者怪诧"。[②]李详(1858—1931)"特别喜诵《文选》中诸篇,盛夏时,庭中荷花盛开","绕瓮狂走,以背诵萧《选》为乐,阶石为之陷落"。[③]虽有耳闻目击者,固旁若无人也。塾师课徒亦然——师之视徒蔑如尔,鲁迅尝刻画:"大家放开喉咙读一阵书,真是人声鼎沸。有念'仁远乎哉我欲仁斯仁至矣'《论语》的,有念'笑人齿缺曰狗窦大开'《幼学琼林》的,有念'上九潜龙勿用'《易经》的,有念'厥土下上上错厥贡苞茅橘柚'《尚书》的……。先生自己也念书。后来,我们的声音便低下去,静下去了,只有他还大声朗读着:'铁如意,指挥倜傥,一座皆惊呢～～;金叵罗,颠倒淋漓噫,千杯未醉嗬～～……。'我疑心这是极好的文章,因为读到这里,他总是微笑起来,而且将头仰起,摇着,向后面拗过去,拗过去。"[④]

---

① 《型世言》第十一回,第196页,后文有"响读"一语,即朗读也,第196—197页。又如鸳湖烟水散人《珍珠舶》卷二第二回写金宣"咿唔朗诵,到了得意之处,每每手之舞之,足之蹈之",非唯失声,亦且忘形,朗诵诗文者皆证此境,《中国话本大系》,第43页。案其书前标"徐震原著",实不足以论定。

② 《林纾集》第一册《畏庐续集・清中宪大夫揭阳姚公墓志铭》,第136页。

③ 李稚甫《李详传略》,晋阳学刊编辑部编《中国现代社会科学家传略》第四辑,第145页。

④ 《鲁迅全集》编年版第4卷《从百草园到三味书屋》(原载1926年10月10日《莽原》半月刊第1卷第19期),第57页。参叶梦得《避暑录话》卷下:"乐君,达州人","每旦起,分授群儿经,口诵数百过,不倦。少间,必曳履,慢声抑扬,吟讽不绝。蹑其后听之,则延笃之书也"。济南:山东人民出版社,2018年,第168页,延笃传见《后汉书》卷六四,内有止李文德书。

案师所读盖刘翰《李克用置酒三垂岗赋》:"玉如意指挥倜傥,一坐皆惊;金叵罗倾倒淋漓,千杯未醉。"鲁迅断句以示其诵读节奏耳。

制艺骈、散相间,侧重骈体,明、清以来,寖假而成士人诵读之本。陈钟凡(1888—1982)追忆:"我生虽晚,在清世光绪末年,尚亲见那班迂腐固执的学究,摇头晃脑,朗诵八股文,音节铿锵,直令人神魂飘荡!"①姚鹓雏记杨了公锡章"自四十后,斥去一切俗学,心脑中不复有只字,独于试帖文中管韫山世铭之《令闻广誉施于身》一篇,则能暗诵无遗。每酒后,辄曼声吟'通都大邑之间'二比,嫋嫋可听。余虽不知八比文,然乐闻先生诵此二节,久之,亦能背诵不遗只字矣"。②林纾亦载:"泰州吴先生,忘其名,前清时,以八股名于其州,州之子弟多半出先生之门。呈艺于先生者,先生恒不为笔削。每课必聚数十人于讲堂,先生中坐,取名家文,朗诵一遍,于音节处在在停顿取势,令弟子娴其节奏,归而揣摩。先生自读后,又令诸人各诵一遍,取其尤美者,令为都讲,为不能者导诵。凡及门者,小试匪不获隽,时人谓之吴唱。每人诵八股,一发吻,人即知之,曰:'是吴唱也。'"③可与"唐调"作对矣。

"唐调"渊源于桐城派。钱锺书曰:"散文虽不押韵脚,亦自有宫商清浊;后世论文愈精,遂注意及之,桐城家言所标'因声求气'者是,张裕钊《濂亭文集》卷四《答吴至甫书》阐说颇详。刘大櫆《海峰文集》卷一《论文偶记》:'音节者,神气之迹也,字句之矩也;神气不可见,于音节见之,音节无可准,以字句准之';姚范

---

① 《读经有什么用:现代七十二位名家论学生读经之是与非·陈钟凡先生的意见》(发表于1935年5月10日《教育杂志》第25卷第5期),第206页。
② 《姚鹓雏剩墨·笔记》四《几园》,第48页。
③ 《林纾集》第四册《铁笛亭琐记·吴唱》,第280页。

《援鹑堂笔记》卷四四:'朱子云:"韩昌黎、苏明允作文,敝一生之精力,皆从古人声响处学";此真知文之深者'(《朱文公集》卷七四《沧洲精舍谕学者》:'老苏但为学古人说话声响,极为细事,乃肯用功如此');吴汝纶《桐城吴先生全书·尺牍》卷一《答张濂卿》:'承示姚氏论文,未能究极声音之道。……近世作者如方、姚之徒,可谓能矣,顾诵之不能成声';均指散文之音节(prose rhythm),即别于'文韵'之'笔韵'矣。"[①]第刘氏仅道:"凡行文,多寡长短、抑扬高下,无一定之律,而有一定之妙,可以意会而不可以言传。学者求神气而得之于音节,求音节而得之于字句,则思过半矣。其要只在读古人文字时,便设以此身代古人说话,一吞一吐,皆由彼而不由我。烂熟后,我之神气即古人之神气,古人之音节都在我喉吻间,合我喉吻者便是与古人神气、音节相似处,久之自然铿锵发金石声。"[②]不过揣摩声气而已,迨吴汝纶示唐文治法,则流为吟诵之腔调矣。而"唐调"成熟,已在清廷废科举、新文化派黜古文后,泯却骈、散、有韵、无韵之町畦,其意在挽传统于垂危、延古文之一线乎?弟子钱仲联曰:"唐师指授学习古文,重视朗诵,对阳刚、阴柔不同风格的文章,朗诵的音调也不一样,强调'因声以求气'的说法。我借助于朗诵以体会古代散文的精神所在,并用此以朗诵骈文,以通其'潜气内转'之理。朗诵不是死记硬背,而是要反复熟诵,既要广博,又要精诵,因为用此苦功,古人不少名

---

① 《管锥编》第四册《全上古(三代)秦汉三国六朝文》一六五《全宋文卷一五·文笔皆有声律》,第1278页;第五册《管锥编增订之二·1278页》补言:"唐庚《眉山文集》卷二三《上蔡司空书》:'所谓"古文",虽不用偶俪,而散语之中,暗有声调,其步骤驰骋,亦皆有节奏,非但如今日苟然而已。'此即桐城家论'古文'所谓'音节'之说,却未尝溯及之也。"第240页。

② 刘大櫆《论文偶记》二九,北京:人民文学出版社,1998年,第12页。

篇,至今还能背诵或记得片段。通过熟诵,才能融会古人的精神于自己的面目中,得心应手地具有写作骈散文的艺术技巧。而在学术研究领域,也引导我走上研究古代文艺理论的道路。朗诵文章,不算学问,只是写文章的入门途径。"①今人弃古诗文写作于不顾,反将古诗文写作之"入门途径"诧为奇艺,舍本逐末,附雅媚俗,其平仄变音、古今乱韵,实究诘而莫从。甚者粉墨登场,娱宾哗众,亦可哀矣。

酒楼记

　　余既办古文读写社,译鲁迅小说《在酒楼上》以示范,更题曰《酒楼记》。鲁迅有知,必大不懔。其取径有类林译,而口译者之白话固不若作家之白话文也。小说刊于1924年,去清季未远,尚无现代名词虱焉,文字又视老舍、巴金、钱锺书等古朴多矣。

　　余此游也,自北而东南,纡途返乡,乃诣S城,相距仅三十里,舟行不半日,盖尝任教期年焉。冬深雪后,风景凄清,余既懒散,兼有所怀,遂寓洛思旅馆——向无者也。城圈固细,旧僚星散,延访不获;经校门,亦易名改式,陌如也。余未两时辰,即意兴索然,且自悔多事矣。居停不供馔,饭菜须另点,入口同嚼土。午后馁坐无

---

①　钱仲联《梦苕庵论集·治学篇》,北京:中华书局,1993年,第539页。参张靖伟整理《唐文治国学演讲录》第一集下卷《文学类》一《读文法纲要》,上海:上海交通大学出版社,2017年,第59—60页。

聊，但见牖外垣渍斑驳，傅以枯莓，天色铅白，绝无精采，微雪旋舞
而下。因思不远当有小酒楼名一石居者，原甚熟识，遽键户赴之，
破闷耳，非买醉也。酒楼犹前，店面隘湿，悬破幌，第物是人非，余
纯成生客焉。隅有扶梯，故所谂者，卒沿以登阁，堂倌后随。阁中
尚列小板桌五，唯后窗木棂换嵌玻璃耳。

　　余环顾无人，且行且言：“绍酒一斤，菜则油腐十个，多辣酱！”
拣后窗至佳处坐，可下瞰废圃。圃疑非酒家有，先亦雪天尝眺，今
北居既久，乍睹堪讶：数株老梅绽雪，殊不以深冬为意，败亭旁一
山茶树，花十余朵，赫赫雪中，明艳似火，透绿叶而怒放，傲视远游
之人。回思南土积雪滋润，著物不去，晶莹有光，实异朔雪粉干，扬
空如烟雾。“客人，酒……”堂倌上酒及杯、筷、碗碟，开口慵惰。余
转面板桌，布置斟酌，略具清愁，且呷醇醪。盖北往之非旧乡，南来
不免新客，干雪纷飞如彼，柔雪依恋如此，举无所关心矣。油腐亦
好，惜薄酱味，土人固不解食辣也。时殆下午，余三杯落肚，酒楼犹
荡荡。既对废圃而茕疚，复不欲他客来扰。偶闻履声，不觉懊恼，
及睹为堂倌，方释怀。

　　稍饮两杯，履声又作，较前甚缓，此番余断其酒客无疑，迨循梯
将尽，举头，若有所惧，即愕然兴起，——不意分明系故友吕纬甫
也。先同学而后同教，今则变状迁行，远逊当年之敏捷精悍，傥不
许余以友相称乎？既各表邂逅意，余邀同坐，渠似略踌蹰，余初大
异，继悲且怅。谛审其貌，蓬葆犹昔，面长方而苍白，特就衰瘦。精
神沉静，毋亦颓唐耳。浓眉之下，双睛乏采，唯缓缓四顾，目光注废
圃，则射人恒如在庠时也。余强颜曰：“一别十稔，早悉君在济南，
竟坐疏懒，未致尺素。”“彼此彼此。然某侍母居太原已逾两载，当
迎养日，闻君举室他徙矣。”“在并贵干？”“坐馆乡人家。”“前此何

为?"渠取食卷烟,视烟喷而沉吟曰:"无聊者尔,等诸不为。"转询余况,余泛应,命堂倌加杯箸,且饮之,别添酒二斤。乃同一点菜也,早时全无客套,今则推让不遑,堂倌所报之茴香豆、冻肉、油腐、青鱼干各味,究不知何人属意矣。

于是纬甫擎烟扶盏,似笑非笑,曰:"余固自哂此归也。幼见蜂、蝇惊飞,稍旋即返原地,殊堪悯笑。不料我辈今胥然也。君讵不能远翔耶?"余亦似笑非笑曰:"谈何容易,不外稍旋耳。第君奚以来复?"渠杯酒入唇,连吸烟,目略张大,曰:"犹为无聊者尔,即道之无妨。"时堂倌上菜盈案,阁中烟气、食气相杂,热闹有加;楼外落雪纷纷亦甚。纬甫续曰:"君或知余有一弱弟,三岁而殇,葬此乡下,相貌都忘,唯家母极称可怜,且与余投契,言次仍将陨涕。今春堂兄某书告,其茔渐以溃水,迟恐陷河,须速设救。家母自能阅信,情急废寝,余则贫且不暇,一筹莫展,迁延至今,始借年假南来,为之改葬也。"饮讫杯酒,视窗外,曰:"雪里花,著雪而不冻,北地焉得有此?——余意旧棺当化,前日为市一小材于城内,挟棉絮、被褥,倩四土工,下乡改葬。时余突发兴,愿掘坟一睹爱弟之骨殖,盖在余未尝经历也。抵墓,果见河啮不已,距之不二尺,坟则两年未培,惨就卑微。余立雪中,决然命工开掘。余实庸人也,自觉声音希奇,所命亦平生最伟大者,乃众工毫不骇怪,掘土而已。及露圹穴,余趋视,棺木确行朽尽,唯剩丝屑。余心怦然,细细拨探,举凡被服、骨骼,乃至枕处毛发,一无所有!毛发向闻难朽,今竟不然。"余蓦见其眼圈微红,随知有酒也。渠总少下箸,第饮酒,至斤余,情态俱活,渐似先之纬甫矣。余再令添酒二斤,转身拿杯,面渠静听。"是则何必另迁,平土货棺即完。余之货棺固奇,傥要价极低,原铺许收,差可捞回数文酒资耳。顾余不出此,还铺当被褥,将棉裹弟栖身之土,纳诸新棺,瘗傍父茔,以外砌砖堘,昨又监工太半日。粗了其事,足诳母安心矣。——君恁视我,非谓迥异于昔耶?我辈同赴城隍庙采神须髯,连日论中国改革法至于交搏,余的然犹忆也。今则无非敷衍模胡,时恐故人不复以为友焉。——余今诚尔尔也。"

纬甫再衔烟一支,点燃,曰:"君貌似尚有所期,余固麻木甚,犹察焉,为之感,亦为之憾——恐终负老友美意耳。"渠亟顿,吸烟,复缓缓曰:"今日来一石居前,即完一无聊事,特余所愿耳。家东邻名长富,船户也,一女阿顺,君造访或遇之,彼时尚幼,必不留心。后亦不佳,面黄而削如瓜子,第大眼长睫,眼白青且明净,一若晴夜之天——北方无风之晴天,非本地侔矣。雅善持家,十余龄失恃,上侍父,下拊弟妹,事事周到,家计寖优。邻里几无不赞,长富亦感莫容口。余此次动身,家母年高记真,谓顺姑曾见某氏戴剪绒红花,思之不得,啼哭彻夜,遭父责打,犹眶肿数日。是花外省物,S城中且无,伊哪能到手? 当趁南旋之便,购二朵馈焉。顾余于此役,不厌反喜,盖效力阿顺,委余所愿也。前岁归迎养,偶与长富攀话,见邀小食,荞麦粉也,谓加者白糖。君试想,船户而有白糖,决非寠人,故餐飧甚侈。余不得已应之,唯求细碗。渠亦颇晓世故,嘱阿顺曰:'彼等文人,不解吃食,但取细碗,多加糖!'乃调得端上者仍大可骇人,仅余一日之份,然比长富所用,确乎其细矣。此粉在余为初试,实极甘而不可口,浅尝欲止,忽瞥阿顺远企屋角,且惧且冀,若惧调制不当,而冀余两人受用也。余立失停箸之勇,知使残大半,必令其心慊然,遂放喉灌下,迅几埒长富矣。始悉勉食之艰,唯儿时服沙糖拌驱蛔药堪匹耳。顾见阿顺上前收拾空碗,强掩得色,已尽足偿余苦况有余,尚何怨哉! 以故余虽饱胀难寐,恶梦连连，犹颂之祷之，愿世界为之增益美善。然此意不过旧梦遗痕，随自笑而忘却矣。余固不知翦绒花一案，因母言，忆念及此，乐效奔走，太原城内既搜求不获，直至济南……"户外沙沙作响，乃积雪压山茶树，至于枝亚雪堕，枝既笔挺，愈显肥叶乌油，红花似血。满天铅色更浓，鸟雀啾唧，殆将昏雪地无可觅食，俱及早归巢矣。纬甫张看一回，复馨杯酒，吸烟数口，曰："直至济南，方购得之，不知是否牵累阿顺者，其为绒制则无疑，亦不知伊所喜色浅深，故一大红、一粉红，并携而来。今午饭后往视长富——余为此特迟一日行，渠家尚在，第以余观之，颇添晦气。其子及次女阿昭立门首，皆长矣。阿昭绝不肖姊氏，直类鬼物，见余前，疾遁入室。问子，知长富外出，询其大姊，即竖目连声质余所为，凶凶如将扑噬。余支吾而却，今事事敷衍而已……君所不知，余较先时更惮访人，以深自知可厌，至于自厌，何必明知故犯、暗滋人厌哉？唯此差不得不办，乃逶巡返，有柴店斜对，店主母发媪犹在，且识余，居然邀余入坐。少作寒暄，告之来意，渠遽太息曰：'惜乎顺姑无福，不得此花戴矣！'嗣向余细述：盖顺姑去春日见黄瘦，后忽常常落泪，叩亦不应，时或啜泣通宵，长富捺恨不下，詈其齿长发癫。乃秋初仅小伤风，竟不起。气绝前几日，始告长富，伊咯血、盗汗，久同其母，所以隐忍者，恐贻父忧也。兼伯氏长庚每来强贷，一晚又至，不遂，冷笑曰：'尔莫骄，尔夫犹不我若！'顺姑由是愁损，且耻不得问，但哭耳。长富急以伊男子争气状相慰，嗟无及矣。矧伊不信，反称：'我幸已尔，余都无谓矣。'媪复言：长庚，偷鸡贼也，伊男子果长庚不若，无可方物，宁不可怕！然当送殓时，亲见其人整洁体面，兀自泪眼诉告：'半世撑船，苦熬苦省，才得聘妇，今则亡矣。'足征善者。惜顺姑竟为贼骨头长庚所诳，枉送性命。然亦无可尤，直惩没福耳。——是则余事又了,剩将身边两蕊绒花托媪赠阿昭,彼一相即走,拟余如豺虎,本不肯赠,乃竟赠之,特以阿顺得花千欢万喜报母足矣。此等无聊事何妨敷衍模胡,新年一过,还教'子曰诗云'去休。"

余闻而异之,曰:"君所教'子曰诗云'?""自然,君傥谓'ABCD'耶?先有二生,一读《诗经》,一读《孟子》,近添女弟子一,读《女儿经》,算学且不教,非余不教,彼辈不求教也。""余实不料君教许书……""彼父之意耳,余外人,无乎不可。此等无聊事何妨随便……"纬甫已赪面似醉,目光重消沉,余则微啗,一时无语。楼梯乱响,酒客数人拥上,为首短身,脸圆且臃肿,次长身,皴鼻惹目,别有尾者,步声迷连,战动小阁。余转视纬甫,渠亦转视余,余乃命堂倌结账,濒行,问曰:"君尚可借此为生否?""唯,月二十元,劣堪敷衍。""然后若何?""然后?弗知也。君不见,吾侪当日所愿,岂一事得偿?余今一切不知,明日不知,下分钟亦……"堂倌交余账,渠不复谦虚如初会,仅略顾,吸烟,任余付之。二人同出店外,彼此旅舍适殊向,就此分别。

余独前行,风雪扑面,倒觉爽快。密雪一如罗网,纯白不定,天已黄昏,遂并屋宇、街衢,率为密雪所缋焉。

於 菟

此余十数年前旧作也。传统志异绾合欧西童话,假禽言兽语之真趣,去妖风魅影之滥调,茹情咽理,庶有可取。古其式,今其旨,若相反相成,文艺性之"新文言"固钱默存所谓因难而见巧者欤?

辽左崔生,教于江东某大学,往来院办,恒见一猫,白身,乌耳,褐其尾,见人辄奔赴,稍稍盘桓去。人喜其乖觉,顾憎邋遢,率置之。生一夕诣办,系车顷,猫忽来,转侧足间,喵喵有声。生不暇计。比返,则闭目卧篮中,意殊安泰。不得已载归。幸卑居,有窗不甚掩,恣其出入。初虑为秽,实无所污。市鱼啖之,如不睹,至于臭腐,乃已。生在,常在,或读竟夜,为衔尾眠案头。

某晚,生倦读,抚猫股上,喟然而叹。猫遽跃下人言:"何叹为?"继曰:"子毋尔,求友得友,宁不快!"又曰:"子大我细,能为祸乎?"生色少定,尚书数册取在手,但问:"安得言?"曰:"言既言矣,幸及其余。""知我谁何?""一穷措大。"生鞿然,委书复坐,加猫于膝,曰:"子有名乎?""於菟,自号。""似未贴切。""世无九方皋耳。""尊齿几何?""幼见陈大樽先生于平露堂,辱其辍笔下顾。""然则阅有清三百载矣。"於菟厉声曰:"但知高皇帝耳!"语次,拱其两爪。生为𫟼颜,心甚乐之。因问:"能前知否?"摇首。"能变化否?""唯人。""男?女?""并可。""试为男。"曰:"子心诚欲女也。"生谢之。乃复下,龁齿祝尾,宛转成一女,第高不二尺,时装灭裂,迫视之,貌寝,类猫。哑哑笑曰:"慎莫跌损眼镜!子非狂且,亦非柳下惠也!"踣地现形。生自是大眷之。然必子至寅时始言,他不尔也。

异日,两女弟子造门,临去,摩於菟头,相顾笑。其晚,生诵灯下,於菟过,忽曰:"子当而立,胡不为室?"生哂曰:"子将我媒乎?愿见子匹。"於菟怒色,生乃曰:"实有所悦,婚嫁则未计。"於菟曰:"阅今人伙矣,鲜落落如子者。眉间有愁纹,虽笑不展。何隐痛之深也?"生废卷而兴,情辞欲溢,久之,却坐黯默。於菟曰:"将谓不足语欤?"曰:"是岂敢? 未克自达,兼尘清听。"於菟升案,揸颐而伏。生曰:"举世波波,我都不解,寸烛之心,冉冉其灰。"曰:"人之在世,既来则安,饮食男女,子未免旃。""虽然,含齿戴发,可虫豸乎? 圆颅方趾,可鸟兽乎? 强者抉喉而吮,下之剖腹以藏。市声浩浩,鬼影憧憧。践日月,扬泥沙。吾恐火燔薪余,将无救乎冥行也。""子言危且辩。顾世人非尽如拟,岂所见太狭耶? 抑划地而自雄也?"生不对,但捋於菟须,枝梧叵耐,曰:"太作剧!"奋冲生怀而去。

　　生尝从容与论,谓:"晚明以降,世变亟矣,必有感。"於菟曰:"窜逋虽久,都不了了。唯荐经杀戮,自幸非人耳。""西学东渐之事,尝闻见乎?""举目新异,固不止于陵谷沧桑也。"又曰:"今事多胜古,但恐过犹不及。《易》云:'无往不复。'我知有拭目以待者矣。""子吐属典雅,亦有师从否?""一二耳食,奚足道? 第时人授受,寡陋有逾旧之村塾者,子尚勤谨,葆此可矣。"生问:"子前在谁处?"曰:"自赞一首,敬为诵之:'方生方死,即实即虚。偶合四大,形骸何拘? 山林城市,惟吾所居。必求踪迹,——君其嗅我溺!'"生大噱。

　　其年夏,生将归省。於菟意似怏怏,数日守不去。慰之曰:"旬日为期,必勿忧。"半月遄返,竟不复见。一旦逢向弟子,告曰:"先生行后,舍旁道上,有猫遭碾毙,酷肖所蓄。"生惊怛,俱废寝食,彻夜唏嘘。恍惚户外闻啼声,启视,则一猫绝幼,虎皮斑斓,匍匐足畔,状如不胜。生掬在手,憬然有悟,试唤"於菟",辄为点首,措之案上,抱尾卧故处。生不觉泣下,曰:"於菟! 於菟! 而今名实副!"猫亦嗷然若悲。生怜之逾前,呵护备至,渐以大。恒依依其色,呼即欢跃。然弱质善病，知其不永。越明年，仲春，遂殁。生殓以纸匣，葬郊坰。卒用细故去职，今不详所在矣。

存傅子曰：猫而人言，异矣。偶然戏剧，尚未穷厥神通焉。乃长生久视，终归尸解，一灵不泯，且夺形以就友朋。若崔生者，既衔孤恨，聊逞独尊，"火熸薪余"之语，不几于开辟来一大翻案乎！世无於菟，吾必其脱然往矣。

自　叙

　　余生也晚，先严工科教授，嗜读英文，架上古诗文集仅《唐诗三百首》1957年文学古籍刊行社版《古文观止》1959年人民文学出版社版数部耳。少时克诵古诗如干，古文则未远轶教材范围也。然《长恨歌》之"天上人间"、《滕王阁序》之"兴尽悲来"，诚感于心而声诸口，无以易焉。识田有种，其在斯乎？大本课暇，喜阅笔记小说，文言稍进。自图书馆觅得刘永济《十四朝文学要略》，钦宝莫名，手钞《叙论》一过。室友以钱锺书《管锥编》为枕秘，借览之，目迷五色，天地都新。既发愿考研，涉猎及于明、清文献，全祖望《鲒埼亭集》《四部丛刊》本遂入藏焉。偶一命题，辄小可观，乃生涩枯窘之病，亦未尝不自知也。蹭蹬香江年余，饱看先秦子书，时或练笔。跬步之积，一旦畅达，读研期间，凡所尝试，差能尽意，盖与古诗之老成相后先也。

　　古文者，汉语之亚语种也，非熟读不葆其气息，非勤写莫中其肯綮，其就衰与复兴之机固昭然若揭焉。余泛读漫写，年当弱冠，卒之古诗文几无一日去手，治学之余，赖以游艺，上下今古，同同异异。同仍旧贯，异改新趣，未穷而已变，虽变而犹通，不亦可以久乎？余阅典籍，每加文言批语，辑史料，亦纂文言札记。读书日志，略与同科。他如歌诗拟序、师友致书、交往赠言、游历识行，咸为古文琢磨之具。间构小说，敦夙好而消块垒。诗以兴，文以载，闭门向壁，何忮何求？然执教上庠，授业古史，每见文献董理颠顸日甚，文义解析纰缪日增，失范失守，胡天胡帝，悖入悖出，难师难弟。揆厥所由，端在今人之于古文，述不能作，其浅者尚存，深者寝亡，岂但半身不遂，实即死而未僵。长此以往，古文将侪诸外语，抑外语之不若矣。

　　岁戊戌，余既览林译小说多种，取视《林纾研究资料》薛绥之、张俊才编，悉林氏生平、撰著之详。其遗训有"古文，万不可释手，将来必为世宝贵"语，临终，尚指书子掌，曰："古文万无灭亡之理，其勿怠尔修。"赍志而没，何殊"过河"三呼？适届"五四运动"百年期，遂举古文读写社，敢谓延古文于一线，亦不忍"九州同"以告祭先人耳。林氏不云乎："嗜者学之，用其浅者以课人，转转相承，必有一二巨子出肩其统，则中国之元气尚有存者。"《论古文之不宜废》乃甫半载，社员星散，嗣遭时疫，社事瓦解。成败利钝，原非逆睹，所以耿耿此心者，雅道凌迟，元气斫丧，将肝胆犹胡越而古今成中外矣。爰紬绎古文社之绪言，作为短书，颜曰《未丧斯文》。挥日挽澜，岂余其人，幸有兴起者胜大任，执鞭忻慕，是所愿也。

参 考 文 献

白吉庵《政客里的文人，文人里的侠客——章士钊的传奇人生》，北京：团结
　　出版社，2015年。

《采蒲台的苇——孙犁散文》，杭州：浙江文艺出版社，2015年。

《蔡元培讲演集》，石家庄：河北人民出版社，2004年。

蔡元培《石头记索隐》，上海：上海书店出版社，2008年。

曹聚仁《中国学术思想史随笔》，北京：生活·读书·新知三联书店，1996年。

《陈独秀文集》，北京：人民出版社，2013年。

陈平原《当代中国人文观察（增订本）》，北京：北京大学出版社，2010年。

陈平原《作为学科的文学史：文学教育的方法、途径及境界（增订本）》，北
　　京：北京大学出版社，2016年。

陈平原选编《〈新青年〉文选》，北京：北京大学出版社，2019年。

陈寅恪《唐代政治史述论稿》，上海：上海古籍出版社，1997年。

丁仕原编校《章士钊辑》，北京：民主与建设出版社，2014年。

《傅斯年文集》，北京：中华书局，2017年。

郜元宝《汉语别史：中国新文学的语言问题（增订本）》，上海：复旦大学出版
　　社，2018年。

龚鹏程主编《读经有什么用：现代七十二位名家论学生读经之是与非》，上
　　海：上海人民出版社，2008年。

《龚育之回忆:"阎王殿"旧事》,南昌:江西人民出版社,2008年。

郭绍虞编《近代文编》,沈阳:辽宁人民出版社,2012年。

郭象升《文学研究法》,民国二十一年(1932)太原中山图书社铅印本,收入余
　祖坤编《历代文话续编》,南京:凤凰出版社,2013年。

寒光《林琴南》,上海:中华书局,1935年。

何亦聪《古典文脉的现代流衍》,太原:北岳文艺出版社,2016年。

《胡适的日记》,香港:中华书局,1985年。

《胡适全集》,合肥:安徽教育出版社,2003年。

《胡适文集》,北京:北京大学出版社,2013年。

《胡先骕诗文集》,合肥:黄山书社,2013年。

《会通派如是说——吴宓集》,上海:上海文艺出版社,1998年。

黄濬《花随人圣庵摭忆》,上海:上海书店出版社,1998年。

《建国以来毛泽东文稿》第十一册,北京:中央文献出版社,1996年。

蒋天枢《陈寅恪先生编年事辑(增订本)》,上海:上海古籍出版社,1997年。

晋阳学刊编辑部编《中国现代社会科学家传略》第一辑,太原:山西人民出版
　社,1982年。

晋阳学刊编辑部编《中国现代社会科学家传略》第二辑,太原:山西人民出版
　社,1982年。

晋阳学刊编辑部编《中国现代社会科学家传略》第四辑,太原:山西人民出版
　社,1983年。

晋阳学刊编辑部编《中国现代社会科学家传略》第五辑,太原:山西人民出版
　社,1985年。

晋阳学刊编辑部编《中国现代社会科学家传略》第六辑,太原:山西人民出版
　社,1985年。

李明生等编《文化昆仑:钱锺书其人其文》,北京:人民文学出版社,1999年。

梁启超《清代学术概论》,北京:中华书局,2011年。

梁启超《中国佛教研究史》,上海:上海三联书店,1988年。

林纾《春觉斋论文》,北京:人民文学出版社,1998年。

《林纾翻译小说未刊九种》,福州:福建人民出版社,1994年。

《林纾集》,福州:福建人民出版社,2020年。

林薇选注《林纾选集·小说卷》,成都:四川人民出版社,1985年。

《鲁迅全集》编年版,北京:人民文学出版社,2014年。

《鲁迅全集》1938年版,上海:上海科学技术文献出版社,2016年。

陆键东《陈寅恪的最后二十年》,北京:生活·读书·新知三联书店,1996年。

栾梅健编《海上文学百家文库》28《徐枕亚、吴双热卷》,上海:上海文艺出版社,2010年。

《吕碧城集》,上海:上海古籍出版社,2015年。

《毛泽东选集》第二卷,北京:人民出版社,1992年。

《梅光迪文存》,武汉:华中师范大学出版社,2011年。

牟晓朋、范旭仑编《记钱锺书先生》,大连:大连出版社,1995年。

《浦江清文录》,北京:人民文学出版社,1989年。

钱基博《现代中国文学史》,北京:商务印书馆,2017年。

《钱玄同文集》,北京:中国人民大学出版社,1999年。

钱之俊《钱锺书琐话》,合肥:黄山书社,2021年。

钱锺书《管锥编》,北京:中华书局,1996年。

《钱锺书集·人生边上的边上》,北京:生活·读书·新知三联书店,2012年。

钱锺书《旧文四篇》,上海:上海古籍出版社,1979年。

钱锺书《七缀集》,北京:生活·读书·新知三联书店,2019年。

《钱锺书散文》,杭州:浙江文艺出版社,1997年。

钱锺书《石语》,北京:中国社会科学出版社,1996年。

钱锺书《谈艺录》,香港:中华书局,1986年。

钱锺书《围城》,北京:人民文学出版社,2004年。

钱仲联《梦苕庵论集》,北京:中华书局,1993年。

钱仲联《清文举要》,合肥:安徽教育出版社,1999年。

《清末民初文献丛刊》,北京:朝华出版社,2017年。

饶宗颐《固庵文录》,沈阳:辽宁教育出版社,2000年。

饶宗颐著，陈伟注《饶宗颐辞赋骈文笺注》，广州：暨南大学出版社，2016年。

施蛰存主编《中国近代文学大系》第11集第26卷《翻译文学集一》，上海：上
　　海书店，1990年。

孙岳等编《吴贻芳纪念集》，南京：江苏教育出版社，1987年。

谭正璧《中国文学史大纲》，上海：光明书局，1933年。

《唐文治国学演讲录》，上海：上海交通大学出版社，2017年。

万绳楠整理《陈寅恪魏晋南北朝史讲演录》，合肥：黄山书社，1999年。

王文濡选辑《续古文观止》，长春：长春市古籍书店，1985年。

汪荣祖《槐聚心史：钱锺书的自我及其微世界》，台北：国立台北大学出版中
　　心，2016年。

汪荣祖《史传通说——中西史学之比较》，北京：中华书局，1992年。

魏中林整理《钱仲联讲论清诗》，北京：生活·读书·新知三联书店，2020年。

《吴宓诗集》，北京：商务印书馆，2004年。

《吴小如演讲录》，天津：天津古籍出版社，2014年。

夏晓虹等编注《林纾家书》，北京：商务印书馆，2016年。

冼玉清《广东女子艺文考》，桂林：广西师范大学出版社，2014年。

《冼玉清论著汇编》，桂林：广西师范大学出版社，2016年。

《徐志摩全集》，台北：传记文学出版社，1980年。

《许渊冲百岁自述》，北京：华文出版社，2021年。

薛绥之、张俊才编《林纾研究资料》，福州：福建人民出版社，1983年。

阎步克《察举制度变迁史稿》，沈阳：辽宁大学出版社，1991年。

《严复全集》，福州：福建教育出版社，2014年。

严耕望《治史三书》，沈阳：辽宁教育出版社，1998年。

杨伯峻《文言语法》，北京：中华书局，2016年。

杨绛《我们仨》，北京：生活·读书·新知三联书店，2021年。

杨丽华《林纾翻译研究——基于费尔克拉夫话语分析框架的视角》，北京：中
　　国社会科学出版社，2015年。

杨玲《林译小说及其影响研究》，广州：世界图书出版广东有限公司，2013年。

杨天石等编著《南社史长编》,北京:中国人民大学出版社,1995年。

杨焄主编《江南女性别集》五编,合肥:黄山书社,2018年。

《姚鹓雏剩墨》,北京:社会科学文献出版社,1994年。

《俞敏语言学论文集》,哈尔滨:黑龙江人民出版社,1989年。

张俊才、王勇《顽固非尽守旧也:晚年林纾的困惑与坚守》,太原:山西人民
　　出版社,2012年。

张隆溪《走出文化的封闭圈》,北京:生活·读书·新知三联书店,2004年。

张若谷《异国情调》,上海:汉语大词典出版社,1996年。

张文江《钱锺书传:营造巴别塔的智者》,上海:上海人民出版社,2016年。

张旭等编著《陈衍年谱》,福州:福建人民出版社,2020年。

张旭等编著《林纾年谱长编》,福州:福建教育出版社,2014年。

张中行《文言和白话》,北京:中华书局,2012年。

张中行主编《文言常识》,北京:生活·读书·新知三联书店,2014年。

章炳麟《国学讲演录》,上海:华东师范大学出版社,1995年。

《章太炎全集(三)》,上海:上海人民出版社,1984年。

《章太炎全集(七)》,上海:上海人民出版社,2015年。

《掌故》第七、九集,北京:中华书局,2020、2022年。

赵杰《满族话与北京话》,沈阳:辽宁民族出版社,1996年。

赵温甫《中国历代名媛作品选辑》,成都:巴蜀书社,2021年。

郑朝宗《海滨感旧集》,厦门:厦门大学出版社,2014年。

郑师渠《在欧化与国粹之间:学衡派文化思想研究》,北京:商务印书馆,
　　2019年。

郑振铎《中国文学研究》,北京:人民文学出版社,2000年。

《周作人散文全集》,桂林:广西师范大学出版社,2009年。

《朱光潜全集》,北京:中华书局,2012年。

朱羲胄编《林畏庐先生学行谱记四种》,成都:四川大学出版社,2018年。

朱自清《文艺常谈》,北京:中华书局,2012年。

《朱自清自编文集·背影》,扬州:广陵书社,2018年。

曹雪芹《红楼梦》,北京:中华书局,2012年。

长白浩歌子《萤窗异草》,北京:人民文学出版社,1999年。

陈其元《庸闲斋笔记》,北京:中华书局,1997年。

戴莲芬《鹂砭轩质言》,北京:文物出版社,2020年。

高诱《淮南子注》,上海:上海书店,1992年。

黄遵宪《人境庐诗草》,北京:朝华出版社,2018年。

纪昀《阅微草堂笔记》,天津:天津古籍出版社,1995年。

《金圣叹全集(修订版)》,南京:凤凰出版社,2018年。

黎靖德编《朱子语类》,北京:中华书局,2020年。

李宝嘉《官场现形记》,北京:中华书局,2013年。

李汝珍《镜花缘》,北京:中国书店,1985年,据1888年上海点石斋版影印。

《林景熙集补注》,杭州:浙江古籍出版社,2017年。

刘大櫆《论文偶记》,北京:人民文学出版社,1998年。

刘祁《归潜志》,北京:中华书局,1997年。

刘声木《苌楚斋随笔》,北京:中华书局,1998年。

陆人龙《型世言》,《中国话本大系》,南京:江苏古籍出版社,1993年。

马通伯《韩昌黎文集校注》,香港:中华书局,1991年。

蒲松龄《聊斋志异》,上海:上海古籍出版社,1978年。

岐山左臣《女开科传》,沈阳:春风文艺出版社,1983年。

钱大昕《十驾斋养新录》,《嘉定钱大昕全集》,南京:江苏古籍出版社,1997年。

司马迁《史记》,上海:上海书店,1992年。

王弘撰《山志》,北京:中华书局,1999年。

王士禛《池北偶谈》,北京:中华书局,1997年。

王韬《淞隐漫录》,北京:人民文学出版社,1999年。

王应奎《柳南随笔》,北京:中华书局,1997年。

魏秀仁《花月痕》,北京:人民文学出版社,1987年。

吴敬梓《儒林外史》,北京:人民文学出版社,1981年。

五色石主人《八洞天》,北京:书目文献出版社,1985年。

萧子显《南齐书》,北京:中华书局,2007年。

许奉恩《里乘》,天津:天津古籍出版社,2015年。

颜元《习斋四存编》,上海:上海古籍出版社,2020年。

叶梦得《避暑录话》,济南:山东人民出版社,2018年。

佚名(原署王维)《山水论》,北京:人民美术出版社,2016年。

尤侗《艮斋杂说》,北京:中华书局,1997年。

鸳湖烟水散人《珍珠舶》,《中国话本大系》,南京:江苏古籍出版社,1994年。

袁枚《新齐谐》,北京:人民文学出版社,1996年。

赞宁《宋高僧传》,北京:中华书局,2015年。

张溥《七录斋诗文合集》,明崇祯九年(1636)刻本。

章学诚《乙卯札记》,北京:中华书局,1986年。

《朱舜水集》,北京:中华书局,1981年。

朱铸禹《全祖望集汇校集注》,上海:上海古籍出版社,2000年。

邹弢《浇愁集》,合肥:黄山书社,2009年。

何伟亚《怀柔远人:马嘎尔尼使华的中英礼仪冲突》,邓长春译,北京:社会
　　科学文献出版社,2002年。

胡缨《翻译的传说:中国新女性的形成(1898—1918)》,龙瑜宬等译,南京:
　　江苏人民出版社,2009年。

胡志德(Theodore Huters)《钱锺书》,张晨等译,北京:中国广播电视出版社,
　　1990年。

《马克思恩格斯选集》第一卷,北京:人民出版社,1976年。

《雨果文集》第5册《海上劳工》,陈筱卿译,北京:人民文学出版社,2014年。

艾尔曼、胡志德《马戛尔尼使团、后现代主义与近代中国史:评周锡瑞对何伟
　　亚著作的批评》,《二十一世纪》1997年12月号。

程巍《为林琴南一辩——"方姚卒不之踣"析》,《中国图书评论》2007年第
　　9期。

郭德茂《重析"方姚卒不之踣"的乖谬及其论争意义》,《中国图书评论》2008
　　年第1期。

何旺生《郭绍虞学术年表》,《中国韵文学刊》第22卷第1期,2008年3月。

李解民《从〈庚己编〉书名之讹说起》,《中国典籍与文化》2005年第3期。

钱锺书《说李贺〈致酒行〉"折断门前柳"》,《文史知识》1983年第2期。

苏建新《林纾小说翻译实际收入新探》,《明清小说研究》2012年第4期。

孙静《涤尽烟云见真面》,《读书》1989年第5期。

文革红《〈女开科传〉本事、成书时间及版本考》,《江西财经大学学报》2006
　　年第5期。

夏晓虹《一场未曾发生的文白论争——林纾一则晚年佚文的发现与释读》,
　　《中山大学学报(社会科学版)》2015年第1期。

徐时仪《略论汉语文白转型与平民意识》,上海市社会科学界联合会编《生
　　命、知识与文明:上海市社会科学界第七届学术年会文集(2009年度)哲
　　学·历史·文学学科卷》,上海:上海人民出版社,2009年。

周锡瑞《后现代式研究:望文生义,方为妥善》,尚扬译,黄宗智主编《中国研
　　究的范式问题讨论》,北京:社会科学文献出版社,2003年。